中崇信系列丛书之十三

农村集体经济组织会计制度操作实务与技巧

姚杰章 戴琼◎主编

中国财经出版传媒集团
中国财政经济出版社
北京

图书在版编目（CIP）数据

农村集体经济组织会计制度操作实务与技巧 / 姚杰章，戴琼主编. --北京：中国财政经济出版社，2024.4（2024.12重印）
（中崇信系列丛书；之十三）
ISBN 978-7-5223-3062-4

Ⅰ.①农… Ⅱ.①姚… ②戴… Ⅲ.①农业合作组织-农业会计 Ⅳ.①F302.6

中国国家版本馆CIP数据核字（2024）第076291号

责任编辑：温彦君　　责任校对：张　凡
封面设计：智点创意　　责任印制：史大鹏

农村集体经济组织会计制度操作实务与技巧
NONGCUN JITI JINGJI ZUZHI KUAIJI ZHIDU CAOZUO SHIWU YU JIQIAO

中国财政经济出版社 出版

URL：http：//www.cfeph.cn
E-mail：cfeph@cfeph.cn

社址：北京市海淀区阜成路甲28号　邮政编码：100142
营销中心电话：010-88191522
天猫网店：中国财政经济出版社旗舰店
网址：https：//zgczjjcbs.tmall.com
北京中兴印刷有限公司印刷　各地新华书店经销
成品尺寸：170mm×240mm　16开　21印张　275 000字
2024年4月第1版　2024年12月北京第2次印刷
定价：72.00元
ISBN 978-7-5223-3062-4
（图书出现印装问题，本社负责调换，电话：010-88190548）
本社质量投诉电话：010-88190744
打击盗版举报热线：010-88191661　QQ：2242791300

本书编委会

前　言

农村集体经济组织是以土地集体所有为基础，依法代表成员集体行使所有权，实行家庭承包经营为基础、统分结合双层经营体制的地区性经济组织，是发展壮大农村集体经济、巩固社会主义公有制、促进共同富裕的重要主体。为适应农村税费改革和推进基层民主管理等要求，加强和规范村集体经济组织会计工作，2004 年 9 月 30 日，财政部发布了《村集体经济组织会计制度》（财会〔2004〕12 号），明确了村集体经济组织会计核算的方法、程序和要求，对维护村集体资产安全、提高经济效益、加强和规范村集体经济组织财务管理具有非常重要的意义。

随着农村集体经济的不断发展和农村改革的不断深入，对农村集体经济组织的财务管理和会计核算也提出了新的要求。2016 年 12 月 26 日，中共中央、国务院印发《关于稳步推进农村集体产权制度改革的意见》（中发〔2016〕37 号），明确提出要“修订完善农村集体经济组织财务会计制度”；2018 年 9 月，中共中央、国务院印发《乡村振兴战略规划（2018—2022 年）》，要求以乡村基础财务会计制度建设、基本财会人员选配和专业技术培训为重点，提升农村集体经济组织的财务会计管理水平和开展各类基本经济活动的规范管理能力。

为服务乡村振兴战略、规范农村集体经济组织财务管理，2021

年12月7日，财政部与农业农村部联合下发了《农村集体经济组织财务制度》（财农〔2021〕121号），对新时代农村集体经济组织财务管理问题进行了系统规范。为积极与《民法典》《农村集体经济组织法（草案）》《农村集体经济组织财务制度》等相关法律法规更好衔接，切实满足农村集体经济组织日常经营活动日益复杂、涉税业务不断增加、会计信息质量不断提高的现实需求，2023年9月5日，财政部印发了《农村集体经济组织会计制度》（财会〔2023〕14号），对规范农村集体经济组织会计核算、完善农村集体经济组织会计信息披露提出了新的明确的要求。

《农村集体经济组织会计制度》不仅更加适应农村集体经济组织的特殊属性和核算目标、重新定义了相关会计要素、对相关会计科目和核算要求进行了调整、完善了集体经济组织收益的结构、规范了财务报告披露的内容；还充分吸收了《政府会计准则——基本准则》的优秀成果而引入了名义金额计量属性；也充分关注到农村集体经济组织的税收征管实践，新增了应交税费和所得税费用的核算要求，有利于更好地贴合农村集体经济组织经营活动实际，更好地规范会计核算工作、提高会计信息质量、完善财务信息披露，切实保障农村集体经济组织成员的合法权益。

为了帮助农村集体经济组织会计人员更好地学习、理解和应用《农村集体经济组织会计制度》，北京中崇信会计师事务所在农业农村管理部门的领导和支持下，组织参与制度修订专家和一线实务工作人员编写了本书。本书聚焦农村集体经济组织的会计核算实务，在系统介绍农村集体经济组织会计制度基础知识和新旧制度衔接操作技巧的基础上，直面农村集体经济组织涉税问题复杂、税收核算能力薄弱的现实情况，有针对性地按照增值税小规模纳税人和一般纳税人两种不同情形进行案例说明，并将相关税收政策依据以引注的方式直接置于案例之后，以方便读者查阅；此外，为满足北京地区农村集体经济组织会计制度衔接的特殊要求，本书还专门针对北京地区的新旧制度衔接问题做了系统阐述。

希望本书能够为农村集体经济组织的财务管理工作者、会计核算人员提供直接操作指引，也能够为致力于农村集体经济财务会计与税收问题研究的专业人员提供重要参考。在本书的编写过程中，财政部、农业农村部、北京市财政局、北京市农业农村局以及湖南省农业农村厅的有关领导给予了我们大力支持和帮助；在本书的出版过程中，得到了中国财政经济出版社的鼎力支持，在此一并致谢！

戴琼

2024年1月

目 录

第一章　概　　述

第一节　会计核算的基本要求

一、农村集体经济组织会计机构的设置

随着工业化和城市化的不断推进，第二、第三产业对劳动力的需求增加，为农民进城提供了契机；而传统农业劳动效率低下，无法满足现代人们的生活需求；农村地区在医疗、卫生、养老等社会福利和基础设施方面的配置落后于城市，城市生活方式与现代化程度对年轻一代更具吸引力等多重因素叠加，促使农村人口不断向城市涌入。会计服务人才本就不丰裕的广大农村地区，随着人口向城市的转移越发紧张。为解决村级财务管理工作薄弱、财务核算人才不足等问题，加强和规范村级财务管理工作，中共中央办公厅、国务院办公厅下发了《关于健全和完善村务公开和民主管理制度的意见》（中办发〔2004〕17号）和《关于加强农村基层党风廉政建设的意见》（中办发〔2006〕32号），要求在尊重农民群众意愿和民主权利的基础上，推行村级会计委托代理服务制度，通过民主管理、民主监督、民主理财等方式加强集体资金管理，切实保护农民的物质利益和民主权利。中共中央纪委在落实农村基层党风廉政建设任务分工中进一步明确，由农业部门牵头规范和完善村级会计委

托代理制度。2006 年 10 月 8 日，农业部下发《农业部关于进一步加强和规范村级财务管理工作的暂行办法》（中纪发〔2006〕24 号）对“农村会计委托代理”提出了具体的管理要求。2008 年 5 月 19 日，农业部下发《农业部关于进一步规范和完善村集体经济组织会计委托代理的意见》（农经发〔2008〕4 号），以进一步规范和完善村级会计委托代理工作，理顺委托代理程序、明确委托代理权责、确保集体资金安全。

村集体经济组织会计委托代理的实施和推进，较好地解决了农村财务管理混乱、集体资产流失等问题，改善了农村党群干群关系，推进了农村基层民主政治建设，维护了农村经济社会的稳定，成为规范村级财务管理的重要途径和手段；但在实践中也发现，村集体经济组织会计委托代理工作中，会计的监督职能依然需要不断加强。为完善会计机构、加强会计监督，《农村集体经济组织会计制度》第三条明确规定，农村集体经济组织应当根据本制度规定和会计业务需要，设置会计机构，或者在有关机构中设置会计人员并指定会计主管人员，或者按照规定委托代理记账，进行会计核算。

二、农村集体经济组织会计核算的基本职能

会计职能就是会计在经济管理中所具有的功能[①]。会计的基本职能是对经济活动进行核算和监督。会计核算是为经济管理搜集、处理、存储和输送各种会计信息；会计监督是指通过调节、指导、控制等方式，对客观经济活动的合理、合法、有效性进行考核与评价，并采取措施施加一定的影响，以实现预期的目标。农村集体经济组织会计的核算职能，是指会计以货币为主要计量单位，对农村集体经济组织的经营活动进行确认、计量和报告。

所谓会计确认，是指通过一定的标准，辨认应予输入会计信息

① 陈国辉、迟旭升：基础会计，东北财经大学出版社，2021 年版。

系统的经济数据，确定这些数据应加以记录的会计对象的要素，以及确定已记录和加工的信息是否全部列入会计报表和如何列入会计报表[①]。会计确认包括初始确认和再确认两个环节。初始确认是指在一项交易或事项发生之后，明确其所涉及的会计要素，编制和审核会计凭证，然后登记相关会计账簿，对其所涉及的会计要素变动以文字和货币的形式反映出来的过程；如果发生了改变资产、负债项目或其数额的事项，且该事项符合确认的标准以及有关会计规范，原则上应继续以原确认的数额为准，这种确认行为叫再确认。

所谓计量，是指用货币或其他量度单位计量各项经济活动及其结果的过程。其特征是以货币单位表示的价值量来确定物品或事项之间的内在联系，或将数额分配于具体事项。计量的关键是计量属性的选择和计量单位的确定。农村集体经济组织会计计量的主要内容包括资产、负债、所有者权益、收入、费用、成本、收益等，并以资产计价与盈亏决定为核心。

所谓报告，是指农村集体经济组织提供的反映其某一特定日期财务状况和某一会计期间经营成果、现金流量的文件。它是以账簿记录为依据，采用表格和文字形式，把会计所形成的财务信息传递给信息使用者的手段。会计信息必须以一定的方式和格式传递给信息使用者，会计报告就是要把按照各种会计核算方法确认、计量、记录的资产、负债、所有者权益、收入、费用和收益的数据编制成财务报表，向报告使用者提供财务状况和经营成果的信息。

会计核算职能是财务会计最基本的职能，它贯穿于经营活动的全过程。会计核算的内容主要包括：(1) 款项和有价证券的收付；(2) 财物的收发、增减和使用；(3) 债权、债务的发生和结算；(4) 资本、基金的增减；(5) 收入、支出、费用、成本的计算；(6) 财务成果的计算和处理；(7) 需要办理会计手续、进行会计核算的其他事项。

---

① 葛家澍：会计学导论，中国人民大学出版社，2005 年版。

三、农村集体经济组织会计核算的对象

会计核算的对象是会计工作的客体，是指在特定主体内，按照财务会计制度的规定对其经济活动进行核算和监督的对象。具体来说，会计核算对象包括特定主体的资产、负债、所有者权益、收入、成本、费用等方面的信息，以便特定主体及各利益相关方对其经济状况和经营成果进行评价和决策。农村集体经济组织会计核算的对象可以从以下几个方面进行理解：

首先，会计核算的对象必须是特定主体。农村集体经济组织会计核算的特定主体包括乡镇级集体经济组织、村级集体经济组织、组级集体经济组织，以及依法代行农村集体经济组织职能的村民委员会、村民小组。

其次，会计核算的对象是具体经济活动。农村集体经济组织核算的内部经济活动包括生产经营活动、组织运转活动、公益服务活动、投资活动、筹资活动、收益分配活动等。这些活动都需要进行记录和核算，以便对其实施有效的管理和监督。

再次，对会计核算对象进行核算和记录必须遵循相关财务会计制度的规定。这里的“财务会计制度”包括但不限于《中华人民共和国会计法》和《农村集体经济组织会计制度》等相关法律法规。农村集体经济组织在核算和记录经营活动时，必须遵循《中华人民共和国会计法》和《农村集体经济组织会计制度》的规定，以确保核算结果的合法性和准确性。

最后，会计核算对象的确定应当符合会计核算目标。这里的“目标”指规范农村集体经济组织会计工作，加强农村集体经济组织会计核算，实现对农村集体经济组织经营活动的管理和监督，保障农村集体经济组织成员的合法权益。

四、农村集体经济组织会计核算的基本前提

会计核算的基本前提即会计假设，是指为了保证会计工作的正常进行和会计信息质量，对会计核算的范围、内容、程序和方法所作的合理设定[①]。农村集体经济组织会计核算的基本前提包括会计主体、持续经营、会计分期、货币计量和权责发生制。

1. 会计主体

会计主体是指会计工作为其服务的特定单位或组织，是会计人员进行会计核算时采取的立场以及在空间范围上的界定。《农村集体经济组织会计制度》第四条明确规定，农村集体经济组织发生的经济业务应当按照本制度的规定进行会计核算。农村集体经济组织所属承包单位或投资设立的企业等应当按照相关会计准则制度单独核算。也即农村集体经济组织会计服务的主体是农村集体经济组织，包括乡镇级集体经济组织、村级集体经济组织、组级集体经济组织；而农村集体经济组织所属承包单位或投资设立的企业所发生的生产经营活动不属于其核算范围，应当在所属承包单位或所投资设立的企业内进行会计核算并遵循相应的会计准则制度。尽管农村集体经济组织的经济活动总是与其他单位或个人的经济活动紧密关联，但对于会计而言，其核算范围仅仅是农村集体经济组织自身，并不包括其他单位或个人，也不包括所属承包单位或所投资设立的企业。

《农村集体经济组织会计制度》第十一条进一步明确，农村集体经济组织应当以实际发生的交易或者事项为依据进行会计核算，如实反映其财务状况和经营成果。也就是说，农村集体经济组织会计核算的范围是农村集体经济组织自身实际发生的交易或者事项，不包括预期未来发生或尚未发生的交易或事项。

---

① 陈国辉、迟旭升：基础会计，东北财经大学出版社，2021 年版。

应当明确，会计主体与法律主体不是同一概念。一般而言，法律主体必然是会计主体，但会计主体不一定是法律主体[①]。会计主体可以是具有特殊法人资格的农村集体经济组织，也可以是农村集体经济组织内部的二级核算单位。

此外，还应当注意的是，会计主体是会计核算和财务分析的基础，真实、完整的财务会计信息是财务分析的前提条件。《农村集体经济组织财务制度》第三十三条明确规定，具备条件的农村集体经济组织与村民委员会应当分设会计账套和银行账户。分别核算农村集体经济组织用于发展自身经济的经营性活动和用于村域内公共事务、公益事业和维护社会治安等非经营性活动。这为厘清会计主体的不同核算范围和核算内容提出了新的要求，从而为更加科学地对不同财务主体进行财务预测、财务计划、财务分析、财务决策和财务控制提供了基础。

2. 持续经营

持续经营是指一个会计主体的经营活动将会无限期地延续下去，在可以预见的未来，会计主体不会遭遇清算、解散等变故而不复存在[②]。明确这个基本前提，会计人员就可在此基础上选择会计原则和方法，如资产能够按计量基础计算成本，费用能够定期进行分配，负债能够按期偿还，否则，正常的核算就无法进行[③]。

《农村集体经济组织会计制度》第六条规定，农村集体经济组织的会计核算应当以持续经营为前提，即要求农村集体经济组织在进行会计核算时，应当以农村集体经济组织持续、正常的生产经营活动为前提，并在此前提下选择会计程序和会计处理方法进行相应的会计核算，而不应考虑农村集体经济组织是否解散、破产、清算等。

---

① 中国注册会计师协会：会计，中国财政经济出版社，2023 年版。

② 陈国辉、迟旭升：基础会计，东北财经大学出版社，2021 年版。

③ 侯元兆：林业可持续发展和森林可持续经营的框架理论（下），《世界林业研究》，2003 年。

持续经营是会计确认、计量、报告的前提，界定了会计核算的时间范围。持续经营假设不仅为保持会计信息处理的一致性和稳定性提供了基础，也为会计分期假设和权责发生制原则的确立提供了基础。

3. 会计分期

会计分期是指将农村集体经济组织持续经营的生产经营活动划分为一个个连续的、长短相同的期间。会计分期的目的在于通过会计期间的划分，将持续经营的生产经营活动划分成连续、相等的期间，并据以结算收益，按期编制财务报告，从而及时向财务报告使用者提供相关财务状况、经营成果等财务信息[①]。

从理论上讲，在农村集体经济组织持续经营的前提下，要全面完整地反映农村集体经济组织的财务状况和经营成果，必须要等到农村集体经济组织所有的生产经营活动结束后，通过收入和成本、费用的归集与配比，才能准确计算。但提供会计信息的目的是及时反映会计主体的生产经营活动实质、为会计信息使用者提供有用的决策信息，如果在所有生产经营活动结束后才提供会计信息，往往会失去其应有的作用。因此，必须通过会计期间的划分，分期结算账目，按期编制财务报告，从而及时地向有关各方提供反映农村集体经济组织财务状况和经营成果的会计信息，满足有关各方的决策需要。

《农村集体经济组织会计制度》第七条规定，农村集体经济组织的会计核算应当划分会计期间，分期结算账目和编制财务会计报告。在会计分期中，主要是确定会计年度。《农村集体经济组织会计制度》第七条进一步明确，自公历1月1日起至12月31日止为一个会计年度。会计年度确定后，一般按日历确定会计半年度、会计季度和会计月度。凡是短于一个完整会计年度的报告期间均称为中期。

---

① 陈国辉、迟旭升：基础会计，东北财经大学出版社，2021年版。

4. 货币计量

货币计量是指会计主体在会计核算中要以货币为统一的主要计量单位，记录和反映其生产经营过程和经营成果。农村集体经济组织的资产种类很多，不同类型资产可以使用不同的计量单位。在会计的确认、计量和报告过程中之所以选择货币为基础进行计量，是由货币本身属性决定的。为了全面、综合地反映农村集体经济组织的生产经营活动，客观上需要用统一的计量单位作为计量尺度来进行会计核算，而货币作为一般等价物可以用于计量一切资产、负债、所有者权益，收入、费用以及收益，也便于进行汇总和比较①。因此，《农村集体经济组织会计制度》第八条规定，农村集体经济组织的会计核算应当以货币计量，以人民币为记账本位币，“元”为金额单位，“元”以下填至“分”。

应当注意的是，货币计量假设是以币值稳定为假设基础的，也即在会计核算时，不会因为通货膨胀或通货紧缩而调整资产或负债的价值；但在特定情况下，如发生恶性通货膨胀就需要采用特殊的会计原则，如物价变动会计原则来处理有关经济业务。此外，在会计核算中以货币计量并不排斥其他计量单位的使用，如实物量、劳动工时等，其他计量单位也通常作为辅助计量单位在会计核算中使用，只是不占主导地位。

由于要求农村集体经济组织对所有经济业务都采用同一种货币作为统一尺度来进行计量。当农村集体经济组织的经济业务存在多种货币计量时，就需要选用一种作为基准，称为记账本位币；记账本位币以外的货币则称为外币。《农村集体经济组织会计制度》明确要求，农村集体经济组织会计核算以人民币为记账本位币。

5. 权责发生制

权责发生制是指根据经济业务发生的事实，当发生与会计主体权益相关的经济业务时，对于产生的权责变动情况进行确认、计量

① 陈国辉、迟旭升：基础会计，东北财经大学出版社，2021 年版。

和报告的一种会计核算基本前提。《农村集体经济组织会计制度》第九条明确规定，农村集体经济组织的会计核算采用权责发生制。

权责发生制的核心是以“实质重于形式”为原则，以经济业务发生的权利和义务变动为记录对象。也就是说，有权利或者义务发生变动的经济业务，不论是否已经收到或支付现金，都应当详细记录，以真实、客观地反映会计主体经营活动的实际情况。权责发生制不仅关注现金的流入流出，还关注经济活动的全过程，使得会计信息更加全面、准确，有利于会计信息使用者进行决策。

会计核算的基本前提是基于会计核算的客观需要而做出的人为选择，有其充分的客观必然性。会计核算基本前提的确立，为会计核算工作的开展奠定了基础。

五、农村集体经济组织会计信息质量特征

会计信息质量特征也称会计信息质量要求，是会计信息的质量标准。会计作为一项重要的管理活动，其主要任务之一就是向利益相关方提供决策所需的会计信息。要达到这一目标，就必须要求会计信息具有一定的质量标准。根据《农村集体经济组织会计制度》的规定，农村集体经济组织会计信息质量特征可以概括为：可靠性、一贯性、及时性、谨慎性、可理解性，以及法定代表人负责制。

1. 可靠性

《农村集体经济组织会计制度》第十一条规定：“农村集体经济组织应当以实际发生的交易或者事项为依据进行会计核算，如实反映其财务状况和经营成果”。

可靠性，也即客观性或真实性，是对会计信息质量的基本要求[①]。会计工作的目标是为包括农村集体经济组织成员、债权人、

---

① 陈国辉、迟旭升：基础会计，东北财经大学出版社，2021 年版。

政府管理部门等在内的利益相关各方提供决策依据，如果会计信息不能客观、真实地反映农村集体经济组织经济活动的实际情况，势必无法满足相关各方全面了解农村集体经济组织财务状况和经营成果以进行决策的需要，甚至可能导致错误的决策。

可靠性要求在会计核算的各个阶段，包括会计确认、计量、记录和报告等，都必须以实际发生的经济活动和表明经济业务发生的合法凭证为依据，力求真实客观。

应当注意的是，在会计实务中，会计政策的选择和会计估计的运用，往往都会受到会计人员职业判断的影响。例如，生产成本的结转方法、制造费用分配方式，固定资产折旧年限、无形资产摊销年限的选取等。不同会计人员对同一经济业务的处理出现不同的确认和计量结果通常在所难免。但是，会计人员应遵循统一的会计制度要求，并将可能发生的误差降到最低限度，以保证会计核算所提供的会计信息真实可靠。

2. 一贯性

《农村集体经济组织会计制度》第十二条规定："农村集体经济组织应当按照规定的会计处理方法进行会计核算。会计处理方法前后各期应当保持一致，一经确定不得随意变更。"

一贯性是指在一定时期内，会计核算应当选定一种符合财务报表公允表达的会计政策，并在各个会计期间持续并一贯地采用同一会计政策和选定的会计估计，以及财务报告方法，以便提供可比较的财务信息。一贯性原则是确保财务报表提供具有比较性信息，便于满足农村集体经济组织进行历史比较分析、趋势预测和决策的基本要求。

一贯性的主要内容包括对同类经济业务应当坚持采用同一会计核算方法；在连续的会计期间内，选定的会计政策应当维持稳定，不得随意变更；改变会计政策、会计估计或会计报告的方法，必须以前后期财务报表真实公允性的增强为前提，且应当在财务报告中予以披露。

3. 及时性

《农村集体经济组织会计制度》第十三条规定："农村集体经济组织应当及时进行会计核算，不得提前或者延后。"

及时性是会计信息质量特性的重要组成部分，是指对财务信息进行及时、真实、准确的记录和反映，不得随意延后或提前记录经济业务，以保证会计信息的真实性和及时性。例如，某项收入仅在实际发生并确认的情况下才能记录为收入，而不能提前或者延后记账。

会计核算的及时性，包含会计科目的设立、会计分录的记录、会计报表的编制与报告等都应在规定的时间内完成。及时性原则强调所有会计信息要在可靠性不受影响的前提下尽快提供给信息的使用者，以便他们在获取信息后能尽快进行决策。

在会计实务中，为了满足及时性要求，可能在了解某一交易或其他事项的所有方面之前，就必须作出报告，从而损害可靠性①；相反，如果推迟到了解所有方面之后再报告，信息可能极为可靠，但是对于必须在事前或事中决策的信息使用者而言，其及时性要求却无法满足。因此，农村集体经济组织需要权衡及时报告与提供可靠信息的利弊。

4. 谨慎性

《农村集体经济组织会计制度》第十四条规定："农村集体经济组织在进行会计核算时应当保持应有的谨慎，不得多计或少计资产、负债、收入、费用。"

谨慎性，又称稳健性，是指在存在不确定性的情况下，会计人员应该以谨慎的态度进行会计估计和会计处理，避免高估资产和收入，或者低估负债和费用的情况发生，从而能够真实公允地反映农村集体经济组织的财务状况和经营成果②。谨慎性要求体现在会计核算的全过程。在具体操作中，表现为：

---

①② 陈国辉、迟旭升：基础会计，东北财经大学出版社，2021 年版。

（1）不预期收益，即只有当收入或收益已经实际发生，也就是交易或事项已经完成，货物或者服务已经提供，收入或者收益必然会实现的时候，才能确认为收入的实现。

（2）及时预计损失，即一旦有可靠的迹象表明资产将会减值或者负债可能增加时，就应当立即进行账务调整。

（3）选择最不利的估计，即当对同一项经济活动可以做出几种不同的估计时，应该选择对农村集体经济组织最不利的那一种。

这一原则有助于防止财务报告过于乐观，可以给会计信息使用者提供更为保守、更接近农村集体经济组织真实状况的财务信息，有利于保护农村集体经济组织成员和债权人的利益，有利于提高农村集体经济组织在市场上的竞争力和社会公益服务能力。

应当注意的是，《农村集体经济组织会计制度》考虑到农村集体经济组织经营管理的特点和财务会计核算的实际情况，并未与《企业会计准则》协同，要求提取相关资产减值准备或采用加速折旧法计提折旧。

5. 可理解性

《农村集体经济组织会计制度》第十五条规定："农村集体经济组织提供的会计信息应当清晰明了，便于理解和使用。"

可理解性，也称明晰性，是会计信息质量的一项重要要求[①]。首先，会计信息应该是清晰、具体、准确无误的，不能对会计信息使用者产生误导性解释。只有这样，会计信息使用者才能准确理解相关经济事项的性质、金额和时效。其次，易于理解。会计信息主要是为决策者（集体经济组织成员、管理层、债权人、政府管理部门等）提供决策依据的，所以它必须是信息使用者能够理解的。也就是说，报告中的项目和数字，以及这些项目和数字所代表的经济事项，信息使用者都能够清晰理解其含义。最后，方便使用。这意味着信息使用者能够容易获取和使用这些信息。这包括报告的结构

① 陈国辉、迟旭升：基础会计，东北财经大学出版社，2021 年版。

和格式设计是否方便阅读，以及是否提供了方便用户分析和解读的辅助信息，如注释、附注等。

第二节　农村集体经济组织会计要素

一、会计要素的含义

会计主体的资金运动及其过程都是会计核算和监督的对象，但由于会计主体的经济活动复杂多样，使会计对象的内容也纷繁芜杂，这就为会计信息的提供带来了诸多不便[①]。在会计实践中，为了进行分类核算和科学反映会计对象的内容，提供各种分门别类的会计信息，以便于会计信息使用者理解和阅读，就必须对会计对象的具体内容进行适当的分类，这些对会计对象的基本分类而形成的基本项目就构成了会计要素。换句话说，会计要素是会计对象的具体化，是反映会计主体的财务状况和经营成果的基本单位。

《农村集体经济组织会计制度》第十条规定："农村集体经济组织的会计要素包括资产、负债、所有者权益、收入、费用和收益"，并严格定义了资产、负债、所有者权益、收入、费用和收益六大会计要素。六大会计要素又可以划分为反映财务状况的会计要素和反映经营成果的会计要素两大类。其中，反映财务状况的会计要素包括资产、负债和所有者权益；反映经营成果的会计要素包括收入、费用和收益。

---

① 汤湘希：会计学，中国财政经济出版社，2022 年版。

二、会计要素的内容

（一）资产

1. 资产及其特征

农村集体经济组织的资产，是指农村集体经济组织过去的交易或者事项形成的、由农村集体经济组织拥有或者控制的、预期会给农村集体经济组织带来经济利益或者承担公益服务功能的资源。资产具有以下基本特征：

（1）资产是由过去的交易或者事项导致的现时权利或者能够承担公益服务。这里的交易或事项包括购买、生产、建造、接受捐赠等活动，而且这个活动必须是“过去发生的”，即不能根据预计未来将要发生的交易或者事项来确认资产。

（2）资产必须为农村集体经济组织所拥有或者控制。会计主体假设要求会计并不计量所有的资源，而仅计量在某一会计主体控制之下的资源，即会计上计量的资产必须归属于某一特定的主体，即具有排他性；也即要求农村集体经济组织拥有该项资产的所有权，或者虽不拥有所有权但该项资产能够为农村集体经济组织所控制和支配。

（3）资产能够为农村集体经济组织带来预期经济利益或可以承担公益服务功能。资产应当能够单独或与其他要素结合起来，在未来直接或间接地产生净现金流入或承担公益服务，这是资产的本质所在。承担公益服务功能是农村集体经济组织所具有的除经济属性、政治属性外的另一重要属性。农村集体经济组织所拥有的公益性资产正是提供公益服务的特殊属性资产。因此，判断一项资源是否构成资产，必须考量其是否潜藏着未来的经济利益或能够提供公益服务。只有那些潜藏着未来经济利益或能够提供公益服务的资源才能被确认为资产。

2. 资产的构成

农村集体经济组织的资产按照流动性划分为流动资产和非流动资产。

(1) 流动资产是指在1年内（含1年）或超过1年的一个营业周期内变现、出售或耗用的资产，包括货币资金、短期投资、应收款项、存货、消耗性生物资产等。

①货币资金。农村集体经济组织的货币资金包括库存现金和银行存款。库存现金是指农村集体经济组织持有的现款，库存现金主要用于支付日常发生的小额、零星的费用或支出[①]。银行存款是指农村集体经济组织存入银行或其他金融机构的款项，农村集体经济组织的银行存款主要来自农村集体经济组织成员投入资金、通过负债融入的款项以及销售商品所收取的货款或提供劳务所收取的款项等。

②短期投资。农村集体经济组织的短期投资是指购入的能够随时变现并且持有时间不准备超过1年（含1年）的股票、债券等有价证券等投资。

③应收款项。农村集体经济组织的应收款项包括与成员、非成员（包括单位及个人）之间发生的各种应收及暂付款项。农村集体经济组织与所属单位和成员之间发生的各种应收及暂付款项等经济往来业务作为“内部往来”管理。

④存货。存货是指在日常生产经营过程中持有以备出售，或者仍然处在生产过程中将要消耗，或者在生产或提供劳务的过程中将要耗用的各种原材料或物料。农村集体经济组织的存货包括种子、化肥、燃料、农药、原材料、机械零配件、低值易耗品、在产品、农产品、工业产成品等。

⑤消耗性生物资产。消耗性生物资产是指为出售而持有的或在将来收获为农产品的生物资产。农村集体经济组织的消耗性生物资

① 陈国辉、迟旭升：基础会计，东北财经大学出版社，2021年版。

产包括生长中的大田作物、蔬菜、用材林以及存栏待售的牲畜、鱼虾贝类等。

（2）非流动资产是指流动资产以外的资产，包括长期投资、生产性生物资产、固定资产、无形资产、公益性生物资产、长期待摊费用等。

①长期投资。农村集体经济组织的长期投资是指除短期投资以外的投资，即持有时间准备超过1年（不含1年）。

②生产性生物资产。生产性生物资产是指为产出农产品、提供劳务或出租等目的而持有的生物资产。农村集体经济组织的生产性生物资产包括经济林、薪炭林、产役畜等。

③固定资产。农村集体经济组织的固定资产包括使用年限在1年以上的房屋、建筑物、机器、设备、工具、器具、生产设施和农业农村基础设施等。

④无形资产。农村集体经济组织的无形资产包括专利权、商标权、著作权、非专利技术、土地经营权、林权、草原权等由其拥有或控制的、没有实物形态的可辨认的非货币性资产。

⑤公益性生物资产。公益性生物资产通常指以防护、环境保护为主要目的的生物资产，农村集体经济组织的公益性生物资产包括防风固沙林、水土保持林和水源涵养林。

⑥长期待摊费用。农村集体经济组织的长期待摊费用是指已经发生但应由本期和以后各期负担的分摊期限在1年以上的各项费用，包括农村集体经济组织已提足折旧的固定资产改建支出和其他长期待摊费用等。

（二）负债

1. 负债及其特征

农村集体经济组织的负债是指农村集体经济组织过去的交易或者事项形成的、预期会导致经济利益流出农村集体经济组织的现时义务。负债具有以下基本特征：

（1）负债是由过去的交易或事项导致的现时义务。也就是说，这项现时义务是基于过去发生的交易或事项引起的目前实际所承担的经济责任；预计未来发生的交易或者事项形成的义务不应当确认为当期负债。

（2）负债在将来必须以债权人能够接受的经济资源加以清偿。即负债的实质特征是将来应该以牺牲资产或提供服务为代价的一种受法律保护的责任。在会计实务中，农村集体经济组织可以通过承诺新的负债或通过将负债转为所有者权益等方式来清偿一项现有负债，但这并不与负债的实质特征相背离。

（3）负债的清偿会导致经济利益流出农村集体经济组织。无论农村集体经济组织以何种方式偿债，均会使经济利益流出，而且这种在未来流出经济利益的金额应当能够可靠地计量。

2. 负债的构成

为了解农村集体经济组织资产和负债的相对比例关系，揭示农村集体经济组织的偿债能力，从而向债权人揭示债权的相对安全程度，按照其流动性分为流动负债和非流动负债。

（1）流动负债是指偿还期在1年以内（含1年）或超过1年的一个营业周期内的债务，包括短期借款、应付款项、应付工资、应付劳务费、应交税费等。

①短期借款。农村集体经济组织的短期借款是指向银行等金融机构或相关单位、个人等借入的期限在1年以内（含1年）的借款。

②应付款项。农村集体经济组织的应付款项是指农村集体经济组织与成员、非成员之间发生的偿还期在1年以内（含1年）的各种应付及暂收款项，包括因购买库存物资和接受服务等应付的款项以及应付的赔款等。农村集体经济组织与所属单位和成员之间发生的各种应付及暂收款项等经济往来业务作为“内部往来”管理。

③应付工资。农村集体经济组织的应付工资，是指农村集体经济组织为获得管理人员、固定员工等职工提供的服务而应付给职工

的各种形式的报酬以及其他相关支出。

④应付劳务费。农村集体经济组织的应付劳务费，是指农村集体经济组织为获得季节性用工等临时性工作人员提供的服务而应支付的各种形式的报酬以及其他相关支出。

⑤应交税费。农村集体经济组织的应交税费是指按照税法等规定计算应缴纳的各种税费。主要包括农村集体经济组织应缴纳的增值税、城市维护建设税、印花税、房产税、企业所得税、城镇土地使用税以及教育费附加和地方教育附加等；此外，还包括农村集体经济组织代扣代缴的个人所得税。

（2）非流动负债是指流动负债以外的负债，包括长期借款及应付款、一事一议资金、专项应付款等。

①长期借款及应付款。农村集体经济组织的长期借款及应付款是指向银行等金融机构或相关单位、个人等借入的期限在1年以上（不含1年）的借款及偿还期在1年以上（不含1年）的应付款项。

②一事一议资金。农村集体经济组织的一事一议资金，是指农村集体经济组织兴办村民直接受益的集体生产生活等公益事业，按一事一议的形式筹集的专项资金。

③专项应付款。农村集体经济组织的专项应付款，是指农村集体经济组织获得政府给予的具有专门用途且未来应支付用于专门用途的专项补助资金。

（三）所有者权益

1. 所有者权益及其特征

农村集体经济组织的所有者权益，是指农村集体经济组织资产扣除负债后由全体成员享有的剩余权益。它在数值上等于农村集体经济组织全部资产减去全部负债后的余额。所有者权益具有以下基本特征：

（1）所有者权益是剩余权益，是农村集体经济组织成员对农村集体经济组织净资产享有的要求权，表现为农村集体经济组织清算时，只有在清偿所有负债后，农村集体经济组织成员才能获得补偿。

（2）所有者权益金额的确定有赖于资产和负债的计量。

（3）所有者权益是农村集体经济组织进行生产经营活动的重要资金来源，是农村集体经济组织成员参与经营决策以及获得利润分配的重要依据。

2. 所有者权益的构成

农村集体经济组织的所有者权益包括资本、公积公益金、未分配收益等。

（1）资本。农村集体经济组织的资本是指农村集体经济组织按照章程等确定的属于本集体经济组织成员集体所有的相关权益金额。

（2）公积公益金。农村集体经济组织的公积公益金，包括按照章程确定的计提比例从本年收益中提取的公积公益金，政府补助或接受捐赠的资产（计入补助收入的资金除外），对外投资中资产重估确认价值与原账面价值的差额，一事一议筹资筹劳转入，收到的征用土地补偿费等。

（3）未分配收益。农村集体经济组织的未分配收益是指农村集体经济组织历年分配（或弥补亏损）后的结存余额。

3. 所有者权益与负债的区别

所有者权益与负债虽然都属于农村集体经济组织的权益，都体现农村集体经济组织的资金来源，但两者有着本质的不同，具体表现为：

（1）负债是农村集体经济组织对债权人承担的经济责任且负有偿还的义务；而所有者权益则是农村集体经济组织对农村集体经济组织成员承担的经济责任，一般情况下不需要直接偿付。

（2）债权人只有按期收回利息和债务本金的权利，而无权参与农村集体经济组织的利润分配和经营管理；农村集体经济组织成员则既可以参与农村集体经济组织的利润分配，也可以参与农村集体经济组织的经营管理。

（3）在农村集体经济组织清算时，负债拥有优先求偿权；而所有者权益则只能在清偿所有的负债以后，才可以返还给农村集体经济组织成员。

（四）收入

1. 收入及其特征

农村集体经济组织的收入，是指农村集体经济组织在日常经营活动中形成的、会导致所有者权益增加的、与成员投入资本无关的经济利益总流入。收入具有以下特征：

（1）收入的实质是农村集体经济组织经济活动的产出过程，即农村集体经济组织生产经营活动的结果。

（2）收入只有在经济利益很可能流入从而导致农村集体经济组织资产增加或者负债减少，且经济利益的流入额能够可靠计量时才能予以确认。

2. 收入的构成

农村集体经济组织的收入包括经营收入、投资收益、补助收入、其他收入。

（1）经营收入，是指农村集体经济组织进行各项生产销售、提供服务、让渡集体资产资源使用权等经营活动取得的收入，包括销售收入、劳务收入、出租收入、发包收入等。

①销售收入，是指农村集体经济组织销售产品物资等取得的收入。

②劳务收入，是指农村集体经济组织对外提供劳务或服务等取得的收入。

③出租收入，是指农村集体经济组织出租固定资产、无形资产等取得的租金收入。

④发包收入，是指农村集体经济组织取得的，由成员、其他单位或个人因承包集体土地等集体资源资产上交的承包金或利润等。

（2）投资收益，是指农村集体经济组织对外投资所取得的收益扣除发生的投资损失后的净额。投资所取得的收益包括对外投资取得的现金股利、利润或利息等，以及对外投资到期收回或中途转让取得款项高于账面余额、相关税费的差额等；投资损失是指对外投资到期收回或中途转让取得款项低于账面余额、相关税费的差额等。

（3）补助收入，是指农村集体经济组织获得的政府给予的保障村级组织和村务运转的补助资金以及贷款贴息等经营性补助资金。

（4）其他收入，是指农村集体经济组织取得的除经营收入、投资收益、补助收入以外的收入，包括盘盈收益、确实无法支付的应付款项、存款利息收入等。

（五）费用

1. 费用及其特征

农村集体经济组织的费用，是指农村集体经济组织在日常活动中发生的、会导致所有者权益减少的、与向成员分配无关的经济利益的总流出。费用具有以下基本特征：

（1）费用是日常生产经营活动产生的。

（2）费用会导致所有者权益减少，可能表现为资产的减少，也可能表现为负债的增加，或者二者兼而有之。

（3）费用会导致农村集体经济组织所有者权益的减少，但与向成员分配收益无关。

2. 费用的构成

农村集体经济组织的费用包括经营支出、税金及附加、管理费用（含运转支出）、公益支出、其他支出等。

（1）经营支出，是指农村集体经济组织因销售商品、对外提供劳务、让渡集体资产资源使用权等经营活动而发生的实际支出。包括销售商品的成本、对外提供劳务的成本、维修费、运输费、保险费、生产性生物资产的管护饲养费用及其成本摊销、出租固定资产或无形资产的折旧或摊销等。

(2) 税金及附加，是指农村集体经济组织从事生产经营活动按照税法的有关规定应负担的消费税、城市维护建设税、资源税、房产税、城镇土地使用税、车船税、印花税、教育费附加及地方教育附加等相关税费。

(3) 管理费用，是指农村集体经济组织管理活动发生的各项支出，包括管理人员及固定员工的工资、办公费、差旅费、管理用固定资产修理费、管理用固定资产折旧、管理用无形资产摊销、聘请中介机构费、咨询费、诉讼费等，以及保障村级组织和村务运转的各项支出。

(4) 公益支出，是指农村集体经济组织发生的用于本集体经济组织内部公益事业、集体福利或成员福利的各项支出，以及公益性固定资产折旧和修理费等。

(5) 其他支出，是指农村集体经济组织发生的除经营支出、税金及附加、管理费用、公益支出、所得税费用以外的支出，包括生物资产的死亡毁损支出、损失，固定资产及存货等的盘亏、损失，防灾抢险支出，罚款支出，捐赠支出，确实无法收回的应收款项损失，借款利息支出等。

(6) 所得税费用，是指农村集体经济组织按照企业所得税法的规定，向国家缴纳的企业所得税。

(六) 收益

1. 收益及其特征

农村集体经济组织的收益，是指农村集体经济组织在一定会计期间的经营成果。收益具有以下基本特征：

(1) 收益的实现会相应地表现为资产的增加或负债的减少，其结果是农村集体经济组织成员权益的增加。

(2) 收益金额的确定，取决于农村集体经济组织收入与费用的计量。

（3）收益是农村集体经济组织成员获得回报以及农村集体经济组织健康持续发展的基础。

2. 收益的构成

收益具体包括经营收益、收益总额和净收益。

（1）经营收益。经营收益 = 经营收入 + 投资收益 + 补助收入 – 经营支出 – 税金及附加 – 管理费用。

（2）收益总额。收益总额 = 经营收益 + 其他收入 – 公益支出 – 其他支出。

（3）净收益亦称税后收益。净收益 = 收益总额 – 所得税费用。

三、会计要素之间的基本关系

农村集体经济组织生产经营活动的主要目的是获取经营收益并维护农村集体经济组织成员的合法权益，其最初的资产来源一般都是农村集体经济组织成员的投入。农村集体经济组织成员投入多少价值的资产，则相应地可以获得农村集体经济组织相应金额的权益。这时，农村集体经济组织的全部资产则代表着农村集体经济组织成员的全部权益。用公式表示即：

资产 = 权益

除了从农村集体经济组织成员获得生产经营活动所需要的资产外，农村集体经济组织还可以通过向债权人借入款项等方式获得所需要的资产，那么，债权人对农村集体经济组织的资产同样拥有求偿权，而且这种求偿权优先于农村集体经济组织成员的收益权。由此可见，农村集体经济组织的资产来源不外乎农村集体经济组织成员投入和债权人的投入，也即农村集体经济组织成员与债权人对农村集体经济组织的资产均拥有权益，这种权益代表了资产的来源。用公式表示即：

资产 = 负债 + 所有者权益

这一等式即会计恒等式，表达了资产、负债和所有者权益三项会计要素之间的基本关系，表明了在特定时点上农村集体经济组织所拥有的资产及债权人和集体经济组织成员对其资产要求权的基本状况。这一等式是会计账户设置、复式记账和编制资产负债表的理论依据。

农村集体经济组织运用其所拥有或控制的经济资源经过生产经营活动获得收入，并以支付相应的费用支出为代价，将一定期间的收入与所支付的费用支出配比后，就能确认该期间的经营成果，即农村集体经济组织的收益情况。当收入大于费用支出时，表明其获得了收益；当收入小于费用支出时，意味着其发生了亏损。用公式表示即：

收入－费用＝收益（亏损）

这一等式反映了收入、费用和收益（亏损）三要素之间的内在关系，反映了农村集体经济组织在一定期间内的经营成果，是收益及收益分配表编制的理论基础。

从资金静态来看，任何时点上都体现为“资产＝负债＋所有者权益”的平衡关系；从资金运动的角度来看，随着生产经营活动的进行，体现为“收入－费用＝收益（亏损）”。

农村集体经济组织发生收入，必然导致其资产的增加或负债的减少，并相应地增加所有者权益；费用的支出，必然导致企业资产的减少或负债的增加，并相应地减少所有者权益。

第三节　农村集体经济组织会计核算流程

会计核算流程，又称会计核算组织形式或称账务处理程序，它是指账簿组织、记账程序和记账方法有机结合的形式和步骤。为了连续、全面、系统地反映农村集体经济组织的生产经营活动，为会计信息使用者提供系统的会计信息；合理、科学地组织会计核算工作；农村集体经济组织必须根据自身的具体情况，确定相应的会计核算程序，使会计凭证的填制、会计账簿的登记和会计报表的编制能够有机地结合起来，做到相互配合，相互衔接，从而形成一个严密的核算体系[①]。

目前，很多农村集体经济组织已经采用会计核算软件进行会计核算。会计软件可以大幅提升会计核算的效率和准确性，极大地简化农村集体经济组织的会计工作流程；与手工账务处理相比，这种方式可以极大减少错误和遗漏，更能有效地满足各类财务报告的生成需求。另外，会计核算软件具备良好的统一性和标准化功能，能够对农村集体经济组织的会计核算数据进行统一管理，且方便进行数据查询和信息交换。更重要的是，它们可以实时更新财务数据，以支持农村集体经济组织的决策制定。

当然，使用会计核算软件并不意味着可以完全摒弃人工核算。在实际操作中，会计人员仍然需要按照农村集体经济组织会计制度要求设置账户、采用复式记账方法填制与审核凭证，并对会计核算软件的输入与输出数据进行审核，以确保会计核算的准确性。因此，全面了解和熟悉会计核算程序仍然非常必要。一般而言，会计核算程序包括设置账户、复式记账、填制和审核凭证、设置和登记账簿、成本计算、财产清查和编制财务报告等七个步骤。其关系如图 1－1 所示。

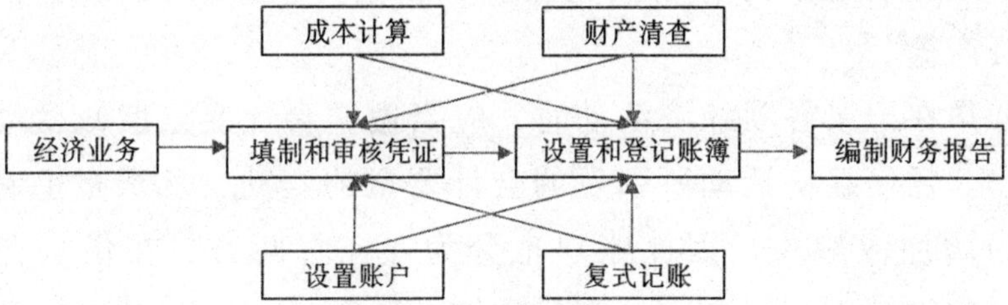

图 1－1　会计核算流程图

① 汤湘希：会计学，中国财政经济出版社，2022 年版。

一、设置账户

为了使会计工作顺利进行，并为会计信息使用者提供有用的会计信息，必须对会计要素的具体内容进行进一步的分类核算，这种对会计要素具体内容进行的分类核算就是设置账户。账户按照提供信息的详细程度不同可以分为总分类账户和明细分类账户[①]。对于明细账户较多的账户，还可以设置三级甚至多级明细分类账户。总分类账户是对会计要素的具体内容进行的总括分类，提供总括信息，如“对外投资”、“公积公益金”等；明细分类账户是对总分类账户的进一步细分，为提供更加明细、详尽的会计信息服务，如在“对外投资”账户下按照对外投资的类型设置明细分类账户、在“公积公益金”账户下按照公积公益金的来源设置明细分类账户等。

设置账户对于会计核算来说至关重要，它是会计信息系统的基础和核心，也是会计记录、控制、分析和报告的前提。因此，《农村集体经济组织会计制度》对账户的名称——会计科目做出了明确而翔实的规定。

账户的基本结构主要由三部分组成：即账户名称、借方和贷方。账户的名称即会计科目。账户名称确立了该账户记录的具体内容，如库存现金、库存物资、应收款、应付款、消耗性生物资产、固定资产等。

账户在记录各项经济活动时，应当遵循会计要素增减变动的基本规律。任何经济活动所引发的会计要素的变动，从数量上看，都表现为增加或减少。因此账户也分为左、右两方，在借贷记账法下，也称为借方和贷方。一方登记增加、另一方登记减少；至于哪方登记增加、哪方登记减少，则取决于所记录的经济业务类型和账户的性质。

---

① 汤湘希：会计学，中国财政经济出版社，2022年版。

账户在记录经济业务时，登记本期增加的合计称为本期增加发生额；登记本期减少的合计称为本期减少发生额；增减相抵后的差额，为本期余额。余额按照表示的时间不同，又分为期初余额和期末余额。其内在关系用公式可以表示为：

期末余额 = 期初余额 + 本期增加发生额 - 本期减少发生额

综上所述，账户的基本结构如图 1 - 2 所示。

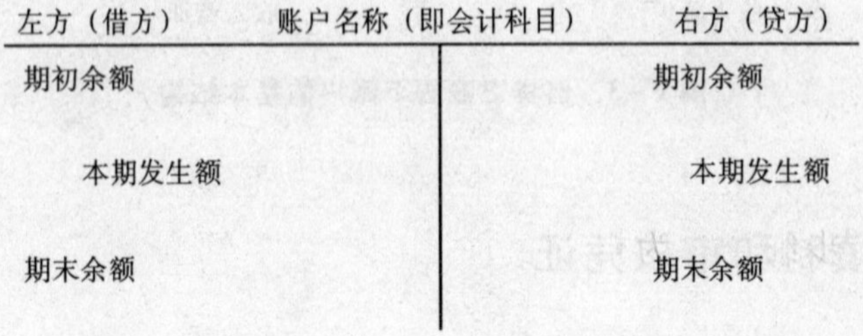

图 1 - 2 账户的基本结构

二、复式记账

复式记账是指对每一项经济业务都以相等的金额，同时在两个或两个以上的账户中进行记录的一种记账方法[①]。《农村集体经济组织会计制度》第九条明确要求，农村集体经济组织的会计记账方法采用借贷记账法。

借贷记账法是以“借”和“贷”作为记账符号，建立在“资产 = 负债 + 所有者权益”的会计恒等式的基础上，以“有借必有贷，借贷必相等”为记账规则，反映会计要素增减变动情况的一种复式记账方法。

在农村集体经济组织会计科目中，资产和费用类账户的增加记入借方，其减少记入贷方；而负债、所有者权益和收入账户的增加

① 汤湘希：会计学，中国财政经济出版社，2022 年版。

记入贷方，其减少记入借方。借贷记账法下账户的基本结构如图1－3所示。

借方	账户名称	贷方
资产增加		资产减少
费用增加		费用减少
负债减少		负债增加
所有者权益减少		所有者权益增加
收入减少		收入增加

图1－3　借贷记账法下账户的基本结构

三、填制和审核凭证

会计凭证是记录经济业务、明确经济责任的书面凭证，是登记账簿的依据[①]。会计凭证作为会计核算和监督的原始资料，由于经济业务的复杂性，导致会计凭证也复杂多样。概括来说，按其来源的不同，可分为自制原始凭证和外来原始凭证。按其反映经济业务数量的不同，可分为一次凭证和汇总凭证。一次凭证是记录单项经济业务发生情况的原始凭证和记账凭证；汇总凭证是记录同类性质经济业务累计发生情况或经过归类汇总编制的汇总原始凭证和汇总记账凭证。按其用途和填制程序不同，可分为原始凭证和记账凭证。原始凭证是在经济业务发生时立即填制或取得的会计凭证。记账凭证一般分为通用记账凭证和专用记账凭证，也可分为收款凭证、付款凭证和转账凭证。

1. 原始凭证的填制与审核

原始凭证是记录经济业务发生的最原始资料[②]，是记录、分析和报告的基础。填制原始凭证应遵循以下原则：

（1）真实。即原始凭证的填制必须与实际发生的经济业务完全

①② 汤湘希：会计学，中国财政经济出版社，2022年版。

相符，不能弄虚作假。包括交易的性质、金额、时间等。

（2）完整。即原始凭证填制的内容必须完整，所有项目填列齐全。包括交易的相关方、交易时间、交易金额、交易事项、支付方式等。

（3）及时。即应在交易发生或完成时尽快完成原始凭证的填制，从而确保信息的时效性。

（4）规范。即原始凭证的填制应符合《会计基础工作规范》的要求以及农村集体经济组织内部管理所包含的特定格式和细节要求，做到文字精炼、字迹清晰、数字准确、大小写金额无误、签章填具清楚，并按原始凭证序号顺序填列签发。

（5）可追溯。即所有交易都应留有易于追溯的原始记录，以便在需要验证或审计时，可对交易进行核实。

（6）审批完备。即所有的原始凭证在填制完毕后，还应当获得相关部门或具有审批权的人员的签字或盖章，以证实其真实性和准确性。

为了如实反映经济业务的发生和完成情况，充分发挥会计的监督职能，保证会计信息的真实、准确、完整，农村集体经济组织管理人员应对原始凭证做好审核工作，具体包括：

（1）审核原始凭证的真实性。核实原始凭证与其支持的交易是否一致。这可以通过比较凭证上的详细信息和交易的实际情况来实现。

（2）审核原始凭证所记录的经济业务是否合法。这可以通过检查支持原始凭证填制所签署的经济合同或协议的详细信息来实现。

（3）审核原始凭证是否按照要求填写完整。检查交易的日期、金额、对方单位、交易内容、签字、盖章等内容是否完整。

（4）审核原始凭证的填制是否正确。检查原始凭证所填列的交易的日期、金额、对方单位、交易内容等是否准确无误。

（5）确定原始凭证是否已经通过适当的审批流程，如由相关人员签字、盖章是否完整、是否合理。

2. 记账凭证的填制与审核

记账凭证作为登记账簿的依据，因其所反映的经济业务不同，各农村集体经济组织的规模大小和对会计核算繁简程度的要求不同，对记账凭证填制的要求也不尽相同。但总的来讲，记账凭证的填制应满足以下要求：

（1）准确性。记账凭证所记录的经济事项内容、金额、日期等基础信息应当准确无误。

（2）完整性。记账凭证的内容必须完整，涵盖所有必需的信息，包括凭证编号、凭证的填制日期、会计科目、摘要、交易的金额、明细科目的分类等内容是否完整。

（3）规范性。记账凭证的填制应符合《会计基础工作规范》的要求以及农村集体经济组织内部管理所包含的特定格式和细节要求，做到格式统一、文字精炼、字迹清晰。

（4）及时性。应在经济业务发生后及时填制记账凭证，确保所记录的经济业务及时入账。

（5）可靠性。记账凭证应以经济业务的实际发生和执行情况为依据填制。

（6）可追溯性。记账凭证必须有明确的索引和编号，以便进行查找和追溯。

为保证账簿记录的正确性，在记账前应当对记账凭证进行严格的审核，其审核的主要内容包括①：

（1）审核记账凭证的编制是否正确，即审核记账凭证所填列的会计账户、借贷方向、填列金额是否正确，所填制的记账凭证与原始凭证所记载的经济业务是否一致。

（2）审核记账凭证编制是否完整，即审核记账凭证的各项目填列是否齐全，记账凭证上载明的原始凭证张数是否与所附原始凭证

① 汤湘希：会计学，中国财政经济出版社，2022 年版。

张数一致，记账凭证上制单、记账、复核、主管等相关人员的签章是否齐备，记账凭证的编码是否连续、是否完整等。

四、设置和登记账簿

账簿是由具有一定格式的账页组成的，用来序时地、分类地记录各项经济业务的簿籍，是编制财务报表的依据。设置和登记账簿，是会计核算的重要程序之一，设置和登记账簿为编制财务报表提供必要的资料，是编制财务会计报表的基础工作。它不仅可以系统归纳和整理会计信息，有助于及时向信息使用者提供各种有用的会计信息，还为考核和分析农村集体经济组织的生产经营活动提供依据。设置和登记账簿一般应遵循以下步骤：

1. 确定所需账簿的种类。农村集体经济组织应根据自身实际业务情况和会计制度的要求，确定需要设置的账簿种类，通常包括序时账、分类账、备查账等。序时账也叫日记账，是按照经济业务发生的时间先后顺序逐日逐笔登记的账簿，实际工作中使用的序时账主要是现金日记账和银行存款日记账。分类账是对各项经济业务按照总分类账户或明细分类账户进行登记的账簿，包括总分类账和明细分类账。备查账是指对某些在序时账和分类账中未能记载的事项进行补充登记的账簿，如《农村集体经济组织会计制度》第三十六条明确要求，农村集体经济组织接受政府补助和他人捐赠等形成的资产（含扶贫项目资产），应当设置备查簿进行登记管理。

2. 确定账簿格式。每种账簿都有其特定的格式，包括日期、账户名称、借贷金额、余额等栏目。在实际工作中，账簿按照账页格式可以分为三栏式、数量金额式、多栏式。三栏式账簿只能提供金额指标，不能提供实物数量等信息，如现金日记账、银行存款日记账和总分类账等。数量金额式账簿同时采用数量和金额两种计量单位进行双重记录，如库存商品明细账、产成品明细账等。多栏式账簿是指一个借方栏目、多个贷方栏目，或一个贷方栏目、多个借方栏目的账簿，多栏式账簿一般只能提供金额指标，如多栏式成本计算账簿、多栏式费用账簿等。农村集体经济组织应当根据实际业务需要，合理选择相应的账簿。

3. 登记账务信息。根据财物交易的凭证，把相关的账务信息登记到相应的账簿中。每一笔交易应分别登记在日记账和相应的分类账中，然后根据这些记录进行总账的汇总和调节。

4. 核对和调节。应及时对各个账户的余额进行核对和调节，以提高账簿记录的准确性。

5. 账簿的保管和检查。会计账簿应妥善保管，防止丢失和损坏；同时，应定期对账簿进行查验，发现问题应及时纠正。

五、成本计算

《农村集体经济组织会计制度》第四十九条规定，农村集体经济组织的生产（劳务）成本，是指农村集体经济组织直接组织生产或对外提供劳务等活动所发生的各项生产费用和劳务支出。在会计核算程序中，成本计算是非常重要的环节。具体来说，应该根据以下步骤进行成本计算：

1. 确定计算对象。即明确哪些项目应纳入成本计算，例如，直接材料、直接人工等。

2. 收集成本信息。即通过账务记录、发票和其他相关文件收集必要的成本信息。

3. 计算单项成本。即对每一项成本进行具体的计算，例如，计算原材料的购买成本、员工工资、设备折旧等。

4. 计算间接成本。间接成本通常不能直接计入具体的产品或服务，需要采用一定的分配方法进行计算。

5. 成本汇总。即把所有相关的直接成本和间接成本汇总起来。

6. 成本分配。如果农村集体经济组织从事制造业，还需要将成本分配到各个产品或生产批次；如果是服务业，可能需要将成本分配到各个项目或客户。

7. 计算单位成本。对于从事制造业的农村集体经济组织，通常需要将总成本除以生产量来计算单位成本；对于从事服务业的农村集体经济组织，可能会计算每个服务项目或每个客户的成本。

农村集体经济组织的成本计算，需要严格遵循《农村集体经济组织会计制度》和农村集体经济组织内部的成本计算方法，以保证成本计算的正确性和一致性。

六、财产清查

在会计核算程序中，财产清查是关键的一步，它旨在核实账务记录中体现的资产、负债和所有者权益数额的准确性。《农村集体经济组织财务制度》第二十九条规定，年终收益分配前，农村集体经济组织应当清查资产，清理债权、债务，准确核算年度收入、支出、可分配收益。《农村集体经济组织会计制度》第三十七条明确要求，农村集体经济组织应当在每年年度终了，对应收款项、存货、对外投资、生物资产、固定资产、在建工程、无形资产等资产进行全面清查，做到账实相符；对于已发生损失但尚未批准核销的相关资产，应当在会计报表附注中予以披露。

因此，农村集体经济组织在年终决算前应当进行全面的财产清查，并根据清查结果及时进行账务调整，以确保会计信息真实、准确。农村集体经济组织年终决算前的财产清查基本步骤和注意事项如下：

1. 确定清查范围和时间。清查范围可以按部门、按财产种类或按使用地点来确定，清查时间通常在会计年度结束之前进行。

2. 编制和分发财产清查表。编制财产清查表，清晰地列出需要清查的各项资产，包括但不限于库存现金、应收款项、存货、固定资产等，发给负责清查的部门或人员进行清查。

3. 实地清查。对实物资产进行实地清查盘点，核实资产的数量、存放地点、质量和使用状况等。

4. 清查结果汇总。收集并汇总各项清查结果，填入财产清查表，并与账务记录进行对照。

5. 清查报告的编制和审批。清查结束后，应编制财产清查报告，由财务部门或会计部门负责人签署，上报给上级管理部门审核，并经农村集体经济组织成员（代表）大会表决。

6. 进行账务调整。将实地清查结果与账务记录不符的情况，根据经批准后的清查报告和处理意见，及时进行账务调整，确保账实相符。

通过财产清查，可以确保财务报告的准确性，同时也有助于防止盗窃、滥用和浪费，以提高资产的使用效率。

七、编制财务报告

编制财务报告是会计核算过程的最后一个步骤。其目的是完整反映农村集体经济组织的财务状况和经营成果，为财务报告使用者提供决策依据。编制财务报告的一般步骤主要包括：

1. 确定编制时间。一般来说，财务报告是按照会计期间，如月度、季度或年度来编制的。

2. 收集报告数据。这些数据通常来自会计部门日常记录的会计信息和对应的账簿。但有时也需要从农村集体经济组织内部各个部门收集与之相关的补充信息。

3. 确定报告内容。根据《农村集体经济组织会计制度》的要求，农村集体经济组织的财务报告包括会计报表和会计报表附注。农村集体经济组织的会计报表包括资产负债表、收益及收益分配表；农村集体经济组织的会计报表附注是指对在资产负债表、收益及收益分配表等会计报表中列示项目的文字表述或明细资料，以及对未能在这些会计报表中列示项目的说明等。

此外，《农村集体经济组织会计制度》第六十六条还明确，农村集体经济组织可以根据需要编制月度或季度科目余额表和收支明细表。科目余额表，反映农村集体经济组织资产类、负债类、所有者权益类和成本类会计科目在月末或季度末的期末余额。收支明细表，反映农村集体经济组织损益类会计科目在各月或各季度的本期发生额。

4. 按期编制财务报告。将收集的数据填入相应的会计报表和会计报表附注中。在此过程中，通常需要对数据进行汇总、分类和计算。

5. 及时审核报告。财务报告应由会计部门负责人或外部审计师进行审核，以确保报表的准确性和完整性。

第四节 档案管理

一、会计档案的概念和内容

（一）会计档案的概念

会计档案是指单位在进行会计核算等过程中接收或形成的，记录和反映单位经济业务事项的，具有保存价值的文字、图表等各种形式的会计资料，包括通过计算机等电子设备形成、传输和存储的电子会计档案[①]。

---

① 财政部、国家档案局：《会计档案管理办法》（中华人民共和国财政部 国家档案局令第79号）第三条。

（二）会计档案的内容

1. 一般会计档案

①会计凭证，包括原始凭证、记账凭证；

②会计账簿，包括总账、明细账、日记账、资产台账及其他辅助性账簿；

③财务会计报告，包括月度、季度、半年度、年度财务会计报告；

④其他会计资料，包括银行存款余额调节表、银行对账单、纳税申报表、会计档案移交清册、会计档案保管清册、会计档案销毁清册、会计档案鉴定意见书及其他具有保存价值的会计资料；

⑤各类承包合同或协议，各项财务计划及收益分配方案。

2. 电子会计档案

农村集体经济组织可以利用计算机、网络通信等现代信息技术手段管理会计档案①。对于农村集体经济组织形成的属于归档范围的电子会计资料，同时满足以下条件的，可仅以电子形式保存，形成电子会计档案②：

①形成的电子会计资料来源真实有效，由计算机等电子设备形成和传输；

②使用的会计核算系统能够准确、完整、有效接收和读取电子会计资料，能够输出符合国家标准归档格式的会计凭证、会计账簿、会计报表等会计资料，设定了经办、审核、审批等必要的审签程序；

③使用的电子档案管理系统能够有效接收、管理、利用电子会计档案，符合电子档案的长期保管要求，并建立了电子会计档案与

---

① 财政部、国家档案局：《会计档案管理办法》（中华人民共和国财政部 国家档案局令第 79 号）第七条。

② 财政部、国家档案局：《会计档案管理办法》（中华人民共和国财政部 国家档案局令第 79 号）第八条。

相关联的其他纸质会计档案的检索关系；

④采取有效措施，防止电子会计档案被篡改；

⑤建立电子会计档案备份制度，能够有效防范自然灾害、意外事故和人为破坏的影响；

⑥形成的电子会计资料不属于具有永久保存价值或者其他重要保存价值的会计档案。

农村集体经济组织从外部接收的电子会计资料附有符合《中华人民共和国电子签名法》规定的电子签名的，可仅以电子形式归档保存，形成电子会计档案。

二、会计档案的管理

农村集体经济组织应当完善会计档案管理制度、配备档案管理人员和档案管理条件、落实档案管理责任、加强对会计档案的管理。

1. 会计档案的归档

会计机构或会计人员所属机构按照归档范围和归档要求，负责定期将应当归档的会计资料整理立卷，编制会计档案保管清册[①]。

会计部门在记账之后，应定期对各种会计凭证加以分类整理，按照编号顺序，连同所附的原始凭证折叠整齐，加具封面、封底装订成册，并在装订线上加贴封签。在封面上，应写明单位名称、年度、月份、记账凭证的种类、起讫日期、起讫号数，以及记账凭证和原始凭证的张数，并在封签外加盖会计主管的骑缝图章。

对各种重要的原始凭证以及各种需要随时查阅和退回的单据，应另编目录，单独登记保管，并在有关的记账凭证和原始凭证上相互注明日期和编号。某些记账凭证所附的原始凭证数量过多，也可

---

① 财政部、国家档案局：《会计档案管理办法》（中华人民共和国财政部 国家档案局令第79号）第十条。

以单独装订保管，但应在封面上注明所属记账凭证的日期、编号、种类，同时在有关的记账凭证上注明“附件另订”和原始凭证名称和编号，以便查考。会计人员在年度终了，应将已更换的各种活页账簿、卡片账簿以及必要的备查账簿连同账簿使用登记表装订成册，加上封面，统一编号，由有关人员签章后，与订本账簿一起归档保管。

会计报表同会计凭证以及会计账簿一样，都是重要的会计档案。会计人员在年度终了，应将全年编制的会计报表按时间先后顺序整理，装订成册，并加上封面，归档保管。

每年的会计凭证、账簿、报表都应由会计部门按照归档的要求，负责整理立卷或装订成册。

2. 会计档案的保管

农村集体经济组织自行保管会计档案的，必须配备财务（会计）档案室（柜），实行专人负责，统一管理；一般由主管会计负责会计档案的整理、立卷、保管、调阅和销毁工作。不具备条件的、实行村账乡代管的农村集体经济组织也可以委托乡（镇）经营管理部门代为管理。

当年形成的会计档案，在会计年度终了后，可由会计管理机构临时保管一年，再移交单位档案管理机构保管。因工作需要确需推迟移交的，应当经单位档案管理机构同意。单位会计管理机构临时保管会计档案最长不超过三年。出纳人员不得监管会计档案①。

会计档案的保管期限分为永久、定期两类。定期保管期限一般分为10年和30年②。会计档案的保管期限，从会计年度终了后的第一天算起。各类会计档案的保管期限原则上应当按照《会计档案管理办法》规定的期限执行，该期限为最低保管期限。

① 财政部、国家档案局：《会计档案管理办法》（中华人民共和国财政部 国家档案局令第79号）第十一条。

② 财政部、国家档案局：《会计档案管理办法》（中华人民共和国财政部 国家档案局令第79号）第十四条。

农村集体经济组织会计档案的具体保管期限见表1－1。

表1－1 会计档案保管期限

序号	档案名称	保管期限	备注
一	会计凭证		
1	原始凭证	30年	
2	记账凭证	30年	
二	会计账簿		
3	总账	30年	
4	明细账	30年	
5	日记账	30年	
6	固定资产卡片		固定资产报废清理后保管5年
7	其他辅助性账簿	30年	
三	财务会计报告		
8	月度、季度、半年度财务会计报告	10年	
9	年度财务会计报告	永久	
四	其他会计资料		
10	银行存款余额调节表	10年	
11	银行对账单	10年	
12	纳税申报表	10年	
13	会计档案移交清册	30年	
14	会计档案保管清册	永久	
15	会计档案销毁清册	永久	
16	会计档案鉴定意见书	永久	

3. 会计档案的移交

农村集体经济组织会计人员调动工作或者离职，必须与接管人员办清交接手续。一般会计人员办理交接手续由会计主管人员监交；会计主管人员办理交接手续，由农村集体经济组织负责人监交，必要时，上级经营管理部门可以派人会同监交。

农村集体经济组织之间交接会计档案的，交接双方应当办理会计档案交接手续。移交会计档案的单位，应当编制会计档案移交清册，列明应当移交会计档案名称、卷名、册数、起止年度和档案编号、应保管期限和已保管期限等内容[①]。

交接会计档案时，交接双方应当按照会计档案移交清册所列内容逐项交接，并由交接双方的单位有关负责人负责监督。交接完毕后，交接双方经办人和监督人应当在会计档案移交清册上签名或盖章。

纸质会计档案移交时应当保持原卷的封装。电子会计档案移交时应当将电子会计档案及其元数据一并移交，文件格式应当符合国家档案管理的有关规定。特殊格式的电子会计档案应当与其读取平台一并移交。

单位档案管理机构接收电子会计档案时，应当对电子会计档案的准确性、完整性、可用性、安全性进行检测，符合要求的才能接收。

4. 会计档案的查阅和复制

农村集体经济组织或个人应当严格按照相关制度规定利用会计档案，在进行会计档案查阅、复制、借出时履行登记手续，严禁篡改和损坏。

农村集体经济组织保存的会计档案一般不得对外借出。确因工作需要且根据国家有关规定必须借出的，应当严格按照规定办理相关手续。会计档案借用单位应当妥善保管和利用借入的会计档案，确保借入会计档案的安全完整，并在规定时间内归还[②]。

5. 会计档案的鉴定

农村集体经济组织应当定期对已到保管期限的会计档案进行鉴

① 财政部、国家档案局：《会计档案管理办法》（中华人民共和国财政部 国家档案局令第79号）第二十四条。

② 财政部、国家档案局：《会计档案管理办法》（中华人民共和国财政部 国家档案局令第79号）第十三条。

定，并形成会计档案鉴定意见书。经鉴定，仍需继续保存的会计档案，应当重新划定保管期限；对保管期满，确无保存价值的会计档案，可以销毁。

6. 会计档案的销毁

会计档案保管期满，经鉴定可以销毁的会计档案，应当按照以下程序销毁[①]：

（1）编制会计档案销毁清册，列明拟销毁会计档案的名称、卷号、册数、起止年度、档案编号、应保管期限、已保管期限和销毁时间等内容。

（2）农村集体经济组织负责人、档案管理负责人、会计负责人在会计档案销毁清册上签署意见。

（3）农村集体经济组织档案管理负责人组织会计档案销毁工作，并由农村集体经济组织负责人和乡（镇）经营管理部门人员监销。监销人在会计档案销毁前，应当按照会计档案销毁清册所列内容进行清点核对；在会计档案销毁后，档案管理和监销人应当在会计档案销毁清册上签名或盖章。

电子会计档案的销毁还应当符合国家有关电子档案的规定，参照纸质档案规定销毁。

保管期满但未结清的债权债务会计凭证和涉及其他未了事项的会计凭证不得销毁，纸质会计档案应当单独抽出立卷，电子会计档案单独转存，保管到未了事项完结时为止。

7. 特殊情形下的会计档案保管要求

（1）农村集体经济组织合并、分立的情形。农村集体经济组织因各种原因而终止的，在终止或办理注销登记手续之前形成的会计档案，按照国家档案管理的有关规定处置[②]。分立后，原农村集体

① 财政部、国家档案局：《会计档案管理办法》（中华人民共和国财政部 国家档案局令第 79 号）第十八条。

② 财政部、国家档案局：《会计档案管理办法》（中华人民共和国财政部 国家档案局令第 79 号）第二十条。

经济组织存续的，其会计档案应当由分立后的存续方统一保管。分立后，原农村集体经济组织解散的，其会计档案应当由乡（镇）或县级经营管理部门代管，各方可以查阅、复制与其业务相关的会计档案。农村集体经济组织分立中未结清的会计事项所涉及的会计凭证，应当单独抽出由业务相关方保存，并按照规定办理交接手续。农村集体经济组织合并后，原各农村集体经济组织的会计档案应当由合并后存续方统一保管。

（2）代理记账下的管理。委托中介机构代理记账的，应当在签订的书面委托合同中，明确会计档案的管理要求及相应责任。

第五节　会计交接

为保障财务记录和报表的连续性、准确性和完整性，农村集体经济组织会计人员因工作调动或因故离职，必须及时配备会计人员接管，并按规定办理交接手续。没有办清交接手续的，不得调动或者离职[①]。

一、会计交接的要求

1. 会计人员工作调动或者因故离职，必须将本人所经管的会计工作全部移交给接替人员。没有办清交接手续的，不得调动或者离职。接替人员应当认真接管移交工作，并继续办理移交的未了事项。

2. 会计人员临时离职或者因病不能工作且需要接替或者代理的，农村集体经济组织负责人或会计负责人必须指定有关人员接替或者代理，并办理交接手续。临时离职或者因病不能工作的会计人

① 财政部：《会计基础工作规范》（中华人民共和国财政部令第98号）。

员恢复工作的，应当与接替或者代理人员办理交接手续，移交人员因病或者其他特殊原因不能亲自办理移交的，经农村集体经济组织负责人和乡（镇）经营管理部门同意，可由移交人员委托他人代办移交。

3. 会计人员办理交接手续，必须有监交人负责监交。一般会计人员交接，由农村集体经济组织负责人和会计负责人负责监交；会计负责人交接，由农村集体经济组织负责人和乡（镇）经营管理部门人员共同负责监交。

4. 农村集体经济组织撤销时，必须留有必要的会计人员，办理清理工作，编制决算，未移交前不得离职。其接收单位和移交日期由上级经营管理部门确定。

二、会计交接的具体流程

1. 移交前准备工作

会计人员办理移交手续前，必须及时做好以下工作：

（1）已经受理的经济业务尚未填制会计凭证的，应当填制完毕。

（2）尚未登记的账目，应当登记完毕，并在最后一笔余额后加盖经办人员印章。

（3）整理应该移交的各项资料，对未了事项写出书面材料。

（4）编制移交清册，列明应当移交的会计凭证、会计账簿、财务报表、印章、库存现金、有价证券、支票簿、发票、文件、其他会计资料和物品等内容；实行会计电算化的单位，从事该项工作的移交人员还应当在移交清册中列明会计软件及密码、会计软件数据磁盘（磁带等）及有关资料、实物等内容。

2. 移交工作

会计人员办理交接手续时，必须有监交人负责监交。移交人员在办理移交时，要按移交清册逐项移交，接替人员要逐项核对点收。

移交过程中重点工作如下：

（1）库存现金、有价证券要根据会计账簿有关记录进行点交。库存现金、有价证券必须与会计账簿记录保持一致。不一致时，移交人员必须限期查清。

（2）会计凭证、会计账簿、财务报表和其他会计资料必须完整无缺。如有短缺，必须查清原因，并在移交清册中注明，由移交人员负责。

（3）银行存款账户余额要与银行对账单核对，如不一致，应当编制银行存款余额调节表调节相符，各种财产物资和债权债务的明细账户余额要与总账有关账户余额核对相符；必要时，要抽查个别账户的余额，与实物核对相符，或者与往来单位、个人核对清楚。

（4）移交人员经管的票据、印章和其他实物等，必须交接清楚；移交人员从事会计电算化工作的，要对有关电子数据在实际操作状态下进行交接。会计负责人移交时，还必须将全部财务会计工作、重大财务收支和会计人员的情况等，向接替人员详细介绍。对需要移交的遗留问题，应当写出书面材料。

3. 交接完毕

交接完毕后，交接双方和监交人员要在移交清册上签名或者盖章，并应在移交清册上注明：单位名称，交接日期，交接双方和监交人员的职务、姓名，移交清册页数以及需要说明的问题和意见等。移交清册一般一式三份，交接双方各执一份，存档一份。接替人员应当继续使用移交的会计账簿，不得自行另立新账，以保持会计记录的连续性。

移交人员对所移交的会计凭证、会计账簿、会计报表和其他有关资料的合法性、真实性承担法律责任。

第二章　新旧制度的主要变化与衔接要求

第一节　新旧制度的主要变化

2023年9月5日，财政部发布了《农村集体经济组织会计制度》（财会〔2023〕14号，以下简称“新制度”），新制度的出台，是贯彻落实党中央国务院决策部署，服务乡村振兴战略的重要举措；是适应农村集体经济组织发展新形势新要求，服务农村经济发展的现实需求；是进一步与相关法律法规协调衔接，服务农村集体经济组织规范发展的客观需要。新制度更加聚焦规范会计核算工作，对资产、负债、所有者权益、收入、费用、收益等会计要素的定义、确认、计量，以及账务处理等内容进行了统一全面系统规范，为农村集体经济组织会计核算奠定了基础。

一、新制度的总体变化

新制度围绕农村集体经济组织业务发展需要和管理要求，在对《村集体经济组织会计制度》（财会〔2004〕12号，以下简称“原制度”）相关内容进行增加、调整或删减，并对会计核算的目标、原则和要求做出相应调整后修订而成。其总体变化主要体现在①：

① 戴琼、张莹：农村集体经济组织会计制度的主要变化及其对注册会计师行业高质量发展的影响，中国注册会计师，2023年第9期。

1. 更加适应农村集体经济组织的特殊属性和核算目标

《中华人民共和国农村集体经济组织法（草案）》第二条明确，农村集体经济组织是指以土地集体所有为基础，依法代表成员集体行使所有权，实行家庭承包经营为基础、统分结合双层经营体制的地区性经济组织；第三条对其法律地位的界定为："农村集体经济组织是发展壮大农村集体经济、巩固社会主义公有制、促进共同富裕的重要主体，是健全乡村治理体系、实现乡村善治的重要力量，是提升党组织凝聚力、巩固党在农村执政根基的重要保障。"这就明确了以土地集体所有为基础的农村集体经济组织不仅是发展壮大农村集体经济的经济主体，更是维护成员集体权益和促进共同富裕的社会公益服务主体，还是健全乡村治理体系和党组织凝聚力的政治主体。因此，会计制度服务目的不仅是反映农村集体经济组织财务状况和经营成果，为关注经济发展的利益相关者服务；也是反映农村集体经济组织公益性资产分布状况与社会公益服务能力，为关注社会公益服务的利益相关者服务；还必须能够反映农村集体经济组织扶贫资产配置状况和运转支出的实际情况，为关注乡村治理体系建设和党的基层政治建设的利益相关者服务；从而突破了传统《企业财务会计报告条例》《企业会计准则》和《企业会计制度》对财务状况、经营成果和现金流量状况的倚重。

2. 重新定义了相关会计要素

新制度第十条明确规定，农村集体经济组织的会计要素包括资产、负债、所有者权益、收入、费用和收益。首先，不同于《政府会计准则——基本准则》中将会计要素按照预算会计与财务会计分别规定；与《企业会计准则——基本准则》相比，用"收益"取代了"利润"。尽管"收益"和"利润"都是反映会计主体经营成果的重要指标，但在严格的商业或财务环境下，"利润"更加关注会计主体的经营目标和效果，即更侧重于经济属性；而"收益"内容更加广泛，通常包括会计主体从各种投资或业务活动中获得的所有回报，包括利润、租金、利息、股息、资本增值等。其次，新制度将资产要素定义为："农村集体经济组织过去的交易或者事项形成的、由农村集体经济组织拥有或者控制的、预期会给农村集体经济组织带来经济利益或者承担公益服务功能的资源"。这一定义借鉴了《政府会计准则——基本准则》中资产的定义，不仅将能够给会计主体"带来经济利益的资源"纳入了资产范围，也将能够增加会计主体"承担公益服务功能的资源"纳入了资产范围，从而为公益性生物资产等公益性资源的确认和计量提供了依据。

3. 调整了农村集体经济组织收益的结构

新制度不仅将农村集体经济组织日常生产经营活动产生的收益作为经营收益，还将补助收入和运转支出所带来的盈余也作为经营收益的重要组成部分，从收益结构上明确了维持农村集体经济组织正常运转、提供农村乡村治理体系和农村社区公益服务职能，也属于农村集体经济组织的日常经营活动。这与《政府会计准则》及《行政事业单位会计制度》和《企业会计准则》及《企业会计制度》形成了鲜明的对照，充分体现了新制度属"农"的特殊属性。

4. 限制了公允价值计量属性的运用

新制度在强调应当以实际发生的交易或者事项为依据进行会计核算的同时，特别强调了农村集体经济组织的资产应当按照成本计量，也不要求对相关资产计提减值准备，即对资产的计量更多地采用历史成本计量属性。尽管规定对于盘盈资产的入账价值可以同类或类似资产的市场价值或采用重置价值计量；对以实物资产和无形资产等非货币性资产方式投资、接受政府补助和他人捐赠的固定资产和无形资产等，允许按照公允价值入账。但相比《企业会计准则》的计量属性，对公允价值的使用受到非常严格的限制。这不仅是基于农村集体经济组织财务会计人员会计核算水平的考量，更是基于农村集体经济组织成员构成和资本来源相对固定而在会计信息的相关性和真实性的两难选择中，更加倾向于真实性的现实抉择。

5. 引入名义金额作为资产入账价值

新制度充分吸收了《政府会计准则——基本准则》的优秀成果

而引入名义金额计量属性，允许农村集体经济组织对收到政府补助或者他人捐赠的存货、生物资产、固定资产和无形资产，在制度明确的特定条件下采用名义金额作为计量属性，这为解决农村集体经济组织在城镇化改造、脱贫攻坚和提升乡村公益服务职能过程中，取得的政府补助或他人捐赠所形成资产因无合规入账依据而无法纳入会计核算和监督提供了计量的制度基础，这对于真实、完整地将农村集体经济组织所拥有或控制的资产、资源纳入会计监督范畴提供了依据。

6. 对相关会计科目和核算要求进行了调整

与原制度相比，新制度在会计核算上充分考虑到农村集体经济的特点，兼顾了农村集体经济组织的特殊属性，充分考虑到农业农村的具体情况，对相关会计科目和核算要求进行了调整。

7. 调整了财务报告披露的内容

与原制度相比，新制度为了全面反映农村集体经济组织财务状况和经营成果，保障农村集体经济组织及其成员的合法权益，对财务报告披露内容进行了相应调整。

二、会计科目的变化

新制度围绕农村集体经济组织业务发展需要和财务管理要求，对原制度相关会计科目进行了增加、调整或删减，并对会计核算要求做出相应调整。新制度与原制度会计科目的对比详见表 2－1。

表 2－1　新制度与原制度会计科目对比表

序号	新制度会计科目		原制度会计科目	
	编号	名称	编号	名称
一、资产类科目				
1	101	库存现金	101	现金
2	102	银行存款	102	银行存款

续表

序号	新制度会计科目		原制度会计科目	
	编号	名称	编号	名称
3	111	短期投资	111	短期投资
4	112	应收款	112	应收款
5	113	内部往来	113	内部往来
6	121	库存物资	121	库存物资
7	131	消耗性生物资产		
8	132	生产性生物资产	131	牲畜（禽）资产
9	133	生产性生物资产累计折旧	132	林木资产
10	134	公益性生物资产		
11	141	长期投资	141	长期投资
12	151	固定资产	151	固定资产
13	152	累计折旧	152	累计折旧
14	153	在建工程	154	在建工程
15	154	固定资产清理	153	固定资产清理
16	161	无形资产		
17	162	累计摊销		
18	171	长期待摊费用		
19	181	待处理财产损溢		
二、负债类科目				
20	201	短期借款	201	短期借款
21	211	应付款	202	应付款
24	212	应付工资	211	应付工资
22	213	应付劳务费		
23	214	应交税费		
25	221	长期借款及应付款	221	长期借款及应付款
26	241	专项应付款		
27	231	一事一议资金	231	一事一议资金
28			212	应付福利费

续表

序号	新制度会计科目		原制度会计科目	
	编号	名称	编号	名称
三、所有者权益类科目				
29	301	资本	301	资本
30	311	公积公益金	311	公积公益金
31	321	本年收益	321	本年收益
32	322	收益分配	322	收益分配
四、成本类科目				
33	401	生产（劳务）成本	401	生产（劳务）成本
五、损益类科目				
34	501	经营收入	501	经营收入
35	502	投资收益	511	发包及上交收入
			561	投资收益
36	503	补助收入	522	补助收入
37	504	其他收入	531	其他收入
38	511	经营支出	502	经营支出
39	512	税金及附加		
40	513	管理费用	541	管理费用
41	514	公益支出		
42	515	其他支出	551	其他支出
43	521	所得税费用		
44			521	农业税附加返还收入

1. 增加了有关会计科目

（1）为满足农村集体经济组织不断丰富的资产类型的会计核算需要，新增了“无形资产”会计科目，并明确了无形资产会计核算范围和账务处理。

（2）为满足农村集体经济组织对已提足折旧固定资产的改扩建支出等摊销期在1年以上支出，新增了“长期待摊费用”会计科目，并对其摊销方法进行了明确。

（3）为满足无形资产的核算需要，新增了“累计摊销”会计科目，用于核算无形资产的摊销。

（4）为满足农村集体经济组织资产管理规范化的需要，新增了“待处理财产损溢”会计科目，并明确了相关会计核算要求。

（5）随着国家乡村振兴战略等实施，政府给予农业农村农民的补助资金日益增加，为满足对政府给予的不同类型补助资金的会计核算需要，在保留原制度中核算经营性补贴的“补助收入”会计科目的基础上，新增了“专项应付款”会计科目，用于核算具有专项或指定用途的政府补助资金。

（6）针对农村集体经济组织中用工的不同类型，细化了“应付工资”会计科目的核算要求，新增了“应付劳务费”会计科目，并明确了相关的核算要求。

（7）为体现《农村集体经济组织法（草案）》和《农村集体经济组织财务制度》中关于集体公益和综合服务、保障村级组织和村务运转等支出计入成本费用的具体要求，新增了“公益支出”会计科目，并明确了相关的核算要求。

（8）为满足农村集体经济组织涉税业务核算的需要，新增了“应交税费”、“税金及附加”、“所得税费用”等会计科目，并补充了相关涉税业务的会计核算内容。

2. 调整了有关会计科目的核算内容

（1）为满足实务中多种类型生物资产的会计核算需求，将原制度中的原“农业资产”中的“牲畜（禽）资产”、“林木资产”调整为“生物资产”，并根据资产类型、价值特征和产生利益的方式区分为消耗性、生产性、公益性生物资产三大类分别进行会计核算；将原“农业资产”中除牲畜（禽）资产、林木资产外的其他资产，并入“库存物资”会计科目核算。

（2）根据农村集体经济组织实际情况，将原制度中的“发包及上交收入”会计科目内容按其经济实质分别调整纳入“经营收入”

和“投资收益”会计科目，并对相关科目核算内容进行相应调整。

（3）根据《农村集体经济组织法（草案）》等相关规定，将农村集体经济组织的资本严格限定在农村集体经济组织内部，相应删减了“资本”和“公积公益金”中关于接受投入资本的会计核算内容，更加体现农村集体经济组织特有的集体属性。

3. 保留了突出“农”字属性的会计科目

为满足农村会计实务需要，充分考虑到农村集体经济组织会计核算的习惯做法，保留了原制度中“内部往来”、“一事一议资金”等会计科目。

4. 删减了有关会计科目

（1）根据《农村集体经济组织财务制度》等不再提取应付福利费的有关规定，结合农村集体经济组织实际，本次修订删除了“应付福利费”会计科目。

（2）根据相关法律法规要求以及农业农村发展现状，本次修订删除了“农业税附加返还收入”会计科目。

此外，为贯彻落实国家有关加强扶贫项目资产后续管理的要求，加强农村集体经济组织的扶贫项目资产和其他政府专项补助与他人捐赠资产的管理，要求设置相应的备查簿进行登记管理。

三、农村集体经济组织财务报告的主要变化

为了全面反映农村集体经济组织的财务状况和经营成果，保障农村集体经济组织及其成员的合法权益，农村集体经济组织应当按照会计报表编制基础、编制依据、编制原则和方法的要求，提供真实、完整的财务会计报告，不得随意改变会计报表的编制基础、编制依据、编制原则和方法，不得随意改变制度规定的会计报表有关数据的会计口径。

1. 资产负债表的主要变化

为了反映农村集体经济组织在某一特定日期全部资产、负债和

所有者权益的情况，新制度明确了资产负债表的格式和编制要求，详见表2－2。

表2－2　　**资产负债表**　　村会01表

编制单位：　　年　月　日　　单位：元

资产	期末余额	年初余额	负债和所有者权益	期末余额	年初余额
流动资产：			流动负债：		
货币资金			短期借款		
短期投资			应付款项		
应收款项			应付工资		
存货			应付劳务费		
消耗性生物资产			应交税费		
流动资产合计			流动负债合计		
非流动资产：			非流动负债：		
长期投资			长期借款及应付款		
生产性生物资产原值			一事一议资金		
减：生产性生物资产累计折旧			专项应付款		
生产性生物资产净值			非流动负债合计		
固定资产原值			负债合计		
减：累计折旧					
固定资产净值					
在建工程					
固定资产清理					
固定资产小计					
无形资产原值					
减：累计摊销			所有者权益：		
无形资产净值			资本		
公益性生物资产			公积公益金		
长期待摊费用			未分配收益		
非流动资产合计			所有者权益合计		
资产总计			负债和所有者权益总计		

新制度为更好体现农村集体经济组织财务状况，根据会计科目及会计核算等要求，对资产负债表格式和编制说明做了进一步完善。

（1）在资产负债表中新增了无形资产和长期待摊费用的列报和披露要求，要求单独列报和披露无形资产的累计摊销额，无形资产以净值列报和披露。

（2）为反映农村集体经济组织已提取但尚未支付的季节性用工等临时性工作人员的劳务费用情况，在资产负债表中新增了应付劳务费的列报和披露要求。

（3）为反映农村集体经济组织期末未缴纳税费、多缴纳税费或未抵扣的增值税等各种情况，在资产负债表中新增了应交税费的列报和披露要求。

（4）为反映政府对农村集体经济组织给予的具有专项或指定用途的政府补助资金情况，在资产负债表中新增了专项应付款的列报和披露要求。

（5）不再在资产负债表中单独列报和披露农业资产，而是将农业资产中的牲畜（禽）资产和林木资产作为生物资产，分别按照消耗性生物资产、生产性生物资产、公益性生物资产单独列报和披露；将消耗性生物资产归类为流动资产，将生产性生物资产和公益性生物资产归类为长期资产，并要求对生产性生物资产累计折旧单独列报和披露、生产性生物资产按净值列报和披露；将农业资产中除牲畜（禽）资产和林木资产外的其他资产在存货中列报和披露。

（6）基于《农村集体经济组织财务制度》不再提取应付福利费的有关规定，不再在资产负债表中单独列报和披露应付福利费。

（7）将在原制度资产负债表的补充资料中列报和披露的“无法收回、尚未批准核销的短期投资”等七项内容，纳入会计报表附注中予以披露。

2. 收益及收益分配表的变化

为了综合反映农村集体经济组织在一定会计期间内收益及收益

分配的实际情况，新制度明确了收益及收益分配表的格式和编制要求，详见表2-3。

表2-3 收益及收益分配表 村会02表

编制单位： 年度 单位：元

项　目	本年金额	上年金额
一、经营收入		
加：投资收益		
补助收入		
减：经营支出		
税金及附加		
管理费用		
其中：运转支出		
二、经营收益		
加：其他收入		
减：公益支出		
其他支出		
三、收益总额		
减：所得税费用		
四、净收益		
加：年初未分配收益		
其他转入		
五、可分配收益		
减：提取公积公益金		
向成员分配		
其他		
六、年末未分配收益		

新制度为更好体现农村集体经济组织的经营成果和收益分配情况，按照新制度会计科目及会计核算等要求，对收益及收益分配表的格式和编制说明做了进一步完善。

(1) 调整了收益及收益分配表的结构，引入了“收益总额”和“净收益”的概念；充分考虑了所得税费用对可供分配收益的影响，在计算净收益前扣减了所得税费用，更加科学地反映了农村集体经济组织的实际经营情况。

（2）为了更明确地反映农村集体经济组织企业所得税的实际负担情况，新增了“所得税费用”的列报和披露要求。

（3）为体现《农村集体经济组织法（草案）》和《农村集体经济组织财务制度》中关于集体公益和综合服务、保障村级组织和村务运转等支出计入成本费用的具体要求，相应地新增了对“公益支出”和“管理费用（运转支出）”的列报和披露要求。

（4）简化了可分配收益的披露，只要求将收益分配按照“成员”与“非成员”进行列报和披露。

（5）不再要求单独列报和披露发包及上交收入。将发包收入纳入农村集体经济组织的经营收入列报和披露，将上交收入纳入农村集体经济组织的投资收益列报和披露。

（6）根据国家税费改革的要求以及农业农村发展实际情况，不再在收益及收益分配表中单独列报和披露农业税附加返还收入。

3. 会计报表附注

会计报表附注是财务会计报告的重要组成部分。为全面反映农村集体经济组织情况、充分体现农村集体经济组织特点，保障农村集体经济组织及其成员的合法权益，新制度新增了会计报表附注的披露内容和披露顺序，为财务报告使用者更好地阅读与分析财务报告提供了有力支持。

第二节　原制度与新制度的衔接要求

为确保新旧会计制度顺利衔接、平稳过渡，促进新制度的有效贯彻实施，财政部印发了《农村集体经济组织新旧会计制度有关衔接问题的处理规定》（财会〔2023〕20 号），对农村集体经济组织执行新制度有关衔接问题规定如下：

一、新旧制度衔接的总要求

1. 自2024年1月1日起，农村集体经济组织应当严格按照新制度进行会计核算、编报财务会计报告。

2. 农村集体经济组织应当按照本规定做好新旧会计制度衔接相关工作，主要包括以下几个方面：

（1）根据原账编制2023年12月31日的科目余额表。

（2）按照新制度设立2024年1月1日的新账。

（3）按照本规定要求，登记及调整新账的科目余额，包括将原账科目余额转入新账会计科目、将未入账事项登记新账科目、对相关新账科目余额进行调整等。原账科目是指按照原制度规定设置的会计科目。

（4）按照登记及调整后新账的各会计科目余额，编制2024年1月1日的科目余额表，作为新账各会计科目的期初余额。

（5）根据新账各会计科目期初余额，按照新制度编制2024年1月1日资产负债表。

3. 农村集体经济组织应当对资产进行清查盘点，进一步清理核实和归类统计存货、生物资产、固定资产、无形资产等资产数据。

4. 农村集体经济组织应当按照新制度要求对原有会计信息系统进行及时更新和调试，实现数据准确转换，确保新旧账套的有序衔接。

二、将原账会计科目余额转入新账

（一）资产类

1. “牲畜（禽）资产”科目

新制度设置了“消耗性生物资产”、“生产性生物资产”科目。农村集体经济组织应当按照新制度有关规定，根据牲畜（禽）资产的形态、价值以及产生经济利益的方式等，对原制度下的牲畜（禽）资产进行合理分析判断，重新分类为消耗性生物资产、生产性生物资产等生物资产。转账时，农村集体经济组织应当根据相关资产的台账或明细账，对原账的“牲畜（禽）资产”科目余额进行分析：

（1）对于为出售而持有的、或在将来收获为农产品的牲畜（禽）资产，例如幼畜及育肥畜等，应当将相应余额转入新账的“消耗性生物资产”科目。

（2）对于为产出农产品、提供劳务或出租等目的而持有的牲畜（禽）资产，例如产畜和役畜等，应当将相应余额转入新账的“生产性生物资产”科目。

2.“林木资产”科目

新制度设置了“消耗性生物资产”、“生产性生物资产”、“公益性生物资产”科目。农村集体经济组织应当按照新制度有关规定，根据林木资产的形态、价值以及产生经济利益的方式等，对原制度下的林木资产进行合理分析判断，重新分类为消耗性生物资产、生产性生物资产、公益性生物资产等生物资产。转账时，农村集体经济组织应当根据相关资产的台账或明细账，对原账的“林木资产”科目余额进行分析：

（1）对于为出售而持有的、或在将来收获为农产品的林木资产，例如用材林等非经济林木，应当将相应余额转入新账的“消耗性生物资产”科目。

（2）对于为产出农产品、提供劳务或出租等目的而持有的林木资产，例如经济林、薪炭林等经济林木，应当将相应余额转入新账的“生产性生物资产”科目。

（3）对于以防护、环境保护为主要目的的林木资产，例如防风固沙林、水土保持林和水源涵养林等，应当将相应余额转入新账的“公益性生物资产”科目。

3.“现金”、“银行存款”、“短期投资”、“应收款”、“库存物

资”、“长期投资”、“固定资产”、“累计折旧”、“在建工程”、“固定资产清理”科目

新制度设置了“库存现金”、“银行存款”、“短期投资”、“应收款”、“库存物资”、“长期投资”、“固定资产”、“累计折旧”、“在建工程”、“固定资产清理”科目，其核算内容与原账的上述相应科目的核算内容基本相同。转账时，农村集体经济组织应当将原账的上述科日余额直接转入新账的相应科目。

4. “内部往来”科目

新制度设置了“内部往来”科目，其核算内容与原账相应科目的核算内容基本相同。转账时，农村集体经济组织应当将原账的“内部往来”科目及下属各明细科目借方和贷方余额分别转入新账的“内部往来”科目及下属各明细科目借方和贷方。

（二）负债类

1. “应付款”科目

新制度设置了“应付款”、“应付劳务费”、“应交税费”科目。转账时，农村集体经济组织应当结合交易或者事项的经济实质，对原账的“应付款”科目余额进行分析：

（1）将符合新制度规定的应付劳务费性质的相应余额转入新账的“应付劳务费”科目。

（2）将符合新制度规定的应交税费性质的相应余额转入新账的“应交税费”科目。

（3）将剩余余额转入新账的“应付款”科目。

2. “长期借款及应付款”科目

新制度设置了“长期借款及应付款”、“专项应付款”科目。转账时，农村集体经济组织应当结合交易或者事项的经济实质，对原账的“长期借款及应付款”科目余额进行分析：

（1）将符合新制度规定的专项应付款性质的相应余额转入新账的“专项应付款”科目。

（2）将剩余余额转入新账的“长期借款及应付款”科目。

此前根据有关工作需要在原账中已经设置了“专项应付款”科目的农村集体经济组织，转账时应当将原账的上述科目余额直接转入新账的相应科目。

3.“短期借款”、“应付工资”、“一事一议资金”科目

新制度设置了“短期借款”、“应付工资”、“一事一议资金”科目，其核算内容与原账的上述相应科目的核算内容基本相同。转账时，农村集体经济组织应当将原账的上述科目余额直接转入新账的相应科目。

4.“应付福利费”科目

新制度不再设置“应付福利费”科目，按照《农村集体经济组织财务制度》等有关规定，不再提取应付福利费。转账时，农村集体经济组织应当将原账的“应付福利费”科目余额转入新账的“收益分配——未分配收益”科目。

（三）所有者权益类和成本类

新制度设置了“资本”、“公积公益金”、“本年收益”、“收益分配”等所有者权益类科目和“生产（劳务）成本”科目，其核算内容与原账的上述相应科目的核算内容基本相同。转账时，农村集体经济组织应当将原账的上述科目余额直接转入新账的相应科目。

（四）损益类

由于原账中损益类科目年末无余额，无需进行转账处理。自2024年1月1日起，应当按照新制度设置损益类科目并进行账务处理。

（五）其他要求

农村集体经济组织存在其他本规定未列举的原账科目余额的，应当比照本规定转入新账的相应科目。新账的科目设有明细科目

的，应将原账的相应科目余额加以分析，分别转入新账中相应科目的相关明细科目。

农村集体经济组织在进行新旧衔接的转账时，应当编制转账工作底稿，并将转入新账的对应原科目余额及分拆原科目余额的依据作为原始凭证。

三、将原未入账事项登记新账

（一）资产类

1. 无形资产

农村集体经济组织在新旧制度转换时，应当将 2023 年 12 月 31 日前未入账的无形资产按照新制度规定记入新账。登记新账时，按照确定的无形资产成本，借记“无形资产”科目，贷记“公积公益金”科目。

2. 其他资产

农村集体经济组织在新旧制度转换时，应当将 2023 年 12 月 31 日前未入账的其他资产按照新制度规定记入新账。登记新账时，按照确定的其他资产及其成本，分别借记相关资产类科目，贷记相关所有者权益类科目。

（二）负债类

农村集体经济组织在新旧制度转换时，应当将 2023 年 12 月 31 日前未入账的负债按照新制度规定记入新账。登记新账时，按照确定的负债金额，借记“收益分配——未分配收益”科目，贷记相关负债类科目。

（三）其他事项

农村集体经济组织存在 2023 年 12 月 31 日前未入账的其他事项

的，应当比照本规定登记新账的相应科目。农村集体经济组织对新账的会计科目补记未入账事项时，应当编制记账凭证，并将补充登记事项的确认依据作为原始凭证。

四、对新账的相关会计科目余额进行调整

1. 生产性生物资产折旧

新制度设置了“生产性生物资产累计折旧”科目，核算农村集体经济组织对生产性生物资产计提的累计折旧。农村集体经济组织对尚未核销、已经按原制度分期摊销并直接冲减账面价值的产役畜、经济林木等，应当按照截至 2023 年 12 月 31 日累计摊销的金额，借记“生产性生物资产”科目，贷记“生产性生物资产累计折旧”科目。

2. 无形资产摊销

新制度设置了“累计摊销”科目，核算农村集体经济组织对无形资产计提的累计摊销。农村集体经济组织应当全面核查截至 2023 年 12 月 31 日无形资产的预计使用年限、已使用年限、尚可使用年限等，并于 2024 年 1 月 1 日对前期未确认、现已确认的无形资产补提摊销，按照应计提的摊销金额，借记“公积公益金”科目，贷记“累计摊销”科目。农村集体经济组织对新账的相关会计科目期初余额进行调整时，应当编制记账凭证，并将调整事项的确认依据作为原始凭证。

五、财务会计报告新旧衔接

（一）编制 2024 年 1 月 1 日资产负债表

农村集体经济组织应当根据 2024 年 1 月 1 日新账的会计科目余额，按照新制度编制 2024 年 1 月 1 日资产负债表（仅要求填列各项

目“年初余额”）。

（二）2024 年度财务会计报告的编制

农村集体经济组织应当按照新制度编制 2024 年度财务会计报告。在编制 2024 年度收益及收益分配表时，不要求填列上年比较数。

【例 2－1】经资产清查和账务调整后，东方红股份经济合作社完成了 2023 年全年的结账工作。其账务衔接工作如下：

1. 根据原账科目余额，编制 2023 年 12 月 31 日的科目余额表，如表 2－4 所示。

表 2－4　　科目余额表

编制单位：东方红股份经济合作社　　2023 年 12 月 31 日　　单位：元

科目编号	科目名称	期末余额	
		借方	贷方
101	现金	3 540.00	
102	银行存款	13 845 639.68	
111	短期投资	10 000 000.00	
112	应收款	6 738 203.00	
113	内部往来	420 000.00	
	——A 子公司	500 000.00	
	——B 子公司		80 000.00
121	库存物资	634 829.00	
131	牲畜（禽）资产	949 000.00	
	——肉猪	54 000.00	
	——种猪	230 000.00	
	——种羊	95 000.00	
	——奶牛	570 000.00	
132	林木资产	2 800 000.00	
	——用材林	1 200 000.00	

续表

科目编号	科目名称	期末余额	
		借方	贷方
	——水土保持林	1 600 000. 00	
141	长期投资	8 000 000. 00	
151	固定资产	25 430 093. 00	
152	累计折旧		22 534 879. 00
153	固定资产清理	145 304. 00	
154	在建工程	4 532 238. 00	
201	短期借款		1 800 000. 00
202	应付款		6 813 238. 00
	——工程施工费		6 763 238. 00
	——增值税		50 000. 00
211	应付工资		532 000. 00
	——工资		452 000. 00
	——劳务费		80 000. 00
212	应付福利费		86 203. 00
221	长期借款及应付款		14 364 900. 00
231	一事一议资金		665 230. 00
301	资本		8 000 000. 00
311	公积公益金		15 109 281. 79
321	本年收益		
322	收益分配		4 457 457. 89
401	生产（劳务）成本	864 343. 00	

2. 按照新制度设立 2024 年 1 月 1 日的新账。

3. 将原账科目余额转入新账科目余额，形成新账科目余额，如表 2 – 5 所示。

表 2－5 **新账科目余额**

编制单位：东方红股份经济合作社　　2024 年 1 月 1 日　　单位：元

科目编号	原制度科目名称	原制度期末余额		科目编号	新制度科目名称	新制度期末余额	
		借方	贷方			借方	贷方
101	现金	3 540.00		101	库存现金	3 540.00	
102	银行存款	13 845 639.68		102	银行存款	13 845 639.68	
111	短期投资	10 000 000.00		111	短期投资	10 000 000.00	
112	应收款	6 738 203.00		112	应收款	6 738 203.00	
113	内部往来	420 000.00		113	内部往来	420 000.00	
	——A 子公司	500 000.00			——A 子公司	500 000.00	
	——B 子公司		80 000.00		——B 子公司		80 000.00
121	库存物资	634 829.00		121	库存物资	634 829.00	
131	牲畜（禽）资产	949 000.00					
	——肉猪	54 000.00		131	消耗性生物资产	54 000.00	
	——种猪	230 000.00		132	生产性生物资产	230 000.00	
	——种羊	95 000.00		132	生产性生物资产	95 000.00	
	——奶牛	570 000.00		132	生产性生物资产	570 000.00	
132	林木资产	2 800 000.00					
	——用材林	1 200 000.00		131	消耗性生物资产	1 200 000.00	

续表

科目编号	原制度科目名称	原制度期末余额		科目编号	新制度科目名称	新制度期末余额	
		借方	贷方			借方	贷方
	——水土保持林	1 600 000.00		134	公益性生物资产	1 600 000.00	
141	长期投资	8 000 000.00		141	长期投资	8 000 000.00	
151	固定资产	25 430 093.00		151	固定资产	25 430 093.00	
152	累计折旧		22 534 879.00	152	累计折旧		22 534 879.00
154	在建工程	4 532 238.00		153	在建工程	4 532 238.00	
153	固定资产清理	145 304.00		154	固定资产清理	145 304.00	
				161	无形资产		
				162	累计摊销		
				171	长期待摊费用		
				181	待处理财产损溢		
201	短期借款		1 800 000.00	201	短期借款		1 800 000.00
202	应付款		6 813 238.00	211	应付款		6 813 238.00
	——工程施工费		6 763 238.00		——工程施工费		6 763 238.00
	——增值税		50 000.00	214	应交税费		50 000.00
211	应付工资		532 000.00				
	——工资		452 000.00	212	应付工资		452 000.00

续表

科目编号	原制度科目名称	原制度期末余额		科目编号	新制度科目名称	新制度期末余额	
		借方	贷方			借方	贷方
	——劳务费		80 000.00	213	应付劳务费		80 000.00
212	应付福利费		86 203.00	322	收益分配		86 203.00
221	长期借款及应付款		14 364 900.00	221	长期借款及应付款		14 164 900.00
				241	专项应付款		200 000.00
231	一事一议资金		665 230.00	231	一事一议资金		665 230.00
301	资本		8 000 000.00	301	资本		8 000 000.00
311	公积公益金		15 109 281.79	311	公积公益金		15 109 281.79
321	本年收益			321	本年收益		
322	收益分配		4 457 457.89	322	收益分配		4 457 457.89
401	生产（劳务）成本	864 343.00		401	生产（劳务）成本	864 343.00	

4. 对2024年1月1日未入账事项登记新账。

经对东方红股份经济合作社全面检查，发现一项已于2016年1月取得的土地使用权金额200 000元，使用年限为40年，应补提摊销金额40 000（200 000 ÷ 40 × 8）元。会计分录为：

借：无形资产——土地使用权　　200 000.00

　　贷：公积公益金　　160 000.00

　　　　累计摊销　　40 000.00

5. 对新账的相关会计科目余额进行调整。

经对东方红股份经济合作社全面检查，发现已按原制度分期摊销并直接冲减账面价值的种猪、种羊、奶牛金额180000元。会计分录为：

借：生产性生物资产——种猪　　100 000.00

　　生产性生物资产——种羊　　10 000.00

　　生产性生物资产——奶牛　　70 000.00

　　贷：生产性生物资产累计折旧　　180 000.00

6. 按照登记及调整后新账的各会计科目余额，编制2024年1月1日的科目余额表，如表2-6所示。将该科目余额作为新账各会计科目的期初余额。

表2-6　　科目余额表

编制单位：东方红股份经济合作社　　2024年1月1日　　单位：元

科目编号	科目名称	期初余额	
		借方	贷方
101	库存现金	3 540.00	
102	银行存款	13 845 639.68	
111	短期投资	10 000 000.00	
112	应收款	6 738 203.00	
113	内部往来	420 000.00	
	——A子公司	500 000.00	
	——B子公司		80 000.00

续表

科目编号	科目名称	期初余额	
		借方	贷方
121	库存物资	634 829.00	
131	消耗性生物资产	1 254 000.00	
132	生产性生物资产	1 075 000.00	
133	生产性生物资产累计折旧		180 000.00
134	公益性生物资产	1 600 000.00	
141	长期投资	8 000 000.00	
151	固定资产	25 430 093.00	
152	累计折旧		22 534 879.00
153	在建工程	4 532 238.00	
154	固定资产清理	145 304.00	
161	无形资产	200 000.00	
162	累计摊销		40 000.00
171	长期待摊费用		
181	待处理财产损溢		
201	短期借款		1 800 000.00
211	应付款		6 763 238.00
212	应付工资		452 000.00
213	应付劳务费		80 000.00
214	应交税费		50 000.00
221	长期借款及应付款		14 164 900.00
231	一事一议资金		665 230.00
241	专项应付款		200 000.00
301	资本		8 000 000.00
311	公积公益金		15 269 281.79
321	本年收益		
322	收益分配		4 543 660.89
401	生产（劳务）成本	864 343.00	

7. 根据新账各会计科目期初余额，按照新制度编制 2024 年 1 月 1 日资产负债表，如表 2－7 所示。

表 2－7 **资产负债表** 村会 01 表

编制单位：东方红股份经济合作社 2024 年 1 月 1 日 单位：元

资　产	年初余额	负债和所有者权益	年初余额
流动资产：		流动负债：	
货币资金	13 849 179.68	短期借款	1 800 000.00
短期投资	10 000 000.00	应付款项	6 843 238.00
应收款项	7 238 203.00	应付工资	452 000.00
存货	1 499 172.00	应付劳务费	80 000.00
消耗性生物资产	1 254 000.00	应交税费	50 000.00
流动资产合计	33 840 554.68	流动负债合计	9 225 238.00
非流动资产：		非流动负债：	
长期投资	8 000 000.00	长期借款及应付款	14 164 900.00
生产性生物资产原值	1 075 000.00	一事一议资金	665 230.00
减：生产性生物资产累计折旧	180 000.00	专项应付款	200 000.00
生产性生物资产净值	895 000.00	非流动负债合计	15 030 130.00
固定资产原值	25 430 093.00	负债合计	24 255 368.00
减：累计折旧	22 534 879.00		
固定资产净值	2 895 214.00		
在建工程	4 532 238.00		
固定资产清理	145 304.00		
固定资产小计	7 572 756.00		
无形资产原值	200 000.00		
减：累计摊销	40 000.00	所有者权益：	
无形资产净值	160 000.00	资本	8 000 000.00
公益性生物资产	1 600 000.00	公积公益金	15 269 281.79
长期待摊费用		未分配收益	4 543 660.89
非流动资产合计	18 227 756.00	所有者权益合计	27 812 942.68
资产总计	52 068 310.68	负债和所有者权益总计	52 068 310.68

第三节　北京市原细则与新制度衔接的有关规定

基于新制度要求农村集体经济组织自 2024 年 1 月 1 日起执行新制度，为确保《北京市村合作经济组织会计制度实施细则》（农经字〔2010〕13 号，以下简称原细则）与新制度的顺利过渡，北京市财政局下发了《〈北京市村合作经济组织会计制度实施细则〉与〈农村集体经济组织会计制度〉有关衔接问题的处理规定》（京财会〔2023〕2065 号），对北京市农村集体经济组织执行新制度有关衔接问题明确如下。

一、原细则与新制度衔接总体要求

1. 自 2024 年 1 月 1 日起，农村集体经济组织应当严格按照新制度进行会计核算、编报财务会计报告。

2. 农村集体经济组织应当按照本规定做好原细则与新制度的衔接相关工作，主要包括以下方面：

（1）根据原账编制 2023 年 12 月 31 日的科目余额表。

（2）按照新制度设立 2024 年 1 月 1 日的新账。

（3）按照本规定要求，登记及调整新账的科目余额，包括将原账科目余额转入新账会计科目（北京市原细则与新制度会计科目对照表见本节附录）、将未入账事项登记新账科目、对相关新账科目余额进行调整等。原账科目是指按照原细则规定设置的会计科目。

（4）按照登记及调整后新账的各会计科目余额，编制 2024 年 1 月 1 日的科目余额表，作为新账各会计科目的期初余额。

（5）根据新账各会计科目期初余额，按照新制度的规定编制 2024 年 1 月 1 日资产负债表。

3. 农村集体经济组织应当对资产进行清查盘点，进一步清理核实和归类统计存货、生物资产、固定资产、无形资产等资产数据。

4. 农村集体经济组织应当按照新制度要求对原有会计信息系统进行及时更新和调试，实现数据准确转换，确保新旧账套的有序衔接。

二、将原账会计科目余额转入新账的相关科目

（一）资产类

1. “库存现金”、“银行存款”、“短期投资”、“固定资产”、“累计折旧”、“在建工程”、“固定资产清理”、“长期待摊费用”、“待处理财产损溢”、“消耗性生物资产”、“生产性生物资产”、“生产性生物资产累计折旧”、“无形资产”、“累计摊销”科目。

新制度设置了相应的会计科目，其核算内容与原细则的上述相应科目核算内容基本相同。农村集体经济组织应将原账的上述科目余额直接转入新账的相应科目。

2. “其他货币资金”科目

新制度未设置“其他货币资金”科目，农村集体经济组织应对原账的银行汇票存款、银行本票存款、信用卡存款、信用证保证金存款、存出投资款、外埠存款等期末余额转入新账的“银行存款”科目。

3. “应收账款”、“预付账款”、“应收股利”、“应收利息”、“其他应收款”科目

新制度设置了“应收款”科目，用于核算农村集体经济组织与非成员之间发生的各种应收及暂付款项，并要求按照发生应收及暂付款的非成员单位或个人设置明细科目；设置了“内部往来”科目，用于核算农村集体经济组织与成员之间发生的各种应收、暂付及应付、暂收款项等经济往来业务，并要求按照农村集体经济组织的成员设置明细科目。因此，农村集体经济组织应对“应收账款”、

“预付账款”、“应收股利”、“应收利息”、“其他应收款”科目余额进行分析，将对集体经济组织内部成员（包括单位和个人）的应收及暂付款项余额转入新账的“内部往来”科目；将对集体经济组织成员（包括单位和个人）以外的应收及暂付款项转入新账的“应收款”科目。

4.“商品进销差价”科目

新制度未设置“商品进销差价”科目。应将商品进销差价余额调整原账“库存商品”、“发出商品”科目。

5.“在途物资”、“原材料”、“库存商品”、“发出商品”、“委托加工物资”、“农产品”科目

新制度设置了“库存物资”科目，用于核算农村集体经济组织库存的原材料、农用材料、农产品、工业产成品、低值易耗品等物资。在“库存物资”科目下按库存物资类型设置“在途物资”、“原材料”、“库存商品”、“发出商品”、“委托加工物资”、“农产品”等二级明细科目。农村集体经济组织应将“在途物资”、“原材料”、“委托加工物资”、“农产品”期末余额，以及经调整商品进销差价后的“库存商品”、“发出商品”余额结转入新账“库存物资”科目下对应的二级明细科目。

6.“长期股权投资”、“长期债权投资”科目

新制度设置了“长期投资”科目，用于核算农村集体经济组织持有时间准备超过1年（不含1年）的股权投资、债权投资等投资，并要求按照投资种类设置明细科目进行明细核算。在“长期投资”科目下设置“长期股权投资”和“长期债权投资”两个二级明细科目，将原账“长期股权投资”和“长期债权投资”科目余额结转入新账“长期投资”科目下设的相应明细科目。

（二）负债类

1.“短期借款”、“应交税费”、“专项应付款”科目

新制度设置了相应的会计科目，其核算内容与原细则的相应科

目核算内容基本相同。农村集体经济组织应将原账的上述科目余额直接转入新账的相应科目。

2. “应付账款”、“预收账款”、“应付利息”、“应付股利”、“其他应付款”、“递延收益”科目

新制度设置了“应付款”科目，用于核算农村集体经济组织与非成员之间发生的各种应付及暂收款项，并要求按照发生应付及暂收款的非成员单位或个人设置明细科目；设置了“内部往来”科目，用于核算农村集体经济组织与成员之间发生的各种应收、暂付及应付、暂收款项等经济往来业务，并要求按照农村集体经济组织的成员设置明细科目。因此，应对“应付账款”、“预收账款”、“应付利息”、“应付股利”、“其他应付款”、“递延收益”科目期末余额进行分析，将对集体经济组织内部成员（包括单位和个人）的应付及暂收款项余额转入新账的“内部往来”科目；将对集体经济组织成员（包括单位和个人）以外的应付及暂收款项转入新账的“应付款”科目。

3. “应付薪酬”科目

新制度未设置“应付薪酬”科目，设置了“应付工资”和“应付劳务费”科目。“应付工资”科目用于核算农村集体经济组织应支付给管理人员、固定员工等职工的工资总额；“应付劳务费”科目用于核算农村集体经济组织应支付给季节性用工等临时性工作人员的劳务费总额。农村集体经济组织应对“应付薪酬”科目期末余额进行分析后转入相应科目。

（1）将符合新制度规定的应付工资性质的相应期末余额转入新账的“应付工资”科目。

（2）将符合新制度规定的应付劳务费性质的相应期末余额转入新账的“应付劳务费”科目。

4. “长期借款”、“长期应付款”科目

新制度设置了“长期借款及应付款”科目，用于核算农村集体经济组织向银行等金融机构或相关单位、个人等借入的期限在1年

以上（不含1年）的借款及偿还期在1年以上（不含1年）的应付款项，并要求按照借款及应付款单位或个人设置明细账进行明细核算。因此，农村集体经济组织应分别将原账的“长期借款”、“长期应付款”科目余额转入新账的“长期借款及应付款”科目。

（三）所有者权益类

1.“实收资本（股本）”、“利润分配”科目

新制度设置了“资本”、“收益分配”科目，其核算内容分别与原账的“实收资本（股本）”、“利润分配”科目基本相同。农村集体经济组织应将原账的科目余额直接转入新账的相应科目。

2.“本年利润”科目

期末，将“本年利润”科目余额转入“利润分配”科目后，应无余额。新制度设置了“本年收益”科目与之对应。

3.“资本公积”、“盈余公积”科目

新制度设置了“公积公益金”科目并要求按照公积公益金的来源设置明细科目进行明细核算。因此，农村集体经济组织应在公积公益金下设“资本公积”和“盈余公积”两个二级科目，将原账的“资本公积”科目余额和“盈余公积”科目余额转入新账“公积公益金”科目下设的相应明细科目。

（四）成本类

“生产成本”、“制造费用”科目

新制度设置了“生产（劳务）成本”科目，其核算内容包含了原账的“生产成本”和“制造费用”科目的核算内容。农村集体经济组织应将原账的“生产成本”和“制造费用”科目余额直接转入新账的“生产（劳务）成本”科目。

（五）损益类

由于原账中损益类科目年末无余额，无需进行转账处理。自

2024年1月1日起，农村集体经济组织应当按照新制度设置损益类科目并进行账务处理。

（六）其他要求

1. 农村集体经济组织发生的公益性生物资产或一事一议资金在原细则相关科目中核算的，应当按照新制度规定，分别调整到“公益性生物资产”或“一事一议资金”科目中核算。

2. 农村集体经济组织存在其他本规定未列举的原账科目余额的，应当比照本规定转入新账的相应科目。新账科目设有明细科目的，应将原账的相应科目余额加以分析，分别转入新账中相应科目的相关明细科目。

3. 农村集体经济组织在进行新旧衔接的转账时，应当编制转账工作底稿，并将转入新账的对应原科目余额及分拆原科目余额的依据作为原始凭证。

4. 关于公益事业补助资金的核算，应在“补助收入”下设置“公益事业补助资金收入”二级科目专门核算。公益事业补助资金支出要在“公益支出”下设置“公益事业补助支出”二级科目，并按照支出用途设置明细科目。

三、将原未入账事项登记新账

（一）资产类

农村集体经济组织在新旧制度转换时，应当将2023年12月31日前未入账的资产按照新制度规定记入新账。登记新账时，按照确定的资产及其成本，分别借记相关资产类科目，贷记相关所有者权益类科目。

（二）负债类

农村集体经济组织在新旧制度转换时，应当将 2023 年 12 月 31 日前未入账的负债按照新制度规定记入新账。登记新账时，按照确定的负债金额，借记“收益分配——未分配收益”科目，贷记相关负债类科目。

（三）其他事项

农村集体经济组织存在 2023 年 12 月 31 日前未入账的其他事项的，应当比照本规定登记新账的相应科目。

农村集体经济组织对新账的会计科目补记未入账事项时，应当编制记账凭证，并将补充登记事项的确认依据作为原始凭证。

四、财务会计报告新旧衔接

（一）编制 2024 年 1 月 1 日资产负债表

农村集体经济组织应当根据 2024 年 1 月 1 日新账的会计科目余额，按照新制度编制 2024 年 1 月 1 日资产负债表（仅要求填列各项目“年初余额”）。

（二）2024 年度财务会计报告的编制

农村集体经济组织应当按照新制度编制 2024 年度财务会计报告。在编制 2024 年度收益及收益分配表时，不要求填列上年比较数。

【例 2－2】 经资产清查和账务调整后，北京奥运村股份经济合作社完成了 2023 年全年的结账工作。其账务衔接工作如下：

1. 根据原账科目余额，编制 2023 年 12 月 31 日的科目余额表，如表 2－8 所示。

表 2 – 8　　　　科目余额表

编制单位：北京奥运村股份经济合作社　2023 年 12 月 31 日　　单位：元

科目编号	科目名称	期末余额	
		借方	贷方
1001	库存现金	35 480.00	
1002	银行存款	18 230 878.15	
1012	其他货币资金	3 340 820.00	
1101	短期投资	15 400 000.00	
1122	应收账款	5 973 000.00	
	——A 子公司	2 453 000.00	
	——甲公司	3 520 000.00	
1123	预付账款	362 089.00	
1131	应收股利——A 子公司	240 000.00	
1132	应收利息	35 520.00	
1221	其他应收款	283 000.00	
	——成员	243 000.00	
	——保证金	40 000.00	
1402	在途物资	653 028.00	
1403	原材料	340 778.00	
1405	库存商品	3 870 690.00	
1406	发出商品	865 203.00	
1407	商品进销差价	65 043.00	
1408	委托加工物资	787 639.00	
1409	农产品	653 029.00	
1421	消耗性生物资产		
1511	长期股权投资	5 400 000.00	
1513	长期债权投资	543 000.00	
1601	固定资产	15 320 830.00	
1602	累计折旧		5 420 379.00
1604	在建工程	6 543 029.00	
1606	固定资产清理	76 208.00	
1621	生产性生物资产	564 308.00	
1622	生产性生物资产累计折旧		230 463.00

续表

科目编号	科目名称	期末余额	
		借方	贷方
1701	无形资产	2 762 308.00	
1702	累计摊销		65 230.00
1801	长期待摊费用	1 524 309.00	
1901	待处理财产损溢		
2001	短期借款		5 300 000.00
2202	应付账款		2 762 308.00
2203	预收账款		8 653 208.98
2211	应付薪酬		729 280.00
	——工资		653 080.00
	——劳务费		76 200.00
2221	应交税费		265 430.00
2231	应付利息		65 200.00
2232	应付股利——成员		540 000.00
2241	其他应付款		1 014 080.00
	——B 子公司		354 080.00
	——质保金		660 000.00
2401	递延收益		934 766.00
2501	长期借款		9 500 000.00
2701	长期应付款		6 657 299.00
2711	专项应付款		12 652 308.00
4001	实收资本（股本）		5 000 000.00
4002	资本公积		8 723 081.00
4101	盈余公积		1 432 038.00
4103	本年利润		
4104	利润分配		15 340 728.17
5001	生产成本	762 380.00	
5101	制造费用	653 230.00	

2. 按照新制度设立 2024 年 1 月 1 日的新账。

3. 将原账科目余额转入新账科目余额，形成新账科目余额，如表 2－9 所示。

表 2-9

新账科目余额

编制单位：北京奥运村股份经济合作社　　2024 年 1 月 1 日　　单位：元

科目编号	原细则科目名称	原细则科目金额		科目编号	新制度科目名称	新制度科目金额	
		借方	贷方			借方	贷方
1001	库存现金	35 480.00		101	库存现金	35 480.00	
1002	银行存款	18 230 878.15		102	银行存款	18 230 878.15	
1012	其他货币资金	3 340 820.00		102	银行存款	3 340 820.00	
1101	短期投资	15 400 000.00		111	短期投资	15 400 000.00	
1122	应收账款	5 973 000.00					
	——A 子公司	2 453 000.00		113	内部往来	2 453 000.00	
	——甲公司	3 520 000.00		112	应收款	3 520 000.00	
1123	预付账款	362 089.00		112	应收款	362 089.00	
1131	应收股利——A 子公司	240 000.00		113	内部往来	240 000.00	
1132	应收利息	35 520.00		112	应收款	35 520.00	
1221	其他应收款	283 000.00					
	——成员	243 000.00		113	内部往来	243 000.00	
	——保证金	40 000.00		112	应收款	40 000.00	
1402	在途物资	653 028.00		121	库存物资	653 028.00	
1403	原材料	340 778.00		121	库存物资	340 778.00	

续表

科目编号	原细则科目名称	原细则科目金额		科目编号	新制度科目名称	新制度科目金额	
		借方	贷方			借方	贷方
1405	库存商品	3 870 690.00		121	库存物资	3 870 690.00	
1406	发出商品	865 203.00		121	库存物资	865 203.00	
1407	商品进销差价	65 043.00		121	库存物资	65 043.00	
1408	委托加工物资	787 639.00		121	库存物资	787 639.00	
1409	农产品	653 029.00		121	库存物资	653 029.00	
1421	消耗性生物资产			131	消耗性生物资产		
1511	长期股权投资	5 400 000.00		141	长期投资	5 400 000.00	
1513	长期债权投资	543 000.00		141	长期投资	543 000.00	
1601	固定资产	15 320 830.00		151	固定资产	15 320 830.00	
1602	累计折旧		5 420 379.00	152	累计折旧		5 420 379.00
1604	在建工程	6 543 029.00		153	在建工程	6 543 029.00	
1606	固定资产清理	76 208.00		154	固定资产清理	76 208.00	
1621	生产性生物资产	564 308.00		132	生产性生物资产	564 308.00	
1622	生产性生物资产累计折旧		230 463.00	133	生产性生物资产累计折旧		230 463.00
1701	无形资产	2 762 308.00		161	无形资产	2 762 308.00	

续表

科目编号	原细则科目名称	原细则科目金额		科目编号	新制度科目名称	新制度科目金额	
		借方	贷方			借方	贷方
1702	累计摊销		65 230.00	162	累计摊销		65 230.00
1801	长期待摊费用	1 524 309.00		171	长期待摊费用	1 524 309.00	
1901	待处理财产损溢			181	待处理财产损溢		
2001	短期借款		5 300 000.00	201	短期借款		5 300 000.00
2202	应付账款		2 762 308.00	211	应付款		2 762 308.00
2203	预收账款		8 653 208.98	211	应付款		8 653 208.98
2211	应付薪酬		729 280.00				
	——工资		653 080.00	212	应付工资		653 080.00
	——劳务费		76 200.00	213	应付劳务费		76 200.00
2221	应交税费		265 430.00	214	应交税费		265 430.00
2231	应付利息		65 200.00	211	应付款		65 200.00
2232	应付股利——成员		540 000.00	113	内部往来		540 000.00
2241	其他应付款		1 014 080.00				
	——B 子公司		354 080.00	113	内部往来		354 080.00
	——质保金		660 000.00	211	应付款		660 000.00
2401	递延收益		934 766.00	211	应付款		934 766.00

续表

科目编号	原细则科目名称	原细则科目金额		科目编号	新制度科目名称	新制度科目金额	
		借方	贷方			借方	贷方
2501	长期借款		9 500 000.00	221	长期借款及应付款		9 500 000.00
2701	长期应付款		6 657 299.00	221	长期借款及应付款		6 657 299.00
2711	专项应付款		12 652 308.00	241	专项应付款		12 652 308.00
4001	实收资本（股本）		5 000 000.00	301	资本		5 000 000.00
4002	资本公积		8 723 081.00	311	公积公益金		8 723 081.00
4101	盈余公积		1 432 038.00	311	公积公益金		1 432 038.00
4103	本年利润		—				
4104	利润分配		15 340 728.17	322	收益分配		15 340 728.17
5001	生产成本	762 380.00	—	401	生产（劳务）成本	762 380.00	
5101	制造费用	653 230.00	—	401	生产（劳务）成本	653 230.00	

4. 按照登记及调整后新账的各会计科目余额，编制 2024 年 1 月 1 日的科目余额表，如表 2－10 所示。

表 2－10　　科目余额表

编制单位：北京奥运村股份经济合作社　　2024 年 1 月 1 日　　单位：元

科目编号	科目名称	期初余额	
		借方	贷方
101	库存现金	35 480.00	
102	银行存款	21 571 698.15	
111	短期投资	15 400 000.00	
112	应收款	3 957 609.00	
113	内部往来	2 041 920.00	
	——A 子公司	2 453 000.00	
	——成员	243 000.00	
	——应收股利——A 子公司	240 000.00	
	——应付股利——成员		540 000.00
	——B 子公司		354 080.00
121	库存物资	7 235 410.00	
131	消耗性生物资产		
132	生产性生物资产	564 308.00	
133	生产性生物资产累计折旧		230 463.00
134	公益性生物资产		
141	长期投资	5 943 000.00	
151	固定资产	15 320 830.00	
152	累计折旧		5 420 379.00
153	在建工程	6 543 029.00	
154	固定资产清理	76 208.00	
161	无形资产	2 762 308.00	
162	累计摊销		65 230.00
171	长期待摊费用	1 524 309.00	

续表

科目编号	科目名称	期初余额	
		借方	贷方
181	待处理财产损溢		
201	短期借款		5 300 000.00
211	应付款		13 075 482.98
212	应付工资		653 080.00
213	应付劳务费		76 200.00
214	应交税费		265 430.00
221	长期借款及应付款		16 157 299.00
231	一事一议资金		
241	专项应付款		12 652 308.00
301	资本		5 000 000.00
311	公积公益金		10 155 119.00
321	本年收益		
322	收益分配		15 340 728.17
401	生产（劳务）成本	1 415 610.00	

5. 根据新账各会计科目期初余额，按照新制度编制 2024 年 1 月 1 日资产负债表，如表 2－11 所示。

表 2－11　　**资产负债表**　　村会 01 表

编制单位：北京奥运村股份经济合作社　　2024 年 1 月 1 日　　单位：元

资　产	年初余额	负债和所有者权益	年初余额
流动资产：		流动负债：	
货币资金	21 607 178.15	短期借款	5 300 000.00
短期投资	15 400 000.00	应付款项	13 969 562.98
应收款项	6 893 609.00	应付工资	653 080.00
存货	8 651 020.00	应付劳务费	76 200.00
消耗性生物资产		应交税费	265 430.00

续表

资　产	年初余额	负债和所有者权益	年初余额
流动资产合计	52 551 807. 15	流动负债合计	20 264 272. 98
非流动资产：		非流动负债：	
长期投资	5 943 000. 00	长期借款及应付款	16 157 299. 00
生产性生物资产原值	564 308. 00	一事一议资金	
减：生产性生物资产累计折旧	230 463. 00	专项应付款	12 652 308. 00
生产性生物资产净值	333 845. 00	非流动负债合计	28 809 607. 00
固定资产原值	15 320 830. 00	负债合计	49 073 879. 98
减：累计折旧	5 420 379. 00		
固定资产净值	9 900 451. 00		
在建工程	6 543 029. 00		
固定资产清理	76 208. 00		
固定资产小计	16 519 688. 00		
无形资产原值	2 762 308. 00		
减：累计摊销	65 230. 00	所有者权益：	
无形资产净值	2 697 078. 00	资本	5 000 000. 00
公益性生物资产		公积公益金	10 155 119. 00
长期待摊费用	1 524 309. 00	未分配收益	15 340 728. 17
非流动资产合计	27 017 920. 00	所有者权益合计	30 495 847. 17
资产总计	79 569 727. 15	负债和所有者权益总计	79 569 727. 15

附录：北京市原细则与新制度会计科目对照表（见表2-12）

表2-12 北京市原细则与新制度会计科目对照表

《农村集体经济组织会计制度》会计科目编号及名称	《北京市村合作经济组织会计制度实施细则》会计科目编号及名称	衔接办法
一、资产类		
101 库存现金	1001 库存现金	期末余额结转。
102 银行存款	1002 银行存款	期末余额结转。
	1012 其他货币资金	将银行汇票存款、银行本票存款、信用卡存款、信用证保证金存款、存出投资款、外埠存款等期末余额转入新账的“银行存款”科目。
111 短期投资	1101 短期投资	期末余额结转。
112 应收款 113 内部往来	1122 应收账款 1123 预付账款 1131 应收股利 1132 应收利息 1221 其他应收款	分析“应收账款”、“预付账款”、“应收股利”、“应收利息”、“其他应收款”科目余额，将对集体经济组织内部成员（包括单位和个人）的应收及暂付款项余额转入新账的“内部往来”科目；将对集体经济组织成员（包括单位和个人）以外的应收及暂付款项转入新账的“应收款”科目。
121 库存物资	1402 在途物资 1403 原材料 1405 库存商品 1406 发出商品 1407 商品进销差价 1408 委托加工物资 1409 农产品	1. 结转“商品进销差价”科目，借记“商品进销差价”科目，贷记“库存商品”、“发出商品”科目。 2. 将“在途物资”、“原材料”、“委托加工物资”、“农产品”期末余额，以及经调整商品进销差价后的“库存商品”、“发出商品”余额结转入新账的“库存物资”科目。

续表

《农村集体经济组织会计制度》会计科目编号及名称	《北京市村合作经济组织会计制度实施细则》会计科目编号及名称	衔接办法
131 消耗性生物资产	1421 消耗性生物资产	期末余额结转。
132 生产性生物资产	1621 生产性生物资产	期末余额结转。
133 生产性生物资产累计折旧	1622 生产性生物资产累计折旧	期末余额结转。
134 公益性生物资产		
141 长期投资	1511 长期股权投资 1513 长期债权投资	在“长期投资”科目下设置“长期股权投资”和“长期债权投资”两个二级明细科目，将原账“长期股权投资”和“长期债权投资”科目余额结转入新账的“长期投资”科目下设的明细科目。
151 固定资产	1601 固定资产	期末余额结转。
152 累计折旧	1602 累计折旧	期末余额结转。
153 在建工程	1604 在建工程	期末余额结转。
154 固定资产清理	1606 固定资产清理	期末余额结转。
161 无形资产	1701 无形资产	期末余额结转。
162 累计摊销	1702 累计摊销	期末余额结转。
171 长期待摊费用	1801 长期待摊费用	期末余额结转。
181 待处理财产损溢	1901 待处理财产损溢	期末余额结转。
二、负债类		
201 短期借款	2201 短期借款	期末余额结转。
211 应付款 113 内部往来	2202 应付账款 2203 预收账款 2231 应付利息 2232 应付股利 2241 其他应付款 2401 递延收益	分析“应付账款”、“预收账款”、“应付股利”、“应付利息”、“其他应付款”、“递延收益”科目余额，将对集体经济组织内部成员（包括单位和个人）的应付及暂收款项余额转入新账的“内部往来”科目；将对集体经济组织成员（包括单位和个人）以外的应付及暂收款项转入新账的“应付款”科目。

续表

《农村集体经济组织会计制度》会计科目编号及名称	《北京市村合作经济组织会计制度实施细则》会计科目编号及名称	衔接办法
212 应付工资	2211 应付薪酬	分析“应付薪酬”科目余额，将应付管理人员和固定员工等职工应付薪酬余额转入新账的“应付工资”科目；将应支付给季节性等临时性工作人员的应付薪酬余额转入新账的“应付劳务费”科目。
213 应付劳务费		
214 应交税费	2221 应交税费	期末余额结转。
221 长期借款及应付款	2501 长期借款	将“长期借款”和“长期应付款”科目余额结转入新账的“长期借款及应付款”科目。
	2701 长期应付款	
231 一事一议资金		
241 专项应付款	2711 专项应付款	期末余额结转。
三、所有者权益类		
301 资本	4001 实收资本（股本）	期末余额结转。
311 公积公益金	4002 资本公积	将“资本公积”和“盈余公积”科目余额结转入新账的“公积公益金”科目。
	4101 盈余公积	
321 本年收益	4103 本年利润	将本年利润结转至利润分配，期末应无余额。
322 收益分配	4104 利润分配	期末余额结转。
四、成本类		
401 生产（劳务）成本	5001 生产成本	期末余额结转。
	5101 制造费用	将期末余额结转至新账的“生产（劳务）成本”科目。

续表

《农村集体经济组织会计制度》会计科目编号及名称	《北京市村合作经济组织会计制度实施细则》会计科目编号及名称	衔接办法
五、损益类		
501 经营收入	6001 主营经营收入 6051 其他业务收入	新制度不区分主营业务收入和其他业务收入，统一在“经营收入”科目中核算。并在“经营收入”科目下设“销售收入”、“劳务收入”、“出租收入”和“发包收入”等明细科目。
502 投资收益	6111 投资收益	
503 补助收入		新制度设置“补助收入”科目，用于核算集体经济组织获得的政府给予村级组织和村务运转的补助资金以及贷款贴息等经营性补助资金。
504 其他收入	6301 营业外收入	新制度设置“其他收入”科目，用于核算经营收入、投资收益和补助收入以外的其他收入。
511 经营支出	6401 主营业务成本 6402 其他业务成本 6601 销售费用	新制度不区分主营业务成本、其他业务成本和销售费用，统一在“经营支出”科日中核算。
512 税金及附加	6403 营业税金及附加	营业税改征增值税后，新制度对科目名称进行了调整。
513 管理费用	6602 管理费用	核算要求发生了变化，新制度对村级组织的运转支出，要求在财务报告中单独列报。
514 公益支出		

续表

《农村集体经济组织会计制度》会计科目编号及名称	《北京市村合作经济组织会计制度实施细则》会计科目编号及名称	衔接办法
515 其他支出	6603 财务费用	新制度取消了“财务费用”科目，新制度对财务费用不要求资本化，将利息收入在“其他收入”科目中核算，将利息支出在“其他支出”科目中核算。
	6711 营业外支出	新制度设置“其他支出”科目，用于核算经营支出、税金及附加、管理费用、公益支出、所得税费用以外的其他支出。
521 所得税费用	6801 所得税费用	
	6901 以前年度损益调整	

第三章　货币资金、应收款项和存货的核算

第一节　货币资金的核算

货币资金是指农村集体经济组织拥有的，以货币形式存在的资产。包括库存现金和银行存款。货币资金是企业资金运动的起点和终点，是企业生产经营的先决条件①。

一、库存现金概述

库存现金是指农村集体经济组织持有的现款，库存现金主要用于支付日常发生的小额、零星的费用或支出②。库存现金是流动性最强的资产，农村集体经济组织应当严格遵守国务院发布的《现金管理暂行条例》及中国人民银行发布的《现金管理暂行条例实施细则》等国家有关现金管理制度的规定，正确进行现金收支的核算，监督现金使用的合法性与合理性、确保库存现金的安全完整。

二、库存现金的核算

为了总括地反映农村集体经济组织现金的收入、支出和结存情

---

① 师萍：基础会计学，华南理工大学出版社，1995 年版。

② 陈国辉、迟旭升：基础会计，东北财经大学出版社，2021 年版。

况，应设置“库存现金”科目，该科目的借方登记现金的增加，贷方登记现金的减少，期末余额在借方，反映农村集体经济组织实际持有的库存现金的金额。

（一）库存现金收支的核算

农村集体经济组织收到现金时，借记“库存现金”科目，贷记“银行存款”、“内部往来”、“应收款”等有关科目。支付现金时，借记“银行存款”、“内部往来”、“应收款”等有关科目，贷记“库存现金”科目。

【例3-1】2024年1月3日，东方红股份经济合作社因业务需求，从开户银行提取现金1 000元。会计分录如下：

借：库存现金　　1 000.00

　　贷：银行存款　　1 000.00

【例3-2】2024年1月5日，东方红股份经济合作社收到本单位职工刘杰归还备用金800元。会计分录如下：

借：库存现金　　800.00

　　贷：内部往来——刘杰　　800.00

【例3-3】东方红股份经济合作社2024年1月7日以现金方式收到厂房（2022年建成）当月租金收入12 000元。会计分录如下：

（1）若东方红股份经济合作社为小规模纳税人[①]，则：

应缴纳的增值税 $=[12\,000/(1+5\%)]\times 5\% = 571.43$（元）

借：库存现金　　12 000.00

　　贷：经营收入——出租收入　　11 428.57

　　　　应交税费——应交增值税　　571.43

① 《国家税务总局关于发布〈纳税人提供不动产经营租赁服务增值税征收管理暂行办法的公告〉》规定：小规模纳税人出租不动产，按照以下规定缴纳增值税：单位和个体工商户出租不动产（不含个体工商户出租住房），按照5%的征收率计算应纳税额。

同时，计算和确认应缴纳的房产税[①]：

应缴纳的房产税 = [12 000/(1 + 5%)] × 12% × 1/2 = 685.71（元），会计分录如下：

借：税金及附加——房产税　　685.71

　　贷：应交税费——应交房产税　　685.71

（2）假设东方红股份经济合作社为一般纳税人[②]，则：

增值税销项税额 = [12 000/(1 + 9%)] × 9% = 990.83（元）

借：库存现金　　12 000.00

　　贷：经营收入——出租收入　　11 009.17

　　　　应交税费——应交增值税（销项税额）　　990.83

同时，计算和确认应缴纳的房产税[③]：

应缴纳的房产税 = [12 000/(1 + 9%)] × 12% = 1 321.10（元），会计分录如下：

借：税金及附加——应交房产税　　1 321.10

　　贷：应交税费——应交房产税　　1 321.10

【例3-4】接上例，2024年1月7日，东方红股份经济合作社将收到的前述现金12 000元存入银行。会计分录如下：

借：银行存款　　12 000.00

　　贷：库存现金　　12 000.00

【例3-5】2024年1月7日，东方红股份经济合作社副社长张三出差，借用现金1 000元。会计分录如下：

---

① 假设东方红股份经济合作社房产税按房产租金收入计征，适用税率为12%。根据《财政部 税务总局关于进一步支持小微企业和个体工商户发展有关税费政策的公告》（2023年第12号）规定，自2023年1月1日至2027年12月31日，对增值税小规模纳税人、小型微利企业和个体工商户减半征收资源税（不含水资源税）、城市维护建设税、房产税、城镇土地使用税、印花税（不含证券交易印花税）、耕地占用税和教育费附加、地方教育附加。

② 按照财税〔2016〕36号文件和国家税务总局公告2016年第16号规定，东方红股份经济合作社取得的租金收入因其不动产建成时间在2016年4月30日之后，不适用采用简易征税办法征收增值税。

③ 假设东方红股份经济合作社为一般纳税人，根据东方红股份经济合作社新旧制度衔接后编制的资产负债表列示的资产总额情况，因其资产总额超过5 000万元，不属于小型微利企业，不满足房产税减半征收条件。

借：内部往来——张三　　1 000.00
　　贷：库存现金　　1 000.00

【例3－6】2024年1月10日，东方红股份经济合作社副社长张三出差回来后，按规定程序批准后报销差旅费850元，剩余现金150元交回。会计分录如下：

借：库存现金　　150.00
　　管理费用——差旅费　　850.00
　　贷：内部往来——张三　　1 000.00

【例3－7】2024年1月10日，东方红股份经济合作社用现金280元购买复印纸，取得增值税专用发票，发票上注明税款32.21元。会计分录如下：

（1）若东方红股份经济合作社为小规模纳税人，则：

借：管理费用——办公用品　　280.00
　　贷：库存现金　　280.00

（2）若东方红股份经济合作社为一般纳税人，则：

借：管理费用——办公用品　　247.79
　　应交税费——应交增值税（进项税额）　　32.21
　　贷：库存现金　　280.00

（二）库存现金盘盈盘亏的核算

由于现金的收支业务十分频繁，容易出现差错。因此，出纳员应当经常进行现金盘点并与库存现金日记账的现有余额核对[①]。库存现金清查一般采用实地盘点法，即由出纳人员和会计人员将库存现金的实有数与账面余额进行核对。清查时，清查小组盘点人员和出纳人员必须在场；清查内容主要是检查是否存在挪用现金、白条抵库、超限额留存库存现金等情况，以及核对账款是否相符。对于库存现金清查的结果，应编制库存现金盘点表（或库存现金盘点报

① 李海坡：会计学原理，立信会计出版社，2007年版。

告单），注明库存现金溢缺的金额，并由出纳人员和清查小组盘点人员签字盖章。

若发现有待查明原因的现金短缺或溢余，应当通过“待处理财产损溢”科目核算：属于现金短缺，按照实际短缺的金额，借记“待处理财产损溢——待处理流动资产损溢”科目，贷记“库存现金”科目；属于现金溢余，按照实际溢余的金额，借记“库存现金”科目，贷记“待处理财产损溢——待处理流动资产损溢”科目。待查明原因经批准后进行结转，扣除应由责任人赔偿或支付相关单位或人员金额后的余额，记入“其他支出”或“其他收入”科目。

【例3-8】2024年1月15日，经盘点东方红股份经济合作社现金，发现库存现金较账面余额多出23.50元。经查，上述溢余的现金原因为未付尾款结余，经批准作为其他收入。会计分录如下：

（1）清查发现现金溢余时：

借：库存现金　　23.50

　　贷：待处理财产损溢——待处理流动资产损溢　　23.50

（2）经批准计入其他收入时：

借：待处理财产损溢——待处理流动资产损溢　　23.50

　　贷：其他收入　　23.50

【例3-9】2024年1月31日，经对东方红股份经济合作社的库存现金进行实地盘点，发现较账面余额短缺50元。经核实，系由于出纳员赵某保管不当所致。经批准后由赵某全额赔偿，现已收到赔偿款。会计分录如下：

（1）清查发现现金短缺时：

借：待处理财产损溢——待处理流动资产损溢　　50.00

　　贷：库存现金　　50.00

（2）经批准由出纳员赵某赔偿时：

借：内部往来——赵某　　50.00

　　贷：待处理财产损溢——待处理流动资产损溢　　50.00

（3）收到赵某补偿款时：

借：库存现金　　50.00

　　贷：内部往来——赵某　　50.00

三、银行存款概述

银行存款是指农村集体经济组织存入银行或其他金融机构的款项。农村集体经济组织的银行存款主要来自农村集体经济组织成员投入资金、通过负债融入的款项以及销售商品或提供劳务所收取的款项等。

农村集体经济组织应在银行等金融机构开设账户，除了按核定的限额保留库存现金外，超过限额的现金必须存入银行。除了在规定的范围内可以用现金直接支付的项目外，都应该通过银行转账等方式进行结算。农村集体经济组织结算中产生的“外埠存款”、“银行汇票存款”、“银行本票存款”、“信用卡存款”等，应在银行存款中核算。

四、银行存款的核算

农村集体经济组织存入银行或其他金融机构的款项通过“银行存款”科目进行核算，借方登记银行或其他金融机构款项的增加，贷方登记银行或其他金融机构款项的减少，期末余额在借方，反映农村集体经济组织期末银行或其他金融机构款项的余额。“银行存款”科目应当按照开户银行或其他金融机构、存款种类等设置“银行存款日记账”，进行明细核算。

（一）银行存款收支的核算

农村集体经济组织应当严格按照规定进行银行存款的核算和管理，将款项存入银行或其他金融机构时，借记“银行存款”科目，贷记有关科目；提取和支出存款时，借记有关科目，贷记“银行存款”科目。

【例3－10】 2024年1月10日，东方红股份经济合作社收到被投资单位的分红款50 000元，银行已经办妥收款。会计分录如下：

借：银行存款　　50 000.00

　　贷：投资收益　　50 000.00

【例3－11】 2024年1月11日，东方红股份经济合作社以银行存款8 500元购买建筑用水泥，取得增值税专用发票，发票上注明税款977.88元，水泥已验收入库。会计分录如下：

（1）若东方红股份经济合作社为小规模纳税人，则：

借：库存物资——水泥　　8 500.00

　　贷：银行存款　　8 500.00

（2）若东方红股份经济合作社为一般纳税人，则：

借：库存物资　　7 522.12

　　应交税费——应交增值税（进项税额）　　977.88

　　贷：银行存款　　8 500.00

【例3－12】 2024年1月28日，东方红股份经济合作社工程完工后，将原购进的剩余水泥对外销售，购货方用转账支票支付货款710元，账面价值680元。会计分录如下：

（1）若东方红股份经济合作社为小规模纳税人①，则：

应缴纳的增值税 $=710/(1+1\%)\times1\%=7.03$（元）

借：银行存款　　710.00

　　贷：库存物资　　680.00

　　　　应交税费——应交增值税　　7.03

　　　　其他收入——水泥处置收入　　22.97

① 东方红股份经济合作社为增值税小规模纳税人，按照财政部 税务总局公告2023年第19号规定，适用3%征收率的应税销售收入，减按1%征收率征收增值税且要求按1%的征收率确认不含税收入。

（2）若东方红股份经济合作社为一般纳税人，水泥账面价值601.76元（具体计算过程和金额见本章表3－3），则：

应缴纳的增值税＝710/(1＋13%)×13%＝81.68（元）

借：银行存款　　710.00

　贷：库存物资　　601.76

　　应交税费——应交增值税（销项税额）　　81.68

　　其他收入——水泥处置收入　　26.56

【例3－13】2024年1月15日，东方红股份经济合作社收到美丽乡村建设专项资金30 000元，款项专款专用。会计分录如下：

借：银行存款　　30 000.00

　贷：专项应付款　　30 000.00

【例3－14】2024年1月20日，东方红股份经济合作社使用美丽乡村建设专项资金18 500元购置村内公益设施健身器械，转账支付，取得增值税专用发票，发票上注明税款2 128.32元。会计分录如下：

（1）若东方红股份经济合作社为小规模纳税人，则：

借：固定资产——健身器械　　18 500.00

　贷：银行存款　　18 500.00

同时，结转专项应付款：

借：专项应付款　　18 500.00

　贷：公积公益金　　18 500.00

（2）若东方红股份经济合作社为一般纳税人①，则：

借：固定资产——健身器械　　16 371.68

　应交税费——应交增值税（进项税额）　　2 128.32

　贷：银行存款　　18 500.00

---

① 在增值税征管实务中，公益设施可能被认定为公益性项目。公益性项目属于非增值税应税项目或集体福利项目，往往不允许抵扣进项税额。本例为区分一般纳税人与小规模纳税人不同的纳税处理方式，暂做允许抵扣进项税额处理。

同时，结转专项应付款：

借：专项应付款　　　　　　　　　　　　18 500.00

　　贷：公积公益金　　　　　　　　　　　　18 500.00

（二）银行存款清查的核算

银行存款清查是指农村集体经济组织银行存款日记账的账面余额与其开户银行转来的银行对账单余额进行的核对。如果双方余额不一致的原因属于记账错误，应立即加以更正；如果双方余额不一致的原因不是记账错误，而是因为未达账项引起的，应编制银行存款余额调节表进行调节。

所谓未达账项，是指由于农村集体经济组织与银行取得有关凭证的时间不同，而发生的一方已经取得凭证登记入账，另一方由于未取得凭证尚未入账的款项。具体有以下四种情况：

1. 农村集体经济组织已作收款入账，记入银行存款增加，而银行尚未收款入账。如农村集体经济组织销售农产品，根据购买方付款凭证登记银行存款增加，银行尚未入账的款项。

2. 农村集体经济组织已作付款入账，记入银行存款减少，而银行尚未付款入账。如农村集体经济组织开出支票购货，根据支票存根已登记银行存款的减少，而银行尚未收到支票，未登记银行存款减少。

3. 银行已收款入账，记入农村集体经济组织银行存款增加，而农村集体经济组织尚未收款入账。如银行支付给农村集体经济组织的定期存款利息，银行已经入账，但农村集体经济组织因未取得回单尚未入账。

4. 银行已付款入账，记入农村集体经济组织银行存款减少，而农村集体经济组织尚未付款入账。如银行向农村集体经济组织收取的手续费，银行已经支付，但农村集体经济组织因尚未取得划款单而未入账。

对上述未达账项应通过编制“银行存款余额调节表”进行检查

核对，如没有记账错误，调节后的双方余额应相等。如果有记账错误，则调节后双方余额不等。

【例 3－15】 朝阳红星股份经济合作社 2024 年 1 月 31 日银行存款日记账的余额为 60 500 元，银行对账单的余额为 68 300 元。经逐笔核对，发现以下未达账项：

（1）朝阳红星股份经济合作社根据 A 公司的付款证明单登记了银行存款增加 5 500 元，但银行尚未登记入账。

（2）朝阳红星股份经济合作社向甲公司开出转账支票 1 800 元，但甲公司尚未到银行办理转账，银行尚未记账。

（3）朝阳红星股份经济合作社委托银行代收某公司购买小麦货款 12 000 元，银行已收妥并登记入账，但该社尚未收到收款通知，尚未记账。

（4）银行代朝阳红星股份经济合作社支付电费 500 元，银行已登记该社银行存款减少，但该社尚未收到银行付款通知，尚未记账。

根据上述资料编制“银行存款余额调节表”，如表 3－1 所示。

表 3－1　　　　银行存款余额调节表　　　　单位：元

项目	金额	项目	金额
银行存款日记账余额	60 500	银行对账单余额	68 300
加：银行已收、农村集体经济组织未收款	12 000	加：农村集体经济组织已收、银行未收款	5 500
减：银行已付、农村集体经济组织未付款	500	减：农村集体经济组织已付、银行未付款	1 800
调节后的银行存款余额	72 000	调节后的银行存款余额	72 000

经过上述调整后的银行存款余额，是农村集体经济组织银行存款的实有数。需要指出的是，“银行存款余额调节表”只是为了核对账目，并不能作为调整银行存款账面余额的原始凭证，对于银行已经入账而农村集体经济组织尚未入账的未达账项，要等到结算凭证到达后才能进行账务处理。

第二节 应收款项的核算

农村集体经济组织的应收款项包括与成员、非成员（包括单位及个人，下同）之间发生的各种应收及暂付款项。农村集体经济组织的应收款项划分为两类：一是农村集体经济组织与非成员之间发生的应收及暂付款项，应通过“应收款”科目核算；二是农村集体经济组织与成员之间发生的应收及暂付款项，应通过“内部往来”科目进行核算。

一、应收款的核算

农村集体经济组织应设置“应收款”科目，核算与非成员之间发生的各种应收及暂付款项，如因销售库存物资、提供劳务应收取的款项以及应收的各种赔款、罚款、利息等。“应收款”科目应按照发生应收及暂付款项的非成员单位或个人设置明细科目，进行明细核算。期末借方余额，反映农村集体经济组织尚未收回的应收及暂付款项。

农村集体经济组织与非成员之间发生各种应收及暂付款项时，借记“应收款”科目，贷记“库存现金”、“银行存款”、“经营收入”、“投资收益”等科目；收回应收款时，借记“库存现金”、“银行存款”等科目，贷记“应收款”科目。取得用暂付款购得的库存物资、服务时，借记“库存物资”等科目，贷记“应收款”科目。

【例 3-16】 2024 年 1 月 5 日，东方红股份经济合作社向某农药企业转账支付定金 2 000 元用于购买农药。会计分录如下：

借：应收款——某农药企业（暂付农药定金） 2 000.00

　　贷：银行存款 2 000.00

【例3-17】接上例，2024年1月10日，东方红股份经济合作社收到农药10公斤，价值28 500元，农药验收入库，取得增值税专用发票[①]，发票上注明税款2 353.21元，转账支付货款26 500元。会计分录如下：

（1）若东方红股份经济合作社为小规模纳税人，则：

借：库存物资——农药　　28 500.00

　贷：银行存款　　26 500.00

　　应收款——某农药企业（暂付农药定金）　2 000.00

（2）若东方红股份经济合作社为一般纳税人，则：

借：库存物资——农药　　26 146.79

　应交税费——应交增值税（进项税额）　2 353.21

　贷：银行存款　　26 500.00

　　应收款——某农药企业（暂付农药定金）　2 000.00

二、内部往来的核算

农村集体经济组织应设置“内部往来”科目，核算与所属单位和成员之间发生的各种应收及暂付款项，包括农村集体经济组织与成员之间发生的各种应收、暂付及应付、暂收款项等经济往来业务，如一事一议资金、年终收益成员分红、成员承包费、承包地和闲置农房委托流转资金以及代收成员水电费、物业费等。

农村集体经济组织与成员发生应收款项和偿还应付款项时，借

① 根据财税〔2015〕90号文规定，自2015年9月1日起，对纳税人销售和进口农药统一按13%税率征收国内环节和进口环节增值税。财税〔2017〕37号文规定，自2017年7月1日起，简并增值税税率，取消13%的增值税税率，并明确了适用11%税率的货物范围和抵扣进项税额规定。2018年4月4日财政部和国家税务总局发布《关于调整增值税税率的通知》（财税〔2018〕32号）规定，纳税人发生增值税应税销售行为或者进口货物，原适用17%和11%税率的，税率分别调整为16%和10%。2019年3月21日，财政部、国家税务总局、海关总署等三部门发布《关于深化增值税改革有关政策的公告》明确，增值税一般纳税人发生增值税应税销售行为或者进口货物，原适用16%税率的，税率调整为13%；原适用10%税率的，税率调整为9%。因此，目前一般纳税人销售农药适用的增值税税率为9%。

记“内部往来”科目，贷记“库存现金”、“银行存款”等科目；收回应收款项、发生应付款项、一次收取多期发包或出租款项等时，借记“库存现金”、“银行存款”等科目，贷记“内部往来”科目。发生无法收回的内部往来款项时，借记“其他支出”科目，贷记“内部往来”科目。发生无需偿还的内部往来款项时，借记“内部往来”科目，贷记“其他收入”科目。一次收取多期发包或出租款项的，每期确认发包或出租收入时，借记“内部往来”科目，贷记“经营收入”科目。

“内部往来”科目应按照农村集体经济组织的成员设置明细科目，进行明细核算。期末借方余额合计数反映农村集体经济组织成员欠农村集体经济组织的款项总额；期末贷方余额合计数反映农村集体经济组织欠成员的款项总额。各明细科目年末借方余额合计数应在资产负债表的“应收款项”项目内反映，年末贷方余额合计数应在资产负债表的“应付款项”项目内反映。

农村集体经济组织因成员承包集体耕地、林地、果园、鱼塘等而发生的应收承包金等，年终按经过批准的方案结算出本期成员应交未交的款项时，借记“内部往来”科目，贷记“经营收入——发包收入”科目；实际收到款项时，借记“库存现金”、“银行存款”等科目，贷记“内部往来”科目。

农村集体经济组织因筹集一事一议资金与成员发生的应收款项，在筹资方案经成员大会或成员代表大会通过时，按照筹资方案规定的金额，借记“内部往来”科目，贷记“一事一议资金”科目；收到款项时，借记“库存现金”、“银行存款”等科目，贷记“内部往来”科目。

农村集体经济组织在对成员进行收益分配时，借记“收益分配——各项分配”科目，贷记“内部往来”科目；实际发放款项时，借记“内部往来”科目，贷记“银行存款”科目。

【例 3－18】2024 年 1 月 8 日，社员王某因购置农药向东方红股份经济合作社借现金 2 000 元。会计分录如下：

借：内部往来——王某　　2 000.00

　　贷：库存现金　　2 000.00

【例 3－19】 2024 年 1 月 31 日，东方红股份经济合作社收到社员刘某用于农业生产的集体土地 2024 年租金 11 000 元。假设不考虑城镇土地使用税①，会计分录如下：

（1）若东方红股份经济合作社为小规模纳税人②③，则：

免征的增值税 = 11 000/(1 + 5%) × 5% = 523.81（元）

应确认 2024 年度的经营收入 = 11 000 － 523.81 = 10 476.19（元）

应确认 2024 年 1 月的经营收入 = 10 476.19/12 = 873.02（元）

借：库存现金　　11 000.00

　　贷：经营收入——发包收入　　873.02

　　　　其他收入——免交增值税　　523.81

　　　　内部往来——刘某　　9 603.17

（2）若东方红股份经济合作社为一般纳税人，则：

应确认的免征增值税额 = 11 000/(1 + 5%) × 5% = 523.81（元）

借：库存现金　　11 000.00

　　贷：经营收入——发包收入　　873.02

---

① 根据财税〔2006〕56 号文规定，在城镇土地使用税征税范围内实际使用应税集体所有建设用地、但未办理土地使用权流转手续的，由实际使用集体土地的单位和个人按规定缴纳城镇土地使用税；同时财税〔2017〕29 号文规定，在城镇土地使用税征税范围内，承租集体所有建设用地的，由直接从集体经济组织承租土地的单位和个人，缴纳城镇土地使用税。但使用的农村集体土地范围不属于城镇土地或者工矿土地的，不需要缴纳土地使用税。此外，由于印花税涉及金额较小且核算简单，本书全部案例均不考虑印花税的影响。

② 根据财政部 国家税务总局公告 2023 年第 19 号规定，增值税小规模纳税人适用 3% 征收率的应税销售收入，减按 1% 征收率征收增值税；但不包括适用征收率为 5% 的应税收入。因此，集体土地租赁收入以简易征税办法按 5% 的征收率计算的增值税，不能减按 1% 计算。根据财税〔2016〕36 号文和《财政部 税务总局关于建筑服务等营改增试点政策的通知》（财税〔2017〕58 号）第四条规定，纳税人采取转包、出租、互换、转让、入股等方式将承包地流转给农业生产者用于农业生产，免征增值税。《财政部、税务总局关于明确国有农用地出租等增值税政策的公告》（2020 年第 2 号）第一条规定，纳税人将国有农用地出租给农业生产者用于农业生产，免征增值税。

③ 根据《中华人民共和国增值税暂行条例》第十九条“增值税纳税义务发生时间：（一）发生应税销售行为，为收讫销售款项或者取得索取销售款项凭据的当天；先开具发票的，为开具发票的当天；……”；财税〔2016〕36 号文规定，纳税人提供租赁服务采取预收款方式的，其纳税义务发生时间为收到预收款的当天。因此，增值税应按全额计算。

其他收入——免交增值税 523.81

内部往来——刘某 9 603.17

【例 3-20】 2024 年 1 月 14 日，东方红股份经济合作社因维修村内围墙进行“一事一议”筹资，经成员代表大会讨论通过，每人应交 50 元筹资款，应收 40 000 元。会计分录如下：

（1）通过筹资方案，决议筹集“一事一议”资金时：

借：内部往来——各成员 40 000.00

贷：一事一议资金——维修村内围墙 40 000.00

（2）收到成员交来筹资款时：

借：库存现金 40 000.00

贷：内部往来——各成员 40 000.00

【例 3-21】 2024 年 1 月 15 日，东方红股份经济合作社收到某企业支付给农户的代销货款 100 000 元。会计分录如下：

借：银行存款 100 000.00

贷：内部往来——各农户 100 000.00

【例 3-22】 2024 年 1 月 17 日，东方红股份经济合作社将农户的代销货款 100 000 元通过银行转账支付给农户。会计分录如下：

借：内部往来——各农户 100 000.00

贷：银行存款 100 000.00

【例 3-23】 2024 年 1 月 7 日，东方红股份经济合作社为成员孙某提供排灌服务，应收服务费 800 元，款项尚未收到。会计分录如下：

（1）若东方红股份经济合作社为小规模纳税人，则：

免征的增值税[①] $=800/(1+3\%)\times3\%=23.30$（元）

应确认的收入 $=800-23.30=776.70$（元）

借：内部往来——孙某 800.00

① 根据《增值税暂行条例》及其实施细则和财税〔2016〕36 号文规定，纳税人提供农业机耕、排灌、病虫害防治等免征增值税。本书免征增值税的确认按法定征收率或法定税率计算。

贷：经营收入——劳务收入　　776.70

其他收入——免征增值税收入　　23.30

（2）若东方红股份经济合作社为一般纳税人，则：

免征的增值税＝800/(1＋6%)×6%＝45.28（元）

应确认的收入＝800－45.28＝754.72（元）

借：内部往来——孙某　　800.00

贷：经营收入——劳务收入　　754.72

其他收入——免征增值税收入　　45.28

【例3－24】2024年1月31日，东方红股份经济合作社根据临时成员（代表）大会决议，用以前年度收益对各成员分配收益120 000元，尚未向成员兑付。会计分录为：

借：收益分配——各项分配　　120 000.00

贷：内部往来——各成员　　120 000.00

第三节　存货的核算

农村集体经济组织的存货是指在日常生产经营过程中持有以备出售，或者仍然处在生产过程中将要消耗，或者在生产或提供劳务的过程中将要耗用的各种原材料或物料。包括种子、化肥、燃料、农药、原材料、机械零配件、低值易耗品、在产品、农产品、工业产成品等。

一、存货的计价

1. 购入的存货，应当按照购买价款、应支付的相关税费、运输费、装卸费、保险费以及外购过程中发生的其他直接费用计价。

2. 在产品以及生产完工入库的农产品和工业产成品，应当按照生产过程中发生的实际支出成本计价。

3. 收到政府补助的存货或者他人捐赠的存货，应当按照有关凭据注明的金额加上相关税费、运输费等计价；没有相关凭据的，按照资产评估价值或者比照同类或类似存货的市场价格，加上相关税费、运输费等计价。如无法采用上述方法计价的，应当按照名义金额（人民币 1 元，下同）计价，相关税费、运输费等计入其他支出，同时在备查簿中登记说明。

4. 提供劳务的成本，按照与劳务提供直接相关的人工费、材料费和应分摊的间接费用计价。

5. 盘盈的存货，应当按照同类或类似存货的市场价格或评估价值计价。

二、存货发出的计价方法

农村集体经济组织应当采用先进先出法、加权平均法或者个别计价法确定领用或出售的存货成本。计价方法一经确定，不得随意变更。

（一）先进先出法

先进先出法是基于先购入存货先消耗的假设，按照存货购入的先后顺序确定发出存货和期末存货的实际成本。具体方法是：收入存货时，逐笔登记收入存货的数量、单价和金额；发出存货时，先按照入库的第一批存货单位成本计算发出存货成本和结存金额，如果发出存货数量大于第一批入库存货数量，则大于部分按第二批入库存货的单位成本计算发出存货成本和结存金额，以此类推。这种计价方法的特点是使存货账面结存价值更加接近于近期市场价格。这种方法的优点是把计价工作分散在月内进行；缺点是在单价经常变动、收发业务频繁的情况下，核算工作量会很繁重。按先进先出法计价的存货明细核算如表 3－2 和表 3－3 所示。

表 3－2　　东方红股份经济合作社（小规模纳税人）水泥明细账　　数量单位：吨 金额单位：元

2024 年		摘要	收入			支出			结存		
月	日		数量	单价	金额	数量	单价	金额	数量	单价	金额
1	1	上月结余							4	350.00	1 400.00
1	11	购入	25	340.00	8 500.00				29		9 900.00
1	15	发出				4	350.00	1 400.00			
						23	340.00	7 820.00	2	340.00	680.00
1	28	发出				2	340.00	680.00			
		合计	25	—	8 500.00	29	—	9 900.00		—	

表 3－3　　东方红股份经济合作社（一般纳税人）水泥明细账　　数量单位：吨 金额单位：元

2024 年		摘要	收入			支出			结存		
月	日		数量	单价	金额	数量	单价	金额	数量	单价	金额
1	1	上月结余							4	309.74	1 238.96
1	11	购入	25	300.88	7 522.00				29		8 760.96
1	15	发出				4	309.74	1 238.96			
						23	300.88	6 920.24	2	300.88	601.76
1	28	发出				2	300.88	601.76			
		合计	25	—	7 522.00	29	—	8 760.96		—	

（二）加权平均法

加权平均法，即将各数值乘以相应的单位数，加总求和得到总数，再除以总的单位数。月末一次加权平均法是以当月全部进货数量，加上月初存货数量作为权数，去除当月全部进货成本加上月初存货成本，计算出存货的加权平均单位成本，并以此为基础，计算出当月发出存货的成本和期末存货的成本的一种方法。其计算公式如下：

加权平均单价 =（期初存货的实际成本 + 本期入库存货的实际成本）/（期初存货的数量 + 本期入库存货的数量）

本期发出存货的实际成本 = 本期发出存货的数量 × 加权平均单价

期末结存存货的实际成本 = 期末结存存货的数量 × 加权平均单价

采用这种方法，只有在月末才能根据有关数字，计算材料的平均单价并对发料凭证进行计价。因此，大量的计算工作都会集中在月末进行，影响成本计算工作的及时性，而且平时从材料明细账内看不出材料的结存价值，不利于材料的日常管理工作。但其优点是减少了计价的工作量。按加权平均法计价的存货明细核算如表 3－4 和表 3－5 所示。

（三）个别计价法

个别计价法，是以某批存货购入时的实际单位成本作为该批存货发出的实际成本。即发出某批存货要根据该批存货购入时的实际单位成本计算。这种方法的优点是能正确地计算发出材料的实际成本，并随时掌握实际库存情况，适用于一般不能代替使用的存货和为特定项目专门购入或制造的存货。其缺点是对于进货批次频繁又无法分别保管的存货，发出成本的分辨工作量较大，不宜采用此法。

表 3－4　东方红股份经济合作社（小规模纳税人）农药明细账

数量单位：公斤　金额单位：元

2024 年		摘要	收入			支出			结存		
月	日		数量	单价	金额	数量	单价	金额	数量	单价	金额
1	1	上月结余							5	3 000.00	15 000.00
1	10	购入	10	2 850.00	28 500.00				15	2 900.00	43 500.00
1	14	发出				12	2 900.00	34 800.00	3	2 900.00	8 700.00
		合计	10	—	28 500.00	12	—	34 800.00	3	—	8 700.00

表 3－5　东方红股份经济合作社（一般纳税人）农药明细账

数量单位：公斤　金额单位：元

2024 年		摘要	收入			支出			结存		
月	日		数量	单价	金额	数量	单价	金额	数量	单价	金额
1	1	上月结余							5	2 752.29	13 761.45
1	10	购入	10	2 614.68	26 146.80				15	2 660.55	39 908.25
1	14	发出				12	2 660.55	31 926.60	3	2 660.55	7 981.65
		合计	10	—	26 146.80	12	—	31 926.60	3	—	7 981.65

三、存货的核算

农村集体经济组织购入、接受捐赠或政府补助的物资验收入库时，按照确定的实际成本，借记“库存物资”科目，贷记“应收款”、“应付款”、“银行存款”、“公积公益金”等科目。会计期末，对已收到发票账单但尚未到达或尚未验收入库的物资，借记“库存物资”科目，贷记“应付款”、“公积公益金”等科目。按照应支付的相关税费，贷记“应交税费”等科目。

农产品收获、生产完工的工业产成品入库时，按照入库物资的实际成本，借记“库存物资”科目，贷记“消耗性生物资产”、“生产（劳务）成本”等科目。

领用库存物资时，按照领用物资的实际成本，借记“生产（劳务）成本”、“在建工程”、“管理费用”等科目，贷记“库存物资”科目。

销售库存物资时，按照实现的销售收入，借记“库存现金”、“银行存款”、“应收款”等科目，贷记“经营收入”等科目；按照销售物资的实际成本，借记“经营支出”等科目，贷记“库存物资”科目。

【例3－25】2024年1月15日，东方红股份经济合作社用银行存款购买沙子10吨，价税合计950元，取得增值税专用发票，发票上注明税款109.29元，已入库。会计分录如下：

（1）若东方红股份经济合作社为小规模纳税人，则：

借：库存物资——沙子	950.00	
贷：银行存款		950.00

（2）若东方红股份经济合作社为一般纳税人，则：

借：库存物资——沙子	840.71	
应交税费——应交增值税（进项税额）	109.29	
贷：银行存款		950.00

【例3－26】2024年1月15日，东方红股份经济合作社修缮房屋使用水泥27吨。且存货发出采用先进先出法核算（具体计算过程和金额分别见本章表3－2、表3－3）。会计分录如下：

（1）若东方红股份经济合作社为小规模纳税人，则：

按先进先出法计算的水泥成本＝350×4＋340×23＝9 220（元）

借：在建工程——修缮房屋　　9 220.00

　　贷：库存物资——水泥　　9 220.00

（2）若东方红股份经济合作社为一般纳税人，则：

按先进先出法计算的水泥成本＝309.74×4＋300.88×23

＝8159.20（元）

借：在建工程——修缮房屋　　8 159.20

　　贷：库存物资——水泥　　8 159.20

【例3－27】2024年1月14日，东方红股份经济合作社出库本月购置的农药12公斤，用于黄瓜驱虫。若农药的发出采用加权平均法核算（具体计算过程和金额分别见本章表3－4、表3－5）。会计分录如下：

（1）若东方红股份经济合作社为小规模纳税人，则：

加权平均单价＝(15 000＋28 500)/(5＋10)＝2 900（元）

出库农药的成本＝2 900×12＝34 800（元）

借：消耗性生物资产——黄瓜　　34 800.00

　　贷：库存物资——农药　　34 800.00

（2）若东方红股份经济合作社为一般纳税人，则：

加权平均单价＝(13 761.45＋26 146.80)/(5＋10)

＝2 660.55（元）

出库农药的成本＝2 660.55×12＝31 926.60（元）

计算不允许抵扣的增值税进项税额[1] = 31 926.60 × 9%

= 2 873.39（元）

借：消耗性生物资产——黄瓜　　34 799.99

　贷：库存物资——农药　　31 926.60

　　应交税费——应交增值税（进项税额转出）

2 873.39

【例3－28】2024年1月24日，东方红股份经济合作社集体经营的绿豆收获50 000公斤，已验收入库，投入的种子、农药等物资以及劳务支出等共计84 000元。会计分录如下：

借：库存物资——绿豆　　84 000.00

　贷：消耗性生物资产——绿豆　　84 000.00

【例3－29】2024年1月28日，东方红股份经济合作社出售当年入库的绿豆25 000公斤，每公斤7.2元，银行存款已到账。会计分录如下：

（1）若东方红股份经济合作社为小规模纳税人，则：

① 确认销售收入：

免征的增值税 = (25 000 × 7.2)/(1 + 3%) × 3%

= 5 242.72（元）

借：银行存款　　180 000.00

　贷：经营收入——销售收入　　174 757.28

　　其他收入——免征增值税收入　　5 242.72

②按入库成本结转已销售绿豆的成本：

单位成本 = 84 000 ÷ 50 000 = 1.68（元/公斤）

应结转的成本 = 25 000 × 1.68 = 42 000（元）

借：经营支出　　42 000.00

① 由于购进农药用于生产黄瓜，而东方红股份经济合作社销售黄瓜属于销售初级农产品，属于免税范畴。根据《增值税暂行条例》第十条规定，用于简易计税方法计税项目、免征增值税项目、集体福利或者个人消费的购进货物、劳务、服务、无形资产和不动产不允许抵扣进项税额。

贷：库存物资——绿豆　　42 000.00

（2）若东方红股份经济合作社为一般纳税人，则：

免征的增值税 =（25 000 ×7.2）/（1 +9%）×9%

=14 862.39（元）

① 确认销售收入：

借：银行存款　　180 000.00

贷：经营收入——销售收入　　165 137.61

其他收入——免征增值税收入　　14 862.39

②按入库成本结转已销售绿豆的成本：

单位成本 =84 000 ÷50 000 =1.68（元/公斤）

应结转的成本 =25 000 ×1.68 =42 000（元）

借：经营支出　　42 000.00

贷：库存物资——绿豆　　42 000.00

四、存货盘盈盘亏的核算

农村集体经济组织的存货发生毁损或报废时，按规定程序报经批准后，处置收入、赔偿金额（含可收回的责任人和保险公司赔偿的金额等，下同）扣除其成本、相关税费和清理费用后的净额，应当记入“其他收入”或“其他支出”科目。通过清查，确定各种存货的实际库存量，并与账面记录相核对，查明存货盘盈、盘亏和毁损的数量以及造成盘盈、盘亏和毁损的原因，并据以编制存货盘点表，如表 3 -6 和表 3 -7 所示。

为确保存货的账存数与实际库存数相符，期末应及时查明存货盘盈、盘亏和毁损原因，分清责任，按规定程序报批后，进行相应的账务处理，调整存货账面的实存数。

在未按规定程序批准前，应根据存货盘盈、盘亏和毁损数，先转入“待处理财产损溢”科目；按规定程序经批准后，再根据盘盈、盘亏的不同原因和不同处理结果，作进一步的账务处理。

表 3－6　　东方红股份经济合作社（小规模纳税人）存货盘点表　　盘点日期：2024 年 1 月 31 日

存货类别	编号	存货名称	计量单位	数量		单位成本	盘盈		盘亏		原因
				账存	实存		数量	金额	数量	金额	
材料	略	农药	公斤	3	3.2	2 900.00	0.2	580.00			计量不准
农产品		绿豆	公斤	25 000	24 950	1.68			50	84.00	计量不准

表 3－7　　东方红股份经济合作社（一般纳税人）存货盘点表　　盘点日期：2024 年 1 月 31 日

存货类别	编号	存货名称	计量单位	数量		单位成本	盘盈		盘亏		原因
				账存	实存		数量	金额	数量	金额	
材料	略	农药	公斤	3	3.2	2 660.55	0.2	532.11			计量不准
农产品		绿豆	公斤	25 000	24 950	1.68			50	84.00	计量不准

1. 盘盈存货的处理

对于盘盈的存货，经查明是由于收发计量错误或核算上的误差等原因所造成，确属农村集体经济组织所有的，应及时办理存货入账手续，按照存货盘点表所列盘盈金额，借记“库存物资”科目，贷记“待处理财产损溢——待处理流动资产损溢”科目。按规定程序批准后，借记“待处理财产损溢——待处理流动资产损溢”科目，贷记“其他收入”科目。

【例 3－30】 东方红股份经济合作社 2024 年 1 月 31 日存货盘查，盘盈农药 0.2 公斤。会计分录为：

（1）若东方红股份经济合作社为小规模纳税人，则：

①盘盈资产时：

借：库存物资——农药　580.00

　　贷：待处理财产损溢——待处理流动资产损溢　580.00

②按规定程序批准后：

借：待处理财产损溢——待处理流动资产损溢　580.00

　　贷：其他收入　580.00

（2）若东方红股份经济合作社为一般纳税人，则：

①盘盈资产时：

借：库存物资——农药　532.11

　　贷：待处理财产损溢——待处理流动资产损溢　532.11

②按规定程序批准后：

借：待处理财产损溢——待处理流动资产损溢　532.11

　　贷：其他收入　532.11

2. 盘亏和毁损存货的处理

对于盘亏和毁损的存货，在按规定程序批准前，应按照存货盘点表所列盘亏和毁损金额，借记“待处理财产损溢——待处理流动资产损溢”科目，贷记“库存物资”科目。按规定程序批准后，按实际成本扣除责任人或者保险公司赔偿的金额和残料价值后，借记“其他支出”科目，贷记“待处理财产损溢——待处理流动资产损溢”科目。

【例3－31】东方红股份经济合作社2024年1月31日存货盘查，盘亏绿豆50公斤，同批次绿豆入库成本每公斤1.68元。按照存货盘点表所列盘亏金额，会计分录如下：

（1）盘亏资产时：

借：待处理财产损溢——待处理流动资产损溢　84.00

　　贷：库存物资——绿豆　84.00

（2）按程序批准后：

借：其他支出　84.00

　　贷：待处理财产损溢——待处理流动资产损溢　84.00

第四章　对外投资的核算

农村集体经济组织的对外投资包括短期投资和长期投资。短期投资是指能够随时变现并且持有时间不准备超过1年（含1年）的投资；长期投资是指除短期投资以外的投资，即持有时间准备超过1年（不含1年）的投资，包括长期股权投资、长期债权投资和其他长期投资。对外投资的计价应当遵循以下原则：

1. 以货币资金方式投资的，应当按照实际支付的价款和相关税费计价。

2. 以实物资产、无形资产等非货币性资产方式投资的，应当按照评估确认或者合同、协议约定的价值和相关税费计价，实物资产、无形资产等重估确认价值与其账面价值之间的差额，计入公积公益金。

第一节　短期投资的核算

农村集体经济组织应设置“短期投资”科目，全面反映和监督其短期投资状况。短期投资应按照投资种类设置明细科目进行明细核算；期末借方余额，反映农村集体经济组织持有的短期投资的成本。

一、新增短期投资的核算

农村集体经济组织以购买股票、债券的方式进行短期投资时，按照实际支付的价款、相关税费等，借记“短期投资”科目，贷记“银行存款”等科目。

【例4-1】2024年1月8日，东方红股份经济合作社用银行存款购入债券型基金100 000元，准备在1年内变现。另外支付手续费800元。会计分录如下：

借：短期投资——债券投资　　　　100 800.00

　　贷：银行存款　　　　　　　　　100 800.00

二、短期投资收益的核算

农村集体经济组织对外投资取得的现金股利、利润或利息等计入投资收益。按照应分得的金额，借记“应收款”等科目，贷记“投资收益”科目。获得股票股利时，不作账务处理，但应在备查簿中登记所增加的股份。

【例4-2】2024年1月15日，东方红股份经济合作社所短期持有的股票宣告对持有者进行分红。东方红股份经济合作社应收红利500元，并于1月20日收到该分红款。会计分录如下：

（1）宣告分红时：

借：应收款——股票分红款　　　　500.00

　　贷：投资收益——股票分红　　　　500.00

（2）收到分红款时：

借：银行存款　　　　500.00

　　贷：应收款——股票分红款　　　　500.00

三、处置短期投资的核算

处置对外投资时，应当将处置价款扣除其账面价值、相关税费后的净额，计入投资收益。按照实际收到的价款或收回的金额，借记“银行存款”等科目，按照其账面余额，贷记“短期投资”科目，按照尚未领取的现金股利、利润或利息，贷记“应收款”科目，按照其差额，贷记或借记“投资收益”科目。

【例4－3】 接【例4－1】，2024年1月25日，东方红股份经济合作社因短期资金周转需要，出售持有的债券型基金，售价105 000元，款项已存入银行。会计分录如下：

借：银行存款　　105 000.00

　贷：短期投资——债券投资　　100 800.00

　　　投资收益　　4 200.00

第二节　长期投资的核算

农村集体经济组织应设置“长期投资”科目，全面反映和监督其长期投资状况。长期投资应按照投资种类设置明细科目进行明细核算；期末借方余额，反映农村集体经济组织持有的长期投资的成本。

一、新增长期投资的核算

（一）以货币资金方式投资的长期投资

农村集体经济组织以货币资金方式投资的，按照实际支付的价款和相关税费，借记“长期投资”科目，贷记“银行存款”等科目，按照应支付的相关税费，贷记“应交税费”等科目。

【例4－4】 2024年1月4日，东方红股份经济合作社购入某上市公司于当年1月1日发行的三年期公司记名公司债券60 000元，年利率6%，按半年付息。支付的全部价款及手续费60 600元。会计分录如下：

借：长期投资——长期债券投资（某上市公司）

60 600.00

贷：银行存款 60 600.00

【例4-5】2024年1月10日，东方红股份经济合作社购入A上市公司股票1 000股，每股售价8元，短期内不计划出售，购买时支付印花税80元、手续费200元，款项均以银行存款支付。会计分录如下：

借：长期投资——长期股权投资（A上市公司）

8 280.00

贷：银行存款 8 280.00

【例4-6】2024年1月12日，东方红股份经济合作社用扶持集体经济项目资金200 000元成立全资企业——平兴公司。会计分录如下：

借：长期投资——长期股权投资（平兴公司）

200 000.00

贷：银行存款 200 000.00

同时，结转专项应付款：

借：专项应付款 200 000.00

贷：公积公益金——政府拨款 200 000.00

（二）以非货币资金方式投资的长期投资

农村集体经济组织以实物资产、无形资产等非货币性资产方式投资的，按照评估确认或者合同、协议约定的价值和相关税费，借记“长期投资”科目，按照已计提的累计折旧或摊销，借记“生产性生物资产累计折旧”、“累计折旧”、“累计摊销”科目，按照投出资产的原价（成本），贷记“消耗性生物资产”、“生产性生物资产”、“固定资产”、“无形资产”等科目，按照应支付的相关税费，贷记“应交税费”等科目，按照其差额借记或贷记“公积公益金”科目。

【例 4-7】2024 年 1 月 14 日，东方红股份经济合作社用 2020 年购入的大型收割机一台与 B 公司进行联营投资，期限三年，该收割机账面原价为 270 000 元，已提折旧 102 600 元，经评估确认其不含税价款为 180 000 元，并按被投资方要求开具增值税专用发票。会计分录如下：

（1）若东方红股份经济合作社为小规模纳税人[①]，则：

应缴纳的增值税 = 180 000 × 3% = 5 400（元）

借：长期投资——长期股权投资（B 公司）　185 400.00

　　累计折旧　102 600.00

　　贷：固定资产　270 000.00

　　　　应交税费——应交增值税　5 400.00

　　　　公积公益金——非货币性资产投资利得 12 600.00

（2）若东方红股份经济合作社为一般纳税人，则：

应缴纳的增值税 = 180 000 × 13% = 23 400（元）

借：长期投资——长期股权投资（B 公司）　203 400.00

　　累计折旧　102 600.00

　　贷：固定资产　270 000.00

　　　　应交税费——应交增值税（销项税额）　23 400.00

　　　　公积公益金——非货币性资产投资利得 12 600.00

【例 4-8】2024 年 1 月 16 日，东方红股份经济合作社将 2016 年取得的价值为 200 000 元的建设用地使用权入股 C 公司，该建设用地使用权已累计摊销 40 000 元，评估作价不含税价款 400 000 元，占 C 公司的股份比例为 60%，并要求开具增值税发票。会计分录

① 根据财税〔2009〕9 号文规定，小规模纳税人销售自己使用过的固定资产减按 2% 征收率征收增值税。纳税人可就该笔销售收入选择放弃减税并按 3% 的征收率开具增值税专用发票。

如下：

（1）若东方红股份经济合作社为小规模纳税人，则：

应缴纳的增值税 =（400 000 - 200 000）×5% =10 000（元）

借：长期投资——长期股权投资（C公司）

410 000.00

累计摊销——土地使用权　　40 000.00

贷：无形资产——土地使用权　　200 000.00

应交税费——应交增值税　　10 000.00

公积公益金——非货币性资产投资利得

240 000.00

（2）若东方红股份经济合作社为一般纳税人[①]，则：

应缴纳的增值税 =（400 000 - 200 000）×5% =10 000（元）

借：长期投资——长期股权投资（C公司）

410 000.00

累计摊销——土地使用权　　40 000.00

贷：无形资产——土地使用权　　200 000.00

应交税费——应交增值税（简易征税）

10 000.00

公积公益金——非货币性资产投资利得

240 000.00

---

① 根据《财政部 国家税务总局关于全面推开营业税改征增值税试点的通知》（财税〔2016〕36号）规定，转让土地使用权增值税税率为11%，随后财税〔2018〕32号文、财政部 税务总局 海关总署公告2019年第39号对增值税税率进行了调整：2018年5月1日至2019年3月31日期间转让土地使用权增值税税率为10%、2019年4月1日起转让土地使用权增值税税率为9%。纳税人为增值税小规模纳税人的，根据财税〔2016〕36号文规定，增值税征收率为3%。《财政部 国家税务总局关于进一步明确全面推开营改增试点有关劳务派遣服务、收费公路通行费抵扣等政策的通知》（财税〔2016〕47号）第三条第（二）款第二项规定，纳税人转让2016年4月30日前取得的土地使用权，可以选择适用简易计税方法，以取得的全部价款和价外费用减去取得该土地使用权的原价后的余额为销售额，按照5%的征收率计算缴纳增值税。

二、长期投资收益的核算

农村集体经济组织在实际收到股利时，应作为投资收益处理，借记“银行存款”科目，贷记“投资收益”科目。被投资单位宣告分派现金股利、利润或利息时，应当按照应分得的金额，借记“应收款”科目，贷记“投资收益”科目。收到现金股利、利润或利息时，按照实际收到的金额，借记“银行存款”等科目，贷记“应收款”科目。

【例4－9】接【例4－5】，2024年1月22日，A公司宣告分配现金股利，每股0.5元。并于1月25日收到银行转来的现金股利收款通知单。会计分录如下：

（1）A公司宣告发放现金股利时：

借：应收款——A公司（应收股利款）　500.00

　　贷：投资收益——长期股权投资（A公司）　500.00

（2）收到现金股利时：

借：银行存款　500.00

　　贷：应收款——A公司（应收股利款）　500.00

【例4－10】2024年1月31日，东方红股份经济合作社收到某上市公司支付的债券基金收益400元。会计分录如下：

借：银行存款　400.00

　　贷：投资收益——债券基金收益（某上市公司）

　　　　400.00

三、处置长期投资的核算

农村集体经济组织到期收回或中途转让投资时，按照实际取得的价款，借记“银行存款”等科目，按照投资的账面余额，贷记“长期投资”科目，按照尚未领取的现金股利、利润或利息，贷记

“应收款”科目，按照其差额，贷记或借记“投资收益”科目。

【例 4 - 11】 2024 年 1 月 10 日，东方红股份经济合作社出售持有的甲上市公司债券，其账面价值为 40 000 元，售价 45 500 元，款项已存入银行。会计分录如下：

借：银行存款　　45 500.00

　贷：长期投资——长期债权投资（甲公司）　40 000.00

　　　投资收益——长期债权投资（甲公司）　5 500.00

【例 4 - 12】 接【例 4 - 7】，若 2025 年底，东方红股份经济合作社从 B 公司收回大型收割机，此时收割机已提折旧 153 840 元，账面余额为 116 160 元，按账面余额确认投资收回。会计分录如下：

（1）若东方红股份经济合作社为小规模纳税人，则：

借：固定资产——机器设备　116 160.00

　　投资收益——长期股权投资（B 公司）69 240.00

　贷：长期投资——长期股权投资（B 公司）

　　　　185 400.00

（2）若东方红股份经济合作社为一般纳税人，则：

借：固定资产——机器设备　116 160.00

　　投资收益——长期股权投资（B 公司）87 240.00

　贷：长期投资——长期股权投资（B 公司）

　　　　203 400.00

四、长期投资损失的核算

农村集体经济组织投资发生损失时，按规定程序批准后，按照赔偿金额，借记“应收款”、“内部往来”等科目，按照扣除赔偿金额后的净损失，借记“投资收益”科目，按照发生损失的投资账面余额，贷记“长期投资”科目。

【例 4 - 13】 2024 年 1 月 31 日，东方红股份经济合作社对长期投资进行检查，发现 2021 年年初投资于某集贸市场的长期股权投资账面价值300 000元，占某集贸市场的股权比例为30%，某集贸市场已经注销，投资已全部无法收回。经查，系该项投资的负责人刘某东管理不到位导致未能及时履行追偿权利。按规定程序批准后，由刘某东承担经济损失250 000元，其余损失由东方红股份经济合作社承担。会计分录如下：

（1）确认投资损失时：

借：内部往来——刘某东　　250 000.00

　　投资收益——长期股权投资（某集贸市场）

　　　　50 000.00

　　贷：长期投资——长期股权投资（某集贸市场）

　　　　300 000.00

（2）收到刘某东的款项时：

借：银行存款　　250 000.00

　　贷：内部往来——刘某东　　250 000.00

第五章　生物资产的核算

农村集体经济组织的生物资产包括消耗性生物资产、生产性生物资产和公益性生物资产。生物资产是农村集体经济组织的重要资产之一，生物资产对农村集体经济组织而言具有多重意义，不但直接关系到农村集体经济的发展和农村集体经济组织成员的经济收入，而且对于社会稳定、生态环境保护、文化传承等方面都具有极为重要的作用。生物资产的计价应当遵循以下原则：

1. 购入的生物资产应当按照购买价款、应支付的相关税费、运输费以及外购过程发生的其他直接费用计价。

2. 自行栽培、营造、繁殖或养殖的消耗性生物资产，应当按照下列规定确定其成本：

（1）自行栽培的大田作物和蔬菜的成本，包括在收获前耗用的种子、肥料、农药等材料费、人工费和应分摊的间接费用等必要支出。

（2）自行营造的林木类消耗性生物资产的成本，包括郁闭前发生的造林费、抚育费、营林设施费、良种试验费、调查设计费和应分摊的间接费用等必要支出。

（3）自行繁殖的育肥畜的成本，包括出售前发生的饲料费、人工费和应分摊的间接费用等必要支出。

（4）水产养殖的动物和植物的成本，包括在出售或入库前耗用的苗种、饲料、肥料等材料费、人工费和应分摊的间接费用等必要支出。

3. 自行营造或繁殖的生产性生物资产，应当按照下列规定确定其成本：

(1) 自行营造的林木类生产性生物资产的成本，包括达到预定生产经营目的前发生的造林费、抚育费、营林设施费、良种试验费、调查设计费和应分摊的间接费用等必要支出。

(2) 自行繁殖的产畜和役畜的成本，包括达到预定生产经营目的（成龄）前发生的饲料费、人工费和应分摊的间接费用等必要支出。达到预定生产经营目的是指生产性生物资产进入正常生产期，可以多年连续稳定产出农产品、提供劳务或出租。

4. 自行营造的公益性生物资产，应当按照郁闭前发生的造林费、抚育费、森林保护费、营林设施费、良种试验费、调查设计费和应分摊的间接费用等必要支出计价。

5. 收到政府补助的生物资产或者他人捐赠的生物资产，应当按照有关凭据注明的金额加上相关税费、运输费等计价；没有相关凭据的，按照资产评估价值或者比照同类或类似生物资产的市场价格，加上相关税费、运输费等计价。如无法采用上述方法计价的，应当按照名义金额计价，相关税费、运输费等计入其他支出，同时在备查簿中登记说明。

第一节　消耗性生物资产的核算

农村集体经济组织的消耗性生物资产是指为出售而持有的或在将来收获为农产品的生物资产。包括生长中的大田作物、蔬菜、用材林以及存栏待售的牲畜、鱼虾贝类等。

一、取得消耗性生物资产的核算

（一）购入消耗性生物资产的核算

农村集体经济组织购入的消耗性生物资产，按照应计入消耗性生物资产成本的金额，借记“消耗性生物资产”科目，贷记“库存现金”、“银行存款”、“应付款”等科目。

【例5-1】2024年1月4日，东方红股份经济合作社购买仔猪200头，拟育肥后用于加工生产猪肉罐头，每头单价1 200元，合计总金额240 000元。东方红股份经济合作社已按规定开具农产品收购发票。款项已经向农户用银行转账支付60%，剩余40%待下月支付。会计分录如下：

（1）若东方红股份经济合作社为小规模纳税人，则：

①确认消耗性生物资产时：

借：消耗性生物资产——仔猪　　240 000.00

　贷：银行存款　　144 000.00

　　应付款——应付农户仔猪款　　96 000.00

②用银行存款支付尾款时：

借：应付款——应付农户仔猪款　　96 000.00

　贷：银行存款　　96 000.00

（2）若东方红股份经济合作社为一般纳税人[①]，则：

①确认消耗性生物资产时：

允许抵扣的进项税额 = 240 000 × 10% = 24 000（元）

应确认的消耗性生物资产价值 = 240 000 - 24 000

= 216 000（元）

借：消耗性生物资产——仔猪　　216 000.00

　应交税费——应交增值税（进项税额）

　　24 000.00

　贷：银行存款　　144 000.00

　　应付款——应付农户仔猪款　　96 000.00

① 根据《财政部 税务总局 海关总署关于深化增值税改革有关政策的公告》（财政部 税务总局 海关总署公告2019年第39号）规定，纳税人购进农产品，原适用10%扣除率的，扣除率调整为9%。纳税人购进用于生产或者委托加工13%税率货物的农产品，按照10%的扣除率计算进项税额。

②用银行存款支付尾款时：

借：应付款——应付农户仔猪款　　　　96 000.00

　　贷：银行存款　　　　96 000.00

（二）自行栽培、营造、繁殖或养殖的消耗性生物资产的核算

1. 自行栽培的大田作物和蔬菜等，按照收获前发生的必要支出，借记“消耗性生物资产”科目，贷记“库存现金”、“银行存款”、“库存物资”、“应付工资”、“应付劳务费”等科目。

【例5－2】2024年1月12日，东方红股份经济合作社种植大蒜10亩，用现金购买大蒜种子1 200元；当月耗用农药1公斤，发出农药成本按加权平均法计算[①]、应支付固定人员工资15 000元、应支付短期劳务人员工资10 000元。会计分录如下：

①若东方红股份经济合作社为小规模纳税人，则：

借：消耗性生物资产——大蒜　　　　29 100.00

　　贷：库存现金　　　　1 200.00

　　　　库存物资——农药　　　　2 900.00

　　　　应付工资　　　　15 000.00

　　　　应付劳务费　　　　10 000.00

②若东方红股份经济合作社为一般纳税人[②]，则：

不允许抵扣的进项税额＝2 660.55×9%＝239.45（元）

借：消耗性生物资产——大蒜　　　　29 100.00

　　贷：库存现金　　　　1 200.00

　　　　库存物资——农药　　　　2 660.55

　　　　应付工资　　　　15 000.00

---

① 数据来源于第三章的表3－4和表3－5。

② 按照《增值税暂行条例实施细则》及财税〔2016〕36号文附件1第27条规定，用于简易计税方法计税项目、免征增值税项目、集体福利或者个人消费的购进货物、加工修理修配劳务、服务、无形资产和不动产，其进项税额不得抵扣。而根据《增值税暂行条例》第15条规定，农业生产者销售的自产农产品免征增值税，故进项税额不允许抵扣，专用发票所注明税款应计入购入资产价值。

应付劳务费　　10 000.00

应交税费——应交增值税（进项税额转出）

239.45

2. 自行营造的林木类消耗性生物资产（如非经济林木），按照郁闭前发生的必要支出，借记“消耗性生物资产”科目，贷记“库存现金”、“银行存款”、“库存物资”、“应付工资”、“应付劳务费”等科目。

【例 5－3】东方红股份经济合作社种植用材林 500 亩，账载“消耗性生物资产——用材林”期初余额为 125 000 元。2024 年 1 月 9 日，购买并直接用于用材林的专用肥 4 吨，取得增值税发票注明金额 42 000 元、税额 3 780 元[①]，款项已用银行存款支付；当月应支付施肥人员劳务费 20 000 元，尚未支付。会计分录如下：

（1）若东方红股份经济合作社为小规模纳税人，则：

借：消耗性生物资产——用材林　　65 780.00

　贷：银行存款　　45 780.00

　　应付劳务费　　20 000.00

（2）若东方红股份经济合作社为一般纳税人[②]，则：

借：消耗性生物资产——用材林　　62 000.00

　应交税费——应交增值税（进项税额）　3 780.00

　贷：银行存款　　45 780.00

　　应付劳务费　　20 000.00

3. 自行繁殖的育肥畜、水产养殖的鱼虾贝类等，按照出售或入库前发生的必要支出，借记“消耗性生物资产”科目，贷记“库存

① 根据财税〔2015〕90 号文规定，自 2015 年 9 月 1 日起，对纳税人销售和进口农药统一按 13% 税率征收国内环节和进口环节增值税。后经财税〔2018〕32 号文、财政部公告 2019 年第 39 号等文件，将税率调整为 9%。

② 由于本例中并未说明林木是直接用于销售，还是以后为应税农产品所耗用，因此在购进时应当按照允许抵扣进行账务处理，若以后用于简易计税方法计税项目、免征增值税项目、集体福利，则应当做进项税额转出处理。

现金”、“银行存款”、“库存物资”、“应付工资”、“应付劳务费”等科目。

【例5-4】东方红股份经济合作社养殖甲鱼，2024年1月11日，总共耗用养殖用饲料20吨，账载单位成本为3 500吨/元，当月用现金支付养殖人员工资10 000元。会计分录如下：

（1）确认消耗性生物资产价值时：

借：消耗性生物资产——甲鱼　　　　80 000.00

　　贷：库存物资——甲鱼饲料　　　　70 000.00

　　　　应付工资　　　　10 000.00

（2）支付人员工资时：

借：应付工资　　　　10 000.00

　　贷：库存现金　　　　10 000.00

（三）政府补助或捐赠的消耗性生物资产的核算

收到政府补助的消耗性生物资产（包括以前年度收到或形成但尚未入账的）或者他人捐赠的消耗性生物资产，按照有关凭据注明的金额加上相关税费、运输费等，借记“消耗性生物资产”科目，贷记“公积公益金”等科目。没有相关凭据的，按照资产评估价值或者比照同类或类似消耗性生物资产的市场价格，加上相关税费、运输费等，借记“消耗性生物资产”科目，贷记“公积公益金”等科目。如无法采用上述方法计价的，应当按照名义金额，借记“消耗性生物资产”科目，贷记“公积公益金”科目，并设置备查簿进行登记和后续管理；按照实际发生的运输费和应支付的相关税费等，借记“其他支出”科目，贷记“库存现金”、“银行存款”、“应付款”、“应交税费”等科目。

【例5-5】2024年1月12日，东方红股份经济合作社收到政府捐赠的育肥羊100头，发生运输费用价税合计5 000元，已经取得增值税专用发票，注明税款412.84元，未获得其他相关凭据。类似品种和重量的育肥羊价格约为1 500元/头。会计分录如下：

（1）若东方红股份经济合作社为小规模纳税人，则：

借：消耗性生物资产——育肥羊　　155 000.00

　贷：银行存款　　5 000.00

　　公积公益金——政府捐赠　　150 000.00

（2）若东方红股份经济合作社为一般纳税人，则：

借：消耗性生物资产——育肥羊　　154 587.16

　应交税费——应交增值税（进项税额）　　412.84

　贷：银行存款　　5 000.00

　　公积公益金——政府捐赠　　150 000.00

（四）转群消耗性生物资产的核算

产畜或役畜淘汰转为育肥畜的，按照转群时的账面价值，借记“消耗性生物资产”科目，按照已计提的累计折旧，借记“生产性生物资产累计折旧”科目，按照其账面余额，贷记“生产性生物资产”科目。幼畜成龄转为产畜或役畜、育肥畜转为产畜或役畜的，按照其账面余额，借记“生产性生物资产”科目，贷记“消耗性生物资产”科目。

【例5-6】2024年1月15日，东方红股份经济合作社将自行繁殖的100头种猪转为育肥猪，此批种猪的账面原值250 000元，已计提累计折旧100 000元。会计分录如下：

借：消耗性生物资产——育肥猪　　150 000.00

　生产性生物资产累计折旧——种猪　　100 000.00

　贷：生产性生物资产——种猪　　250 000.00

（五）盘盈的消耗性生物资产的核算

盘盈的消耗性生物资产，按照同类或类似消耗性生物资产的市场价格或评估价值，借记“消耗性生物资产”科目，贷记“待处理财产损溢——待处理流动资产损溢”科目。

【例5-7】2024年1月31日，东方红股份经济合作社盘盈肉牛1头。经评估，该盘盈的肉牛价值约为1 000元。会计分录如下：

（1）盘盈消耗性生物资产时：

借：消耗性生物资产——肉牛　　1 000.00

　　贷：待处理财产损溢——待处理流动资产损溢

　　　　1 000.00

（2）履行规定程序并经批准后：

借：待处理财产损溢——待处理流动资产损溢

　　1 000.00

　　贷：其他收入——消耗性生物资产盘盈收入　1 000.00

二、消耗性生物资产后续支出的核算

1. 择伐、间伐或抚育更新性质采伐而补植林木类消耗性生物资产发生的后续支出，借记“消耗性生物资产”科目，贷记“库存现金”、“银行存款”、“库存物资”、“应付工资”、“应付劳务费”等科目。

【例5-8】2024年1月13日，东方红股份经济合作社补植用于深加工板材的用材林，郁闭前用银行存款支付苗木采购费用17 000元并开具农副产品采购发票，用现金支付补植劳务人员费用15 000元、领用一次性器具2 000元。会计分录如下：

（1）若东方红股份经济合作社为小规模纳税人，则：

①确认消耗性生物资产的后续支出时：

借：消耗性生物资产——用材林　　34 000.00

　　贷：银行存款　　17 000.00

　　　　应付劳务费　　15 000.00

　　　　库存物资——一次性器具　　2 000.00

②支付劳务费时：

借：应付劳务费　　15 000.00

　　贷：库存现金　　15 000.00

（2）若东方红股份经济合作社为一般纳税人，则：

①确认消耗性生物资产的后续支出时：

允许抵扣的进项税额 = 17 000 × 10% = 1 700（元）

借：消耗性生物资产——用材林　　32 300.00

　　应交税费——应交增值税（进项税额）　　1 700.00

　　贷：银行存款　　17 000.00

　　　　应付劳务费　　15 000.00

　　　　库存物资　　2 000.00

②支付劳务费时：

借：应付劳务费　　15 000.00

　　贷：库存现金　　15 000.00

2. 林木类消耗性生物资产达到郁闭后发生的管护费用等后续支出，借记“其他支出”科目，贷记“库存现金”、“银行存款”、“库存物资”、“应付工资”、“应付劳务费”等科目。

【例5－9】2024年1月17日，东方红股份经济合作社对650亩郁闭后的林木进行管护，用银行存款支付专职管理人员工资12 000元、用现金支付临时劳务人员费用10 000元、耗用专用管护材料4 000元。会计分录如下：

（1）确认管护支出时：

借：其他支出——林木管护支出　　26 000.00

　　贷：应付工资　　12 000.00

　　　　应付劳务费　　10 000.00

　　　　库存物资——专用管护材料　　4 000.00

（2）支付工资和劳务费时：

借：应付工资　　12 000.00

　　应付劳务费　　10 000.00

　　贷：银行存款　　22 000.00

3. 生产经营过程中发生的应归属于消耗性生物资产的费用，按照应分配的金额，借记“消耗性生物资产”科目，贷记“生产（劳务）成本”科目。

【例5-10】2024年1月30日，东方红股份经济合作社结算本月灌溉用电费12 750元，未取得增值税专用发票。其中，灌溉用材林500亩、灌溉大蒜地10亩。会计分录如下：

（1）用银行存款支付水费时：

借：生产（劳务）成本——灌溉费　　12 750.00

　　贷：银行存款　　12 750.00

（2）按灌溉面积比例分摊灌溉费用时：

借：消耗性生物资产——用材林　　12 500.00

　　消耗性生物资产——大蒜　　250.00

　　贷：生产（劳务）成本——灌溉费　　12 750.00

三、收获与处置消耗性生物资产的核算

1. 消耗性生物资产收获时，按照其账面余额，借记“库存物资”科目，贷记“消耗性生物资产”科目。

【例5-11】2024年12月20日，东方红股份经济合作社将10亩小麦全部收获完毕，收获小麦3 600公斤已验收入库。其成本为每亩130元。会计分录如下：

应确认的库存物资金额＝130亩/元×10亩＝1 300元

借：库存物资——小麦　　1 300.00

　　贷：消耗性生物资产——小麦　　1 300.00

2. 幼畜成龄转为产畜或役畜、育肥畜转为产畜或役畜的，按照其账面余额，借记“生产性生物资产”科目，贷记“消耗性生物资产”科目。

【例5-12】接【例5-1】，2024年1月24日，东方红股份经济合作社经商议，确定将当月购进仔猪中的20头作为种猪，并将其单独作为生产性生物资产管理。会计分录如下：

（1）若东方红股份经济合作社为小规模纳税人，则：

应结转的消耗性资产金额 = 240 000/200 × 20 = 24 000（元）

借：生产性生物资产——种猪　　24 000.00

　　贷：消耗性生物资产——仔猪　　24 000.00

（2）若东方红股份经济合作社为一般纳税人，则：

应结转的消耗性资产金额 = 216 000/200 × 20 = 21 600（元）

借：生产性生物资产——种猪　　21 600.00

　　贷：消耗性生物资产——仔猪　　21 600.00

3. 出售消耗性生物资产时，按照实现的销售收入，借记“库存现金”、“银行存款”、“应收款”等科目，贷记“经营收入”等科目。按照其账面余额，借记“经营支出”等科目，贷记“消耗性生物资产”科目。

【例 5－13】接【例 5－11】，2024 年 12 月 28 日，东方红股份经济合作社销售小麦 3 000 公斤，取得销售收入 5 000 元，款项已经收讫。若东方红股份经济合作社办理了销售免税农产品的免税登记并严格划分增值税应税收入与免税收入的核算，东方红股份经济合作社自产自销农产品符合免税条件。会计分录如下：

（1）若东方红股份经济合作社为小规模纳税人，则：

免征增值税额 = 5 000/（1 + 3%）× 3% = 145.63（元）

借：银行存款　　5 000.00

　　贷：经营收入　　4 854.37

　　　　其他收入——免税收入　　145.63

同时，结转销售小麦的成本：

应结转的小麦成本 =（1 300/3 600）× 3 000 = 1 083.33（元）

借：经营支出　　1 083.33

　　贷：库存物资——小麦　　1 083.33

（2）若东方红股份经济合作社为一般纳税人，则：

免征增值税额 = 5 000/（1 + 9%）× 9% = 412.84（元）

借：银行存款　　5 000.00

　　贷：经营收入　　4 587.16

其他收入——免税收入　　412.84

同时，结转销售小麦的成本：

应结转的小麦成本 =（1 300/3 600）×3 000 =1 083.33（元）

借：经营支出　　1 083.33

　贷：库存物资——小麦　　1 083.33

4. 以幼畜及育肥畜、消耗性林木资产等消耗性生物资产对外投资时，按照评估确认或者合同、协议约定的价值和相关税费，借记“长期投资”等科目；按照消耗性生物资产的账面余额，贷记“消耗性生物资产”科目；按照应支付的相关税费，贷记“应交税费”等科目；按照其差额，借记或贷记“公积公益金”科目。

【例 5 –14】 接【例 5 –1】，2024 年 1 月 30 日，东方红股份经济合作社将购进的仔猪 150 头用于对外投资合作成立猪肉加工厂，加工厂投资总额 1 000 000 元，协议约定评估作价为 200 000 元（含税价），占猪肉加工厂 20% 的股份。会计分录如下：

（1）若东方红股份经济合作社为小规模纳税人[①]，则：

应交增值税额 =200 000/（1 +1%）×1% =1 980.20（元）

应结转的消耗性生物资产 =240 000/200 ×150 =180 000（元）

借：长期投资——猪肉加工厂　　200 000.00

　贷：消耗性生物资产——仔猪　　180 000.00

　　应交税费——应交增值税　　1 980.20

　　公积公益金——非货币性资产投资利得 18 019.80

（2）若东方红股份经济合作社为一般纳税人[②]，则：

---

① 根据《增值税暂行条例》第十二条规定，小规模纳税人增值税法定征收率为 3%，根据“财政部 税务总局公告 2023 年第 19 号”规定，自 2023 年 8 月 1 日至 2027 年 12 月 31 日，对月销售额 10 万元以下（含 10 万元）的增值税小规模纳税人，免征增值税；对增值税小规模纳税人适用 3% 征收率的应税销售收入，减按 1% 征收率征收增值税。

② 根据《增值税暂行条例实施细则》第四条规定，将自产、委托加工或者购进的货物作为投资，提供给其他单位或者个体工商户，应视同销售货物；根据《财政部 税务总局 海关总署关于深化增值税改革有关政策的公告》（财政部 税务总局 海关总署公告 2019 年第 39 号）规定，增值税一般纳税人发生增值税应税销售行为或者进口货物，原适用 16% 税率的，税率调整为 13%；原适用 10% 税率的，税率调整为 9%。

应结转的消耗性生物资产 =216 000/200 ×150 =162 000（元）

应交增值税额 =200 000/(1 +9%) ×9% =16 513.76（元）

借：长期投资——猪肉加工厂　200 000.00

　贷：消耗性生物资产——仔猪　162 000.00

　　应交税费——应交增值税（销项税额）

　　16 513.76

　　公积公益金——非货币性资产投资利得 21 486.24

5. 消耗性生物资产死亡毁损、盘亏时，按照其账面余额，借记“待处理财产损溢——待处理流动资产损溢”科目，贷“消耗性生物资产”科目。按规定程序批准后处理时，按照赔偿金额，借记“应收款”、“内部往来”等科目，按照残料价值，借记“库存物资”等科目，按照“待处理财产损溢——待处理流动资产损溢”科目相应余额，贷记“待处理财产损溢——待处理流动资产损溢”科目，按照其差额，借记“其他支出”科目。

【例 5 -15】 接【例 5 -2】、【例 5 -10】，2024 年 1 月 31 日，东方红股份经济合作社对消耗性生物资产进行全面检查，发现种植的 10 亩大蒜，由于持续干旱的影响以及看护人员刘某（为集体经济组织成员）的管理不当，导致其中 5 亩全部死亡。经按程序批准处理，由看护人员刘某赔偿 3 000 元、保险公司赔偿 6 000 元，其余损失由合作社负担。会计分录如下：

应结转的消耗性生物资产价值 =29 350/10 ×5 =14 675（元）

（1）发生消耗性生物资产毁损时：

借：待处理财产损溢——待处理流动资产损溢

14 675.00

　贷：消耗性生物资产——大蒜　14 675.00

（2）按规定程序批准后处理时：

借：应收款——应收保险公司款　6 000.00

　内部往来——刘某　3 000.00

　其他支出——大蒜毁损支出　5 675.00

贷：待处理财产损溢——待处理流动资产损溢
14 675.00

第二节　生产性生物资产的核算

农村集体经济组织的生产性生物资产是指为产出农产品、提供劳务或出租等目的而持有的生物资产，包括经济林、薪炭林、产役畜等。

一、取得生产性生物资产的核算

1. 购入的生产性生物资产，按照应计入生产性生物资产成本的金额，借记“生产性生物资产”科目，贷记“库存现金”、“银行存款”、“应付款”等科目。

【例 5－16】 2024 年 1 月 5 日，东方红股份经济合作社购入樱桃树苗 20 亩，购买价格 100 000 元，取得增值税专用发票注明的税额 9 000 元，款项用银行存款支付。会计分录如下：

（1）若东方红股份经济合作社为小规模纳税人，则：

借：生产性生物资产——樱桃树　　109 000.00
　　贷：银行存款　　109 000.00

（2）若东方红股份经济合作社为一般纳税人，则：

借：生产性生物资产——樱桃树　　100 000.00
　　应交税费——应交增值税（进项税额）　9 000.00
　　贷：银行存款　　109 000.00

2. 自行营造的林木类生产性生物资产、自行繁殖的产畜和役畜等，按照达到预定生产经营目的前发生的必要支出，借记“生产性生物资产”科目，贷记“库存现金”、“银行存款”、“库存物资”、“应付工资”、“应付劳务费”等科目。

【例 5－17】2024 年 1 月 9 日，东方红股份经济合作社对所种植的500 亩经济林进行养护，应支付养护人员工资 30 000 元、临时人员劳务费用20 000 元；领用一次性专用器具4 000 元，款项尚未支付。会计分录如下：

借：生产性生物资产——经济林　　54 000.00

　　贷：应付工资　　30 000.00

　　　　应付劳务费　　20 000.00

　　　　库存物资——一次性专用器具　　4 000.00

3. 收到政府补助的生产性生物资产（包括以前年度收到或形成但尚未入账的）或者他人捐赠的生产性生物资产，按照有关凭据注明的金额加上相关税费、运输费等，借记“生产性生物资产”科目，贷记“公积公益金”等科目。没有相关凭据的，按照资产评估价值或者比照同类或类似生产性生物资产的市场价格，加上相关税费、运输费等，借记“生产性生物资产”科目，贷记“公积公益金”等科目。如无法采用上述方法计价的，应当按照名义金额，借记“生产性生物资产”科目，贷记“公积公益金”科目，并设置备查簿进行登记和后续管理；按照实际发生的运输费和应支付的相关税费等，借记“其他支出”科目，贷记“库存现金”、“银行存款”、“应付款”、“应交税费”等科目。

【例 5－18】2024 年 1 月 15 日，东方红股份经济合作社收到县（区）农业农村局采购的种牛 100 头，作为东方红股份经济合作社集体经济发展项目并办理移交手续，金额3 000 000 元；股份经济合作社支付运费30 000 元、未取得增值税专用发票①，款项已用银行存款支付。会计分录如下：

借：生产性生物资产——种牛　　3 030 000.00

　　贷：公积公益金　　3 000 000.00

① 由于未取得增值税专用发票，即便是一般纳税人也无法抵扣进项税额，因此，一般纳税人与小规模纳税人的会计处理一致。

银行存款　　30 000.00

4. 幼畜成龄转为产畜或役畜、育肥畜转为产畜或役畜的，按照其账面余额，借记“生产性生物资产”科目，贷记“消耗性生物资产”科目。产畜或役畜淘汰转为育肥畜的，按照转群时的账面价值，借记“消耗性生物资产”科目，按照已计提的累计折旧，借记“生产性生物资产累计折旧”科目，按照其账面余额，贷记“生产性生物资产”科目。

【例 5－19】 2024 年 1 月 10 日，东方红股份经济合作社决定将自行繁殖的 90 头牛犊中的 10 头培育成种牛。截至上月末，“消耗性生物资产——牛犊”余额为 720 000 元。会计分录如下：

应结转的消耗性生物资产 $=720\ 000/90\times10=80\ 000$（元）

借：生产性生物资产——种牛　　80 000.00

　　贷：消耗性生物资产——牛犊　　80 000.00

5. 盘盈的生产性生物资产，按照同类或类似生产性生物资产的市场价格或评估价值扣除按照该项生产性生物资产状况估计的折旧后的余额，借记“生产性生物资产”科目，贷记“待处理财产损溢——待处理非流动资产损溢”科目。

【例 5－20】 2024 年 1 月 10 日，东方红股份经济合作社对生物资产进行盘点，盘盈薪炭林 1 亩，按照同类生产性生物资产价值估价为 10 000 元/亩；履行相应审批程序后，确认为其他收入。会计分录如下：

（1）盘盈生产性生物资产时：

借：生产性生物资产——薪炭林　　10 000.00

　　贷：待处理财产损溢——待处理非流动资产损溢

　　　　10 000.00

（2）履行规定程序经批准后：

借：待处理财产损溢——待处理非流动资产损溢

　　10 000.00

　　贷：其他收入——生产性生物资产盘盈收入　10 000.00

二、生产性生物资产后续支出的核算

1. 择伐、间伐或抚育更新等生产性采伐而补植林木类生产性生物资产发生的后续支出，借记“生产性生物资产”科目，贷记“库存现金”、“银行存款”、“库存物资”、“应付工资”、“应付劳务费”等科目。

【例5－21】 接【例5－16】，2024年1月31日，东方红股份经济合作社樱桃树苗育苗管护期间，当月领用本社仓库农药15 000元，应支付育苗人员工资20 000元，款项尚未支付。会计分录如下：

借：生产性生物资产——樱桃树　　35 000.00
　　贷：库存物资——农药　　15 000.00
　　　　应付工资　　20 000.00

2. 生产性生物资产达到预定生产经营目的后发生的管护、饲养费用等后续支出，借记“经营支出”科目，贷记“库存现金”、“银行存款”、“库存物资”、“应付工资”、“应付劳务费”等科目。

【例5－22】 2024年1月20日，东方红股份经济合作社对自行培育的10头种牛进行除虫，用银行存款购进除虫药物价税合计2 260元（其中，取得增值税专用发票注明的税款260元）。会计分录如下：

（1）若东方红股份经济合作社为小规模纳税人，则：

借：经营支出——生产性生物资产后续支出　　2 260.00
　　贷：银行存款　　2 260.00

（2）若东方红股份经济合作社为一般纳税人[①]，则：

---

① 《营业税改征增值税试点过渡政策的规定》（财税〔2016〕36号附件3）中规定，“家禽、牲畜、水生动物的配种和疾病防治”，属于免征增值税范围；根据《增税暂行条例实施细则》及其相关规定，兽药零售店销售的货物不属于农药范围，不能在批发和零售环节享受免征增值税优惠。

借：经营支出——生产性生物资产后续支出　2 000.00

　应交税费——应交增值税（进项税额）　260.00

　贷：银行存款　2 260.00

三、生产性生物资产折旧的核算

达到预定生产经营目的的生产性生物资产计提的折旧，借记“生产（劳务）成本”、“经营支出”等科目，贷记“生产性生物资产累计折旧”科目。

【例 5－23】 2024 年 1 月 20 日，东方红股份经济合作社对上年接受捐赠的 50 只种牛提取折旧，种牛入账价值 105 000 元，账面已提折旧 10 000 元，折旧提取年限为 6 年，预计残值率为 5%，采用年限平均法计提折旧。会计分录如下：

当月应计提的折旧＝105 000×(1－5%)/(6×12)

＝1 385.42（元）

借：经营支出——折旧支出　1 385.42

　贷：生产性生物资产累计折旧——种牛　1 385.42

四、处置生产性生物资产的核算

1. 出售生产性生物资产时，按照取得的价款，借记“库存现金”、“银行存款”等科目，按照已计提的累计折旧，借记“生产性生物资产累计折旧”科目，按照生产性生物资产原价（成本），贷记“生产性生物资产”科目，按照其差额，借记“其他支出”科目或贷记“其他收入”科目。

【例 5－24】 接【例 5－23】，2024 年 1 月 30 日，东方红股份经济合作社因生产经营需要，将接受捐赠的种牛以 120 000 元的价格全部作为鲜活农产品[①]出售，款项已经收到。会计分录如下：

借：银行存款　　120 000.00

　生产性生物资产累计折旧——种牛　　11 385.42

　贷：生产性生物资产——种牛　　105 000.00

　　其他收入——处置种牛收入　　26 385.42

2. 以生产性生物资产对外投资时，按照评估确认或者合同、协议约定的价值和相关税费，借记“长期投资”科目；按照已计提的累计折旧，借记“生产性生物资产累计折旧”科目；按照生产性生物资产原价（成本），贷记“生产性生物资产”科目；按照应支付的相关税费，贷记“应交税费”等科目；按照其差额，借记或贷记“公积公益金”科目。

【例 5－25】 2024 年 1 月 20 日，东方红股份经济合作社与东方红公司合资成立奶粉加工厂，注册资金 1 000 000 元，将本社 80 头奶牛作价 650 000 元（含税价）入股，占股份比例 65%，奶牛账面成本为 640 000 元，已计提折旧 70 000 元，会计分录如下：

（1）若东方红股份经济合作社为小规模纳税人，则：

应缴纳的增值税[②] = 650 000/（1 + 1%）× 1% = 6 435.64（元）

借：长期投资——奶粉加工厂　　650 000.00

　生产性生物资产累计折旧——奶牛　　70 000.00

　贷：生产性生物资产——奶牛　　640 000.00

　　应交税费——应交增值税　　6 435.64

　　公积公益金——非货币性资产投资收益 73 564.36

（2）若东方红股份经济合作社为一般纳税人，则：

应缴纳的增值税 = 650 000/（1 + 9%）× 9% = 53 669.72（元）

借：长期投资——奶粉加工厂　　650 000.00

---

① 根据财税〔2012〕75 号文规定，自 2012 年 10 月 1 日起对从事农产品批发零售纳税人销售的部分鲜活肉蛋产品免征增值税。

② 根据《增值税暂行条例实施细则》第四条的规定，将自产、委托加工或购进货物对外投资应视同销售计算缴纳增值税。

生产性生物资产累计折旧——奶牛　　70 000.00

贷：生产性生物资产——奶牛　　640 000.00

应交税费——应交增值税（销项税额）

53 669.72

公积公益金——非货币性资产投资收益 26 330.28

3. 生产性生物资产死亡毁损、盘亏时，按照生产性生物资产账面价值，借记“待处理财产损溢——待处理非流动资产损溢”科目，按照已计提的累计折旧，借记“生产性生物资产累计折旧”科目，按照生产性生物资产原价（成本），贷记“生产性生物资产”科目。按规定程序批准后处理时，按照赔偿金额，借记“应收款”、“内部往来”等科目，按照残料价值，借记“库存物资”等科目，按照“待处理财产损溢——待处理非流动资产损溢”科目相应余额，贷记“待处理财产损溢——待处理非流动资产损溢”科目，按照其差额，借记“其他支出”科目。

【例 5－26】 2024 年 1 月 31 日，东方红股份经济合作社经盘点生物资产，发现因管护员王某（为集体经济组织成员）管护不当，导致 2 亩樱桃树死亡。经成员（代表）大会决议，由管护员王某赔偿 4 000 元，其余损失由经济合作社负担。会计分录如下：

（1）若东方红股份经济合作社为小规模纳税人，则：

樱桃树单位成本 =（109 000 + 35 000）/20 = 7 200（元/亩）

樱桃树死亡成本 = 7 200 × 2 = 14 400（元）

①盘点发现生产性生物资产损失时：

借：待处理财产损溢——待处理非流动资产损溢

14 400.00

贷：生产性生物资产——樱桃树　　14 400.00

②按规定程序批准后：

借：内部往来——王某　　4 000.00

其他支出——樱桃树损失　　10 400.00

贷：待处理财产损溢——待处理非流动资产损溢

14 400.00

（2）若东方红股份经济合作社为一般纳税人，则：

樱桃树单位成本 =（100 000 + 35 000）/20 = 6 750.00（元/亩）

樱桃树死亡成本 = 6 750 × 2 = 13 500（元）

①盘点发现生产性生物资产损失时：

借：待处理财产损溢——待处理非流动资产损溢

14 400.00

贷：生产性生物资产——樱桃树　13 500.00

应交税费——应交增值税（进项税额转出）[①]

900.00

②按规定程序批准后：

借：内部往来——王某　4 000.00

其他支出——樱桃树损失　10 400.00

贷：待处理财产损溢——待处理非流动资产损溢

14 400.00

第三节　公益性生物资产的核算

公益性生物资产包括防风固沙林、水土保持林和水源涵养林等以防护、环境保护为主要目的的生物资产。农村集体经济组织应按照公益性生物资产的种类或项目等设置明细科目，进行明细核算。公益性生物资产应按照取得时的实际成本计价。期末借方余额，反映农村集体经济组织持有的公益性生物资产的实际成本。

① 根据《增值税暂行条例实施细则》及相关规定，因管理不善造成的非正常损失，其进项税额不允许抵扣。

一、取得公益性生物资产的核算

1. 购入的公益性生物资产，按照应计入公益性生物资产成本的金额，借记"公益性生物资产"科目，贷记"库存现金"、"银行存款"、"应付款"等科目。

【例 5－27】 2024 年 1 月 15 日，东方红股份经济合作社为社区内公园购买天鹅两只用于观赏，价款 10 000 元，取得增值税专用发票注明的税款 300 元，款项已经支付。会计分录如下：

借：公益性生物资产——天鹅[①]	10 300.00	
贷：银行存款		10 300.00

2. 自行营造的林木类公益性生物资产，按照郁闭前发生的必要支出，借记"公益性生物资产"科目，贷记"库存现金"、"银行存款"、"库存物资"、"应付工资"、"应付劳务费"等科目。

【例 5－28】 2024 年 1 月 16 日，东方红股份经济合作社为郁闭前的公益林进行养护，耗用农药 3 000 元，应支付施药人员劳务费用 5 000 元，款项尚未支付。会计分录如下：

借：公益性生物资产——公益林	8 000.00	
贷：库存物资——农药		3 000.00
应付劳务费		5 000.00

3. 收到政府补助的公益性生物资产（包括以前年度收到或形成但尚未入账的）或者他人捐赠的公益性生物资产，按照有关凭据注明的金额加上相关税费、运输费等，借记"公益性生物资产"科目，贷记"公积公益金"等科目。没有相关凭据的，按照资产评估价值或者比照同类或类似公益性生物资产的市场价格，加上相关税

① 根据《增值税暂行条例实施细则》及相关规定，用于非增值税应税项目的进项税额不得抵扣，该 300 元进项税额应计入公益性生物资产成本。因此，本例中，小规模纳税人与一般纳税人账务处理一致。

费、运输费等，借记“公益性生物资产”科目，贷记“公积公益金”等科目。如无法采用上述方法计价的，应当按照名义金额，借记“公益性生物资产”科目，贷记“公积公益金”科目，并设置备查簿进行登记和后续管理；按照实际发生的运输费和应支付的相关税费等，借记“其他支出”科目，贷记“库存现金”、“银行存款”、“应付款”、“应交税费”等科目。以名义金额入账的公益性生物资产应设置备查簿进行登记和后续管理，并在会计报表附注中予以披露。

【例5-29】2024年1月20日，东方红股份经济合作社收到政府补助的用于环境保护林木100株，因无参考依据，以名义金额入账。支付运费1 000元。会计分录如下：

（1）以名义金额入账时：

借：公益性生物资产——林木　　1.00

　　贷：公积公益金　　1.00

（2）支付运费时：

借：其他支出　　1 000.00

　　贷：银行存款　　1 000.00

4. 消耗性生物资产、生产性生物资产转为公益性生物资产的，按照其账面余额或账面价值，借记“公益性生物资产”科目；按照已计提的生产性生物资产累计折旧，借记“生产性生物资产累计折旧”科目；按照其账面余额，贷记“消耗性生物资产”、“生产性生物资产”等科目。

【例5-30】2024年1月20日，东方红股份经济合作社接到林业管理部门通知，为涵养生态，种植的500亩用材林禁止再行砍伐，转为生态林。会计分录如下：

（1）若东方红股份经济合作社为小规模纳税人，则：

根据前述例子，应结转的消耗性生物资产成本＝125 000＋65 780＋12 500＋34 000＝237 280（元）

借：公益性生物资产——生态林　　237 280.00

贷：消耗性生物资产——用材林　　237 280.00

（2）若东方红股份经济合作社为一般纳税人，则：

根据前述例子，应结转的消耗性生物资产成本 = 125 000 + 62 000 + 12 500 + 32 300 = 231 800（元）

借：公益性生物资产——生态林　　237 280.00

贷：消耗性生物资产——用材林　　231 800.00

应交税费——应交增值税（进项税额转出）

5 480.00

二、公益性生物资产后续支出的核算

1. 择伐、间伐或抚育更新等生产性采伐而补植林木类公益性生物资产发生的后续支出，借记“公益性生物资产”科目，贷记“库存现金”、“银行存款”、“库存物资”、“应付工资”、“应付劳务费”等科目。

【例 5 - 31】 接上例，2024 年 1 月 30 日，东方红股份经济合作社对转为涵养生态用的 500 亩生态林进行整修，领用整修材料 5 000 元、用银行存款支付劳务人员费用 20 000 元。会计分录如下：

（1）确认生态草场的后续支出时：

借：公益性生物资产——生态林　　25 000.00

贷：库存物资　　5 000.00

应付劳务费　　20 000.00

（2）支付劳务费用时：

借：应付劳务费　　20 000.00

贷：银行存款　　20 000.00

2. 林木类公益性生物资产郁闭后发生的管护费用等其他后续支出，借记“其他支出”科目，贷记“库存现金”、“银行存款”、“库存物资”、“应付工资”、“应付劳务费”等科目。

【例 5 - 32】 2024 年 1 月 25 日，东方红股份经济合作社为社区公园内郁闭后的公益林进行修剪养护，应支付劳务人员费用20 000元，款项尚未支付。会计分录如下：

借：其他支出——公益林养护支出　　20 000.00

　　贷：应付劳务费　　20 000.00

三、处置公益性生物资产的核算

公益性生物资产死亡毁损、盘亏时，按照其账面余额，借记“待处理财产损溢——待处理非流动资产损溢”科目，贷记“公益性生物资产”科目。按规定程序批准后处理时，按照赔偿金额，借记“应收款”、“内部往来”等科目，按照残料价值，借记“库存物资”等科目，按照“待处理财产损溢——待处理非流动资产损溢”科目相应余额，贷记“待处理财产损溢——待处理非流动资产损溢”科目，按照其差额，借记“其他支出”科目。

【例5－33】2024年1月31日，东方红股份经济合作社经盘点生物资产，发现因管护员孙某（为集体经济组织成员）管护不当，导致10亩公益林死亡，价值5 245.60元。经成员（代表）大会决议，由管护员孙某赔偿2 000元，其余损失由经济合作社负担。会计分录如下：

(1) 若东方红股份经济合作社为小规模纳税人，则：

①盘点发现生产性生物资产损失时：

借：待处理财产损溢——待处理非流动资产损溢

　　5 245.60

　　贷：公益性生物资产——公益林　　5 245.60

②按规定程序批准后：

借：内部往来——孙某　　2 000.00

　　其他支出——公益林损失　　3 245.60

　　贷：待处理财产损溢——待处理非流动资产损溢

　　5 245.60

（2）若东方红股份经济合作社为一般纳税人，则：

①盘点发现生产性生物资产损失时：

借：待处理财产损溢——待处理非流动资产损溢 5 245.60

贷：公益性生物资产——公益林 5 245.60

②按规定程序批准后：

借：内部往来——孙某 2 000.00

其他支出——公益林损失 3 245.60

贷：待处理财产损溢——待处理非流动资产损溢 5 245.60

第六章　固定资产的核算

农村集体经济组织的固定资产包括使用年限在1年以上的房屋、建筑物、机器、设备、工具、器具、生产设施和农业农村基础设施等。固定资产是农村集体经济组织最重要的资产之一，其对提高农村集体经济组织生产能力、促进经济效益的提升、增强风险防范水平、促进农村地区社会服务能力的提升都具有不可替代的作用。固定资产的计价应遵循以下原则：

1. 购入的固定资产，不需要安装的，应当按照购买价款和采购费、应支付的相关税费、包装费、运输费、装卸费、保险费以及外购过程中发生的其他直接费用计价；需要安装或改装的，还应当加上安装调试费或改装费。

2. 自行建造的固定资产，应当按照其成本即该项资产至交付使用前所发生的全部必要支出计价。已交付使用但尚未办理竣工决算手续的固定资产，应当按照估计价值入账，待办理竣工决算后再按照实际成本调整原来的暂估价值。

3. 收到政府补助的固定资产或者他人捐赠的固定资产，应当按照有关凭据注明的金额加上相关税费、运输费等计价；没有相关凭据的，按照资产评估价值或者比照同类或类似固定资产的市场价格，加上相关税费、运输费等计价。如无法采用上述方法计价的，应当按照名义金额计价，相关税费、运输费等计入其他支出，同时在备查簿中登记说明。

4. 盘盈的固定资产，应当按照同类或类似全新固定资产的市场价格或评估价值，扣除按照该固定资产新旧程度估计的折旧后的余额计价。

第一节　固定资产取得的核算

农村集体经济组织应当设置“固定资产登记簿”和“固定资产卡片”，按照固定资产类别和项目等设置明细科目，进行明细核算。期末借方余额，反映农村集体经济组织持有的固定资产的原价（成本）。

一、购入固定资产的核算

1. 购入不需要安装的固定资产，按照购买价款和采购费、应支付的相关税费、包装费、运输费、装卸费、保险费以及外购过程发生的其他直接费用，借记“固定资产”科目，贷记“库存现金”、“银行存款”、“应付款”等科目。

【例 6－1】 2024 年 1 月 5 日，东方红股份经济合作社购入面包车一辆，用银行存款支付金额为 80 000 元，取得增值税专用发票，增值税专用发票注明税款 9 203.54 元；支付运费（取得增值税普通发票）及车辆购置税等共计 10 000 元。会计分录如下：

（1）若东方红股份经济合作社为小规模纳税人，则：

借：固定资产——面包车　　90 000.00

　　贷：银行存款　　90 000.00

（2）若东方红股份经济合作社为一般纳税人，则：

借：固定资产——面包车　　80 796.46

　　应交税费——应交增值税（进项税额）　　9 203.54

　　贷：银行存款　　90 000.00

2. 购入需要安装的固定资产，先记入“在建工程”科目，待安装完毕交付使用时，按照其实际成本，借记“固定资产”科目，贷记“在建工程”科目。

【例6-2】2024年1月6日，东方红股份经济合作社购入需要安装的罐头生产线一条，用银行存款支付金额113 000元，取得增值税专用发票注明税款13 000元。用现金支付运输费用800元，请A公司安装发生费用5 000元尚未支付，均未取得增值税专用发票。2024年1月11日安装调试完毕并交付使用。会计分录如下：

（1）若东方红股份经济合作社为小规模纳税人，则：

①通过在建工程归集发生的实际成本时：

借：在建工程——罐头生产线　　118 800.00

　　贷：银行存款　　113 000.00

　　　　库存现金　　800.00

　　　　应付款——A公司　　5 000.00

②安装完工并交付使用时：

借：固定资产——罐头生产线　　118 800.00

　　贷：在建工程——罐头生产线　　118 800.00

（2）若东方红股份经济合作社为一般纳税人，则：

①通过在建工程归集发生的实际成本时：

借：在建工程——罐头生产线　　105 800.00

　　应交税费——应交增值税（进项税额）

　　　　13 000.00

　　贷：银行存款　　113 000.00

　　　　库存现金　　800.00

　　　　应付款——A公司　　5 000.00

②安装完工、验收合格交付使用时：

借：固定资产——罐头生产线　　105 800.00

　　贷：在建工程——罐头生产线　　105 800.00

二、自建固定资产的核算

自行建造完成交付使用的固定资产，按照建造该固定资产的实际成本即该项资产至交付使用前所发生的全部必要支出，借记“固定资产”科目，贷记“在建工程”科目。已交付使用但尚未办理竣工决算手续的固定资产，应当按照估计价值入账，待办理竣工决算后再按照实际成本调整原来的暂估价值。

【例 6－3】 2024 年 1 月 10 日，东方红股份经济合作社完成库房竣工验收并将其交付使用，工程总预算为 300 000 元，尚未办理竣工决算。会计分录如下：

借：固定资产——库房　　300 000.00

　　贷：在建工程——库房　　300 000.00

三、接受政府补助或者他人捐赠固定资产的核算

1. 收到政府补助的固定资产（包括以前年度收到或形成但尚未入账的）或者他人捐赠的固定资产，按照有关凭据注明的金额加上相关税费、运输费等，借记“固定资产”科目，贷记“公积公益金”等科目。

【例 6－4】 2024 年 1 月 9 日，东方红股份经济合作社收到某企业捐赠已使用过的运输车一辆，评估确认价为 75 000 元，未取得增值税专用发票，会计分录如下：

借：固定资产——运输车　　75 000.00

　　贷：公积公益金——接受捐赠　　75 000.00

【例 6－5】 2024 年 1 月 11 日，东方红股份经济合作社接受镇政府宣传部门补助的打印机一台，所附有关凭证上标明该打印机价值为 2 500 元，未取得增值税专用发票。会计分录如下：

借：固定资产——打印机　　2 500.00

贷：公积公益金——接受政府补助　　　　　　　2 500.00

2. 没有相关凭据的，按照资产评估价值或者比照同类或类似固定资产的市场价格，加上相关税费、运输费等，借记“固定资产”科目，贷记“公积公益金”等科目。如无法采用上述方法计价的，应当按照名义金额，借记“固定资产”科目，贷记“公积公益金”科目，并设置备查簿进行登记和后续管理；按照实际发生的运输费和应支付的相关税费等，借记“其他支出”科目，贷记“库存现金”、“银行存款”、“应付款”、“应交税费”等科目。

【例 6-6】 2024 年 1 月 23 日，东方红股份经济合作社接受县（区）政府卫生部门捐赠的垃圾站一座，没有相关凭据，也无法按照资产评估价值或者比照同类或类似固定资产的市场价格确认价值。会计分录如下：

借：固定资产——垃圾站（名义价格）　　　　1.00

　　贷：公积公益金——接受政府捐赠　　　　　　1.00

四、盘盈固定资产的核算

盘盈的固定资产，按照同类或类似全新固定资产的市场价格或评估价值扣除按照该项固定资产新旧程度估计的折旧后的余额，借记“固定资产”科目，贷记“待处理财产损溢——待处理非流动资产损溢”科目。

【例 6-7】 2024 年 1 月 31 日，东方红股份经济合作社盘盈电脑一台，确定相同设备的市场价格为 3 500 元，经履行民主程序批准后入账。会计分录如下：

（1）盘盈固定资产时：

借：固定资产——电脑　　　　　　　　　3 500.00

　　贷：待处理财产损溢——待处理非流动资产损溢

　　　　　　　　　　　　　　　　　　　　　3 500.00

（2）按规定程序批准后：

借：待处理财产损溢——待处理非流动资产损溢

3 500.00

贷：其他收入——固定资产盘盈收入　　　3 500.00

第二节　固定资产折旧与修理的核算

农村集体经济组织应当对所有的固定资产计提折旧，但以名义金额计价的固定资产除外。农村集体经济组织应当根据固定资产的性质、使用情况和与该固定资产有关的经济利益的预期消耗方式，合理确定固定资产的使用寿命、预计净残值和折旧方法。固定资产的使用寿命、预计净残值和折旧方法一经确定，不得随意变更[①]。

农村集体经济组织应当按月计提固定资产折旧，当月增加的固定资产，当月不计提折旧，从下月起计提折旧；当月减少的固定资产，当月仍计提折旧，从下月起不再计提折旧。固定资产提足折旧后，不论能否继续使用，均不再计提折旧；提前报废的固定资产，也不再补提折旧。

一、固定资产折旧的计算方法

农村集体经济组织应当在固定资产预计使用寿命内，对固定资产原价（成本）扣除预计净残值后的金额，按照年限平均法或工作量法等计提折旧，并根据该固定资产的受益对象计入相关资产成本或者当期损益。

---

① 根据《中华人民共和国企业所得税实施条例》第六十条规定：除国务院财政、税务主管部门另有规定外，固定资产计算折旧的最低年限如下：（一）房屋、建筑物，为20年；（二）飞机、火车、轮船、机器、机械和其他生产设备，为10年；（三）与生产经营活动有关的器具、工具、家具等，为5年；（四）飞机、火车、轮船以外的运输工具，为4年；（五）电子设备，为3年。为减少税会差异，农村集体经济组织可以参考执行。

（一）年限平均法

年限平均法又称直线法，是指将固定资产的应计折旧额均衡地分摊到固定资产预计使用寿命内的一种方法。采用这种方法计算的每期折旧额均相等。计算公式如下：

$$年折旧率=\frac{1-预计净残值率}{预计使用寿命(年)}\times 100\%$$

月折旧率＝年折旧率÷12

月折旧额＝固定资产原价×月折旧率

【例6－8】东方红股份经济合作社有汽车一辆，原值120 000元，预计净残值6 000元，预计可使用10年。

该固定资产年折旧额和年折旧率的计算如下：

年折旧额＝(120 000－6 000）÷10＝11 400（元）

年折旧率＝11 400÷120 000×100%＝9.5%

月折旧率＝9.5%÷12＝0.7917%

月折旧额＝120 000×0.7917%＝950（元）

（二）工作量法

工作量法是按固定资产在使用年限内能够提供的工作量计算折旧额的一种方法。采用工作量法计算固定资产的折旧额时，要先根据其原值、预计净残值及预计完成的总工作量（如总行驶里程、总工作小时、总产品数量等）三个因素，计算出单位工作量折旧额，然后再用其乘以某期实际完成的工作量，求得该期的固定资产折旧额。具体计算公式如下：

$$单位工作量折旧额=\frac{固定资产原值-预计净残值}{预计完成总工作量}$$

月折旧额＝某月实际完成工作量×单位工作量折旧额

【例6－9】东方红股份经济合作社有一条生产线，原价150 000元，预计可以使用100 000小时，预计净残值7 500元，本年实际使用 11 000 小时，则该项固定资产的月折旧额为：

每小时折旧额 =（150 000 − 7 500）÷ 100 000 = 1.425（元/时）

本年各月折旧额 =（11 000 ÷ 12）× 1.425 = 1 306.25（元）

二、固定资产折旧的核算

农村集体经济组织应按照相应固定资产的类别和项目等设置明细科目，进行明细核算。生产经营用的固定资产计提的折旧，借记“生产（劳务）成本”等科目，贷记“累计折旧”科目；管理用的固定资产计提的折旧，借记“管理费用”科目，贷记“累计折旧”科目；用于公益性用途的固定资产计提的折旧，借记“公益支出”科目，贷记“累计折旧”科目。期末贷方余额，反映农村集体经济组织固定资产的累计折旧额。

【例 6 − 10】2024 年 1 月，东方红股份经济合作社本月应计提固定资产折旧 11 500 元，其中生产经营用固定资产折旧 8 000 元，管理用固定资产折旧 2 000 元，公益性固定资产折旧 1 500 元。会计分录如下：

借：生产（劳务）成本	8 000.00	
管理费用	2 000.00	
公益支出	1 500.00	
贷：累计折旧		11 500.00

三、固定资产修理的核算

农村集体经济组织固定资产的后续支出应当区分修理费用和改扩建支出。固定资产的改扩建支出，是指改变固定资产结构、延长使用年限等发生的支出。

固定资产的改扩建支出，应当计入固定资产的成本，并按照重新确定的固定资产成本以及重新确定的折旧年限（预计尚可使用年限）计算折旧额；但已提足折旧的固定资产改扩建支出应当计入长期待摊费用，并按照固定资产预计尚可使用年限采用年限平均法分期摊销。固定资产的修理费用按照用途直接计入有关支出项目。对固定资产进行改建时，按照该项固定资产账面价值，借记“在建工程”科目，按照已计提的累计折旧，借记“累计折旧”科目，按照固定资产原价（成本），贷记“固定资产”科目。

【例 6-11】 2024 年 1 月 3 日，东方红股份经济合作社为扩大储存空间，决定对原有库房进行扩建，该库房原值 120 000 元，已提折旧 60 000 元。购入所需各种建筑材料，用银行存款支付金额共计 90 400 元，取得增值税专用发票注明税款 10 400 元，建设过程中全部领用。支付外聘劳务人员劳务费 20 000 元，尚未支付。工程完工后验收合格交付使用，扩建后库房预计可使用 30 年。会计分录如下：

（1）若东方红股份经济合作社为小规模纳税人，则：

①固定资产进行扩建时：

借：在建工程——库房扩建工程　　60 000.00

　　累计折旧——库房　　60 000.00

　　贷：固定资产——库房　　120 000.00

②购入建筑材料时：

借：库存物资——建筑材料　　90 400.00

　　贷：银行存款　　90 400.00

③领用建筑材料时：

借：在建工程——库房扩建工程　　90 400.00

　　贷：库存物资——建筑材料　　90 400.00

④计算劳务费时：

借：在建工程——库房扩建工程　　20 000.00

　　贷：应付劳务费　　20 000.00

⑤工程完工，验收合格交付使用时：

借：固定资产——库房　　170 400.00

贷：在建工程——库房扩建工程　　170 400.00

（2）若东方红股份经济合作社为一般纳税人，则：

①固定资产进行扩建时：

借：在建工程——库房扩建工程　　60 000.00

　　累计折旧——库房　　60 000.00

　　贷：固定资产——库房　　120 000.00

②购入建筑材料时：

借：库存物资——建筑材料　　80 000.00

　　应交税费——应交增值税（进项税额）10 400.00

　　贷：银行存款　　90 400.00

③领用建筑材料时：

借：在建工程——库房扩建工程　　80 000.00

　　贷：库存物资——建筑材料　　80 000.00

④计算劳务费时：

借：在建工程——库房扩建工程　　20 000.00

　　贷：应付劳务费　　20 000.00

⑤工程完工并交付使用时：

借：固定资产——库房　　160 000.00

　　贷：在建工程——库房扩建工程　　160 000.00

第三节　处置固定资产的核算

农村集体经济组织处置固定资产时，处置收入扣除其账面价值、相关税费和清理费用后的净额，应当计入其他收入或其他支出。固定资产的账面价值，是指固定资产原价（成本）扣减累计折旧后的金额。盘盈固定资产实现的收益应当计入其他收入。盘亏固定资产发生的损失应当计入其他支出。

一、固定资产出售、报废和毁损的核算

固定资产出售、报废和毁损等时，按照固定资产账面价值，借记“固定资产清理”科目，按照已计提的累计折旧，借记“累计折旧”科目，按照固定资产原价（成本），贷记“固定资产”科目。

【例6－12】2024年1月24日，东方红股份经济合作社出售一台运输车（2020年购入），账面原值为100 000元，现金支付清理费800元，协议价款64 000元（含税价）存入银行。出售时该汽车已提折旧33 250元。会计分录如下：

（1）若东方红股份经济合作社为小规模纳税人，则：

①固定资产转入清理时：

应缴纳的增值税[①] $=64\ 000/(1+1\%)\times1\%=633.66$（元）

借：固定资产清理——运输车　　67 383.66
　　累计折旧——运输车　　33 250.00
　　贷：固定资产——运输车　　100 000.00
　　　　应交税费——应交增值税　　633.66

②发生清理费用时：

借：固定资产清理——运输车　　800.00
　　贷：库存现金　　800.00

③取得变现收入并确认固定资产清理损失时：

借：银行存款　　64 000.00
　　其他支出——固定资产清理损失　　4 183.66
　　贷：固定资产清理——运输车　　68 183.66

---

① 《财政部 国家税务总局关于部分货物适用增值税低税率和简易办法征收增值税政策的通知》（财税〔2009〕9号）和《财政部 国家税务总局关于简并增值税征收率政策的通知》（财税〔2014〕57号）规定，增值税小规模纳税人（除其他个人外）销售自己使用过的固定资产以及销售旧货，按照简易办法依照3%征收率减按2%征收增值税；根据《财政部 税务总局关于增值税小规模纳税人减免增值税政策的公告》（财政部 税务总局公告2023年第19号）规定，2027年12月31日前，增值税小规模纳税人适用3%征收率的应税销售收入，减按1%征收率征收增值税。

（2）若东方红股份经济合作社为一般纳税人，则：

应确认的增值税销项税额 =64 000 ÷（1 +13%）×13%

=7 362.83（元）

①固定资产转入清理时：

借：固定资产清理——运输车　74 112.83

　　累计折旧——运输车　33 250.00

　　贷：固定资产——运输车　100 000.00

　　　　应交税费——应交增值税（销项税额）　7 362.83

②发生清理费用时：

借：固定资产清理——运输车　800.00

　　贷：库存现金　800.00

③取得变现收入并确认固定资产清理损失时：

借：银行存款　64 000.00

　　其他支出——固定资产清理损失　10 912.83

　　贷：固定资产清理——运输车　74 912.83

【例 6 –13】2024 年 1 月 26 日，东方红股份经济合作社因火灾毁损库房一幢，其账面原值为 60 000 元，已计提折旧 40 000 元，现金支付清理费用 1 500 元，残料 1 000 元入库，保险公司赔偿 5 000 元尚未收到。经批准，净损失计入其他支出。会计分录如下：

（1）固定资产转入清理，注销库房原值及累计折旧时：

借：固定资产清理[①]——库房　20 000.00

　　累计折旧——库房折旧　40 000.00

　　贷：固定资产——库房　60 000.00

（2）支付清理费用时，会计分录为：

借：固定资产清理——库房　1 500.00

　　贷：库存现金　1 500.00

① 根据《增值税暂行条例》及其实施细则的规定，因自然灾害导致的非正常损失，其进项税额允许抵扣，无须做进项税额转出处理。

（3）残料入库时，会计分录为：

借：库存物资——原材料　　1 000.00

　贷：固定资产清理——库房　　1 000.00

（4）确认保险理赔时，会计分录为：

借：应收款——保险理赔款　　5 000.00

　贷：固定资产清理——库房　　5 000.00

（5）结转仓库清理净损失时，会计分录为：

借：其他支出——库房毁损支出　　15 500.00

　贷：固定资产清理——库房　　15 500.00

二、投资转出固定资产的核算

以固定资产对外投资时，按照评估确认或者合同、协议约定的价值和相关税费，借记“长期投资”科目，按照已计提的累计折旧，借记“累计折旧”科目，按照固定资产原价（成本），贷记“固定资产”科目，按照应支付的相关税费，贷记“应交税费”等科目，按照其差额，借记或贷记“公积公益金”科目。

【例 6-14】 2024 年 1 月 15 日，东方红股份经济合作社以 2014 年自建的一幢冷库对某企业投资，冷库原价 250 000 元，已提折旧 80 000 元，投资合同规定冷库作价 200 000 元（含税）。会计分录如下：

（1）若东方红股份经济合作社为小规模纳税人，则：

应缴纳的增值税 $=200\,000/(1+5\%)\times 5\% = 9\,523.81$（元）

借：长期投资——长期股权投资（某企业）

　　200 000.00

　累计折旧　　80 000.00

　贷：固定资产——冷库　　250 000.00

　　应交税费——应交增值税　　9 523.81

公积公益金——非货币性资产投资利得[①]

20 476.19

（2）若东方红股份经济合作社为一般纳税人，则：

采用简易征税办法计算的应交增值税[②] =200 000/（1+5%）×5% =9 523.81（元）

借：长期投资——长期股权投资（某企业）　200 000.00

累计折旧　80 000.00

贷：固定资产——冷库　250 000.00

应交税费——应交增值税（简易计税）　9 523.81

公积公益金——非货币性资产投资利得　20 476.19

三、盘亏固定资产的核算

农村集体经济组织盘亏的固定资产，按照固定资产账面价值，借记“待处理财产损溢——待处理非流动资产损溢”科目，按照已计提的累计折旧，借记“累计折旧”科目，按照固定资产原价（成本），贷记“固定资产”科目。

【例 6-15】 2024 年 1 月 31 日，东方红股份经济合作社在财产清查中，盘亏 2020 年购进的农用拖拉机一辆，账面价值 7 000 元，已提折旧 3 000 元。经查明属保管人员李某保管不当，决定由其赔偿现金 1 000 元，损失已经批准列其他支出。会计分录如下：

（1）若东方红股份经济合作社为小规模纳税人，则：

①资产盘亏时：

---

① 应当注意的是，本例中，固定资产处置利得为 30 000 元（即作价 20 万元－账面价值 17 万元），包含应交税费 9 523.81 元应从处置利得中剔除，故非货币性资产投资利得为 20 476.19 元。

② 根据财税〔2016〕36 号文规定，销售服务、无形资产或者不动产，是指有偿提供服务、有偿转让无形资产或者不动产；一般纳税人销售其 2016 年 4 月 30 日前自建的不动产，可以选择适用简易计税方法，以取得的全部价款和价外费用为销售额，按照 5% 的征收率计算应纳税额。

借：待处理财产损溢——待处理非流动资产损溢

4 000.00

累计折旧　3 000.00

贷：固定资产——拖拉机　7 000.00

②确认保管员李某赔偿金时：

借：内部往来——李某　1 000.00

贷：待处理财产损溢——待处理非流动资产损溢

1 000.00

③按规定程序批准后：

借：其他支出——固定资产盘亏支出　3 000.00

贷：待处理财产损溢——待处理非流动资产损溢

3 000.00

（2）若东方红股份经济合作社为一般纳税人，则：

应转出不允许抵扣的进项税额 =（7 000 − 3 000）× 13%

= 520（元）

①资产盘亏时：

借：待处理财产损溢——待处理非流动资产损溢

4 520.00

累计折旧　3 000.00

贷：固定资产——拖拉机　7 000.00

应交税费——应交增值税（进项税额转出）

520.00

②确认保管员李某赔偿金时：

借：内部往来——李某　1 000.00

贷：待处理财产损溢——待处理非流动资产损溢

1 000.00

③按规定程序批准后：

借：其他支出——固定资产盘亏支出　3 520.00

贷：待处理财产损溢——待处理非流动资产损溢
3 520.00

第四节　在建工程的核算

农村集体经济组织的在建工程是指尚未完工的工程项目。在建工程按实际发生的支出或应支付的工程价款计价。形成固定资产的，待完工交付使用后，计入固定资产。未形成固定资产的，待项目完成后，计入经营支出、公益支出或其他支出。

农村集体经济组织进行工程建设、设备安装、农业农村基础设施建造、固定资产改建等发生的实际支出通过“在建工程”科目核算。购入不需要安装的固定资产，不通过“在建工程”科目核算。

一、购入需要安装固定资产的核算

购入需要安装的固定资产，按照购买价款和采购费、应支付的相关税费、包装费、运输费、装卸费、保险费以及外购过程发生的其他直接费用，借记“在建工程”科目，贷记“库存现金”、“银行存款”、“应付款”等科目。

【例 6－16】2024 年 1 月 20 日，东方红股份经济合作社购入需要安装的蔬菜加工设备一台，取得增值税专用发票上注明设备价款 80 000 元，税款 10 400 元；支付运输费用 2 000 元、安装费用 3 000 元（取得增值税普通发票），均用银行存款支付。月底安装完工、验收合格并交付使用。会计分录如下：

（1）若东方红股份经济合作社为小规模纳税人，则：

①发生设备价款和各种费用时：

借：在建工程——蔬菜加工设备　　95 400.00

　　贷：银行存款　　95 400.00

②安装完工并交付使用时：

借：固定资产——蔬菜加工设备　　95 400.00

　　贷：在建工程——蔬菜加工设备　　95 400.00

（2）若东方红股份经济合作社为一般纳税人，则：

①发生设备价款和各种费用时：

借：在建工程——蔬菜加工设备　　85 000.00

　　应交税费——应交增值税（进项税额）10 400.00

　　贷：银行存款　　95 400.00

②安装完工并交付使用时：

借：固定资产——蔬菜加工设备　　85 000.00

　　贷：在建工程——蔬菜加工设备　　85 000.00

二、自行建造固定资产的核算

（一）自营工程建设形成的固定资产

建造固定资产和兴建农业农村基础设施购买或领用专用物资以及发生的相关费用，按照实际支出，借记“在建工程”科目，贷记“库存现金”、“银行存款”、“库存物资”等科目。自营的工程，领用物资或产品时，按照领用物资或产品的实际成本，借记“在建工程”科目，贷记“库存物资”等科目。工程应负担的员工工资、劳务费等人员费用，借记“在建工程”科目，贷记“内部往来”、“应付工资”、“应付劳务费”等科目。

【例6－17】2024年1月7日，东方红股份经济合作社自行建造蔬菜大棚，购入所需各种建筑材料，用银行存款支付金额共计169 500元，取得增值税专用发票注明税款19 500元，建设过程中全部领用。支付外聘技术人员劳务费40 000元，尚未支付。以银行存款支付建造工程用水电费10 000元，未取得增值税专用发票。工程完工后验收合格交付使用。会计分录如下：

(1) 若东方红股份经济合作社为小规模纳税人，则：

①购入建筑材料时：

借：库存物资——建筑材料　　169 500.00

　　贷：银行存款　　169 500.00

②领用建筑材料时：

借：在建工程——蔬菜大棚　　169 500.00

　　贷：库存物资——建筑材料　　169 500.00

③计算劳务费时：

借：在建工程——蔬菜大棚　　40 000.00

　　贷：应付劳务费　　40 000.00

④支付水电费时：

借：在建工程——蔬菜大棚　　10 000.00

　　贷：银行存款　　10 000.00

⑤工程完工，验收合格交付使用时：

借：固定资产——蔬菜大棚　　219 500.00

　　贷：在建工程——蔬菜大棚　　219 500.00

(2) 若东方红股份经济合作社为一般纳税人，则：

①购入建筑材料时：

借：库存物资——建筑材料　　150 000.00

　　应交税费——应交增值税（进项税额）19 500.00

　　贷：银行存款　　169 500.00

②领用建筑材料时：

借：在建工程——蔬菜大棚　　150 000.00

　　贷：库存物资——建筑材料　　150 000.00

③计算劳务费时：

借：在建工程——蔬菜大棚　　40 000.00

　　贷：应付劳务费　　40 000.00

④支付水电费时：

借：在建工程——蔬菜大棚　　10 000.00

贷：银行存款　　10 000.00

⑤工程完工，验收合格交付使用时：

借：固定资产——蔬菜大棚　　200 000.00

贷：在建工程——蔬菜大棚　　200 000.00

（二）发包工程建设形成的固定资产

发包工程建设，根据合同规定向承包企业预付工程款时，按照实际预付的价款，借记“在建工程”科目，贷记“银行存款”等科目；以拨付材料抵作工程款的，按照材料的实际成本，借记“在建工程”科目，贷记“库存物资”等科目；将需要安装的设备交付承包企业进行安装时，按照该设备的成本，借记“在建工程”科目，贷记“库存物资”等科目。与承包企业办理工程价款结算时，补付的工程款，借记“在建工程”科目，贷记“银行存款”、“应付款”等科目。

【例 6－18】2024 年 1 月 30 日，东方红股份经济合作社发包给建筑公司建造的罐头加工车间建成完工并验收合格，工程价款 500 000 元，预付工程价款 250 000 元，验收合格后支付剩余工程价款 250 000 元，取得全额增值税专用发票。建筑公司是一般纳税人，采用一般计税方法，增值税适用税率为 9%。会计分录如下：

（1）若东方红股份经济合作社为小规模纳税人，则：

①以银行存款预付工程价款时：

借：应收款——暂付发包工程款　　250 000.00

贷：银行存款　　250 000.00

②确认在建工程并给付工程剩余价款时，会计分录为：

借：在建工程——出包工程（罐头加工车间）

500 000.00

贷：银行存款　　250 000.00

应收款——暂付发包工程款　　250 000.00

③工程完工验收合格并交付使用时：

借：固定资产——罐头加工车间　　500 000.00

　贷：在建工程——出包工程（罐头加工车间）

　　　500 000.00

（2）若东方红股份经济合作社为一般纳税人，则：

①以银行存款预付工程价款时：

借：应收款——暂付发包工程款　　250 000.00

　贷：银行存款　　250 000.00

②确认在建工程并给付工程剩余价款时，会计分录为：

增值税进项税额 =500 000/(1 +9%) ×9% =41 284.40（元）

借：在建工程——出包工程（罐头加工车间）

　　458 715.60

　应交税费——应交增值税（进项税额）41 284.40

　贷：银行存款　　250 000.00

　　应收款——暂付发包工程款　　250 000.00

③工程完工验收合格并交付使用时：

借：固定资产——罐头加工车间　　458 715.60

　贷：在建工程——出包工程（罐头加工车间）

　　　458 715.60

三、改建、扩建固定资产的核算

对固定资产进行改建时，按照该项固定资产账面价值，借记“在建工程”科目，按照已计提的累计折旧，借记“累计折旧”科目，按照固定资产原价（成本），贷记“固定资产”科目。发生的改建支出，借记“在建工程”科目，贷记“库存现金”、“银行存款”、“应付款”、“内部往来”、“应付工资”、“应付劳务费”等科目。改建完成交付使用时，按照确定的固定资产成本，借记“固定资产”科目，贷记“在建工程”科目。

【例 6－19】东方红股份经济合作社为了扩大生产规模，决定对原有蔬菜加工车间进行扩建，该车间的原值为400 000元，已提折旧100 000元。扩建过程中，合作社以银行存款支付拆除费用20 000元，取得增值税普通发票；收回材料变价收入5 000元存入银行。拆后扩建工程发包给建筑公司，一次性支付发包价款200 000元，取得增值税专用发票，建筑公司是一般纳税人，采用一般计税方法，增值税适用税率为9%。2024年1月20日办理完竣工验收并交付使用。会计分录如下：

（1）若东方红股份经济合作社为小规模纳税人，则：

①将原车间转入扩建时：

借：在建工程——蔬菜加工车间　　300 000.00

　　累计折旧——蔬菜加工车间　　100 000.00

　　贷：固定资产——蔬菜加工车间　　400 000.00

②支付拆除费用时，会计分录为：

借：在建工程——出包工程（蔬菜加工车间）

　　20 000.00

　　贷：银行存款　　20 000.00

③收到拆除材料的变价收入时，会计分录为：

应缴纳的增值税 $=5\ 000/(1+1\%)\times1\%=49.50$（元）

借：银行存款　　5 000.00

　　贷：在建工程——出包工程（蔬菜加工车间）

　　4 950.50

　　　　应交税费——应交增值税　　49.50

④以银行存款支付承包单位承包费用时，会计分录为：

借：在建工程——出包工程（蔬菜加工车间）

　　200 000.00

　　贷：银行存款　　200 000.00

⑤扩建工程完工验收合格，车间交付使用时：

借：固定资产——蔬菜加工车间　　515 049.50

贷：在建工程——出包工程（蔬菜加工车间）

215 049.50

在建工程——蔬菜加工车间　300 000.00

（2）若东方红股份经济合作社为一般纳税人，则：

①将原车间转入扩建时：

借：在建工程——蔬菜加工车间　300 000.00

累计折旧——蔬菜加工车间　100 000.00

贷：固定资产——蔬菜加工车间　400 000.00

②支付拆除费用时，会计分录为：

借：在建工程——出包工程（蔬菜加工车间）

20 000.00

贷：银行存款　20 000.00

③收到拆除材料的变价收入时，会计分录为：

借：银行存款　5 000.00

贷：在建工程——出包工程（蔬菜加工车间）

4 424.78

应交税费——应交增值税（销项税额）575.22

④以银行存款支付承包单位承包费用时，会计分录为：

借：在建工程——出包工程（蔬菜加工车间）

183 486.24

应交税费——应交增值税（进项税额）16 513.76

贷：银行存款　200 000.00

⑤扩建工程完工验收合格，车间交付使用时，会计分录为：

借：固定资产——蔬菜加工车间　499 061.46

贷：在建工程——出包工程（蔬菜加工车间）

199 061.46

在建工程——蔬菜加工车间　300 000.00

第七章　其他资产的核算

第一节　无形资产的核算

农村集体经济组织的无形资产包括专利权、商标权、著作权、非专利技术、土地经营权、林权、草原权等由其拥有或控制的、没有实物形态的可辨认的非货币性资产。

一、无形资产的计价原则

1. 购入的无形资产应当按照购买价款、应支付的相关税费以及相关的其他直接费用计价。

2. 自行开发并按法律程序申请取得的无形资产，应当按照依法取得时发生的注册费、代理费等实际支出计价。

3. 收到政府补助的无形资产或者他人捐赠的无形资产，应当按照有关凭据注明的金额加上相关税费等计价；没有相关凭据的，按照资产评估价值或者比照同类或类似无形资产的市场价格，加上相关税费等计价。如无法采用上述方法计价的，应当按照名义金额计价，相关税费等计入其他支出，同时在备查簿中登记说明。

二、无形资产的核算

农村集体经济组织应设置“无形资产”科目，核算无形资产。

“无形资产”科目应按照无形资产类别等设置明细科目，进行明细核算。期末借方余额，反映农村集体经济组织持有的无形资产的成本。

（一）取得无形资产的核算

1. 购入的无形资产

农村集体经济组织购入的无形资产，按照购买价款、相关税费以及相关的其他直接费用，借记“无形资产”科目，贷记“库存现金”、“银行存款”、“应付款”等科目。

【例7-1】2024年1月3日，东方红股份经济合作社购入一项生产经营用种苗培植技术，技术转让方放弃了增值税减免税收优惠并开具增值税专用发票；东方红股份经济合作社用银行存款支付价款20 000元、支付增值税款1 200元；用现金支付专业服务费用500元未取得增值税专用发票。该无形资产预计使用寿命为10年。会计分录如下：

（1）若东方红股份经济合作社为小规模纳税人，则：

借：无形资产——种苗培植技术　　21 700.00

　　贷：银行存款　　21 200.00

　　　　库存现金　　500.00

（2）若东方红股份经济合作社为一般纳税人，则：

借：无形资产——种苗培植技术　　20 500.00

　　应交税费——应交增值税（进项税额）　　1 200.00

　　贷：银行存款　　21 200.00

　　　　库存现金　　500.00

2. 自行开发的无形资产

农村集体经济组织自行开发并按照法律程序申请取得的无形资产，按照依法取得时发生的注册费、代理费等实际支出，借记“无形资产”科目，贷记“库存现金”、“银行存款”等科目。

【例7-2】2024年1月5日，东方红股份经济合作社自行研制一项饲料配方技术，按法律程序申请取得专利，支付注册费2 000元、代理费1 000元，均未取得增值税专用发票，该项专利预计使用寿命为3年。会计分录如下：

借：无形资产——饲料配方技术　　3 000.00

　　贷：银行存款　　3 000.00

3. 接受捐赠的无形资产

农村集体经济组织收到政府补助的无形资产（包括以前年度收到或形成但尚未入账的）或者他人捐赠的无形资产，按照有关凭据注明的金额加上相关税费等，借记“无形资产”科目，贷记“公积公益金”等科目。没有相关凭据的，按照资产评估价值或者比照同类或类似无形资产的市场价格，加上相关税费等，借记“无形资产”科目，贷记“公积公益金”等科目。如无法采用上述方法计价的，应当按照名义金额，借记“无形资产”科目，贷记“公积公益金”科目，并设置备查簿进行登记和后续管理；按照应支付的相关税费等，借记“其他支出”科目，贷记“库存现金”、“银行存款”、“应付款”、“应交税费”等科目。

【例7-3】 2024年1月15日，东方红股份经济合作社接受某企业捐赠蔬菜保鲜技术专利，没有取得相关凭据，比照同类或类似无形资产的市场价格，经过规定审批程序认定价格为40 000元。该专利技术预计使用寿命为5年。会计分录如下：

借：无形资产——蔬菜保鲜技术　　40 000.00

　　贷：公积公益金——接受捐赠　　40 000.00

（二）无形资产摊销的核算

农村集体经济组织应当按月对无形资产进行摊销，当月增加的无形资产，当月开始摊销；当月减少的无形资产，当月不再摊销。不能可靠估计无形资产使用寿命的，摊销期不得低于10年。

生产经营类无形资产计提的摊销，借记“生产（劳务）成本”等科目，贷记“累计摊销”科目；非生产经营类无形资产计提的摊销，借记“管理费用”等科目，贷记“累计摊销”科目。

【例7-4】 承前例，2024年1月31日，东方红股份经济合作社摊销种苗培植技术、饲料配方技术、蔬菜保鲜技术计入生产成本。会计分录如下：

(1) 若东方红股份经济合作社为小规模纳税人，则：

借：生产（劳务）成本——无形资产摊销　930.83

　贷：累计摊销——种苗培植技术　180.83

　　　　　　——饲料配方技术　83.33

　　　　　　——蔬菜保鲜技术　666.67

(2) 若东方红股份经济合作社为一般纳税人，则：

借：生产（劳务）成本——无形资产摊销　920.83

　贷：累计摊销——种苗培植技术　170.83

　　　　　　——饲料配方技术　83.33

　　　　　　——蔬菜保鲜技术　666.67

（三）出租无形资产的核算

出租无形资产所取得的租金等收入，借记“银行存款”等科目，贷记“经营收入——出租收入”等科目；结转出租无形资产的成本（摊销）时，借记“经营支出”等科目，贷记“累计摊销”科目。

【例7-5】 接【例7-3】，2024年2月，东方红股份经济合作社将企业捐赠的蔬菜保鲜技术专利对外出租并提供技术服务，当月取得技术服务收入5 000元。会计分录如下：

(1) 若东方红股份经济合作社为小规模纳税人，则：

① 收到技术服务费确认收入时：

免征的增值税额[①] = [5 000/(1 + 3%)] × 3% = 145.63（元）

---

① 根据《财政部 国家税务总局关于全面推进营业税改征增值税试点的通知》（财税〔2016〕36号）文件精神，技术转让、技术开发及相关技术咨询、技术服务免征增值税。

借：银行存款　　5 000.00
　　贷：经营收入——出租收入　　4 854.37
　　　　其他收入——免征增值税　　145.63

②当月摊销无形资产时：

借：经营支出　　666.67
　　贷：累计摊销——蔬菜保鲜技术　　666.67

（2）若东方红股份经济合作社为一般纳税人，则：

免征增值税额 = [5 000/(1 + 6%)] × 6% = 283.02（元）

① 收到技术服务费确认收入时：

借：银行存款　　5 000.00
　　贷：经营收入——出租收入　　4 716.98
　　　　其他收入——免征增值税　　283.02

②当月摊销无形资产时：

借：经营支出——无形资产摊销　　666.67
　　贷：累计摊销——蔬菜保鲜技术　　666.67

（四）处置无形资产的核算

1. 因出售、报废等原因处置无形资产

农村集体经济组织因出售、报废等原因处置无形资产，按照取得的转让价款，借记“库存现金”、“银行存款”等科目，按照已计提的累计摊销，借记“累计摊销”科目，按照无形资产的成本，贷记“无形资产”科目，按照应支付的相关税费及其他费用，贷记“应交税费”、“库存现金”、“银行存款”等科目，按照其差额，借记“其他支出”科目或贷记“其他收入”科目。

【例 7-6】接【例 7-1】，2025 年 1 月 5 日，东方红股份经济合作社将上年购入的种苗培植技术出售，价款 25 000 元已收入银行，现金支付相关税费 500 元。会计分录如下：

（1）若东方红股份经济合作社为小规模纳税人，则：

借：银行存款　　25 000.00

累计摊销——种苗培植技术　　2 170.00

贷：无形资产——种苗培植技术　　21 700.00

库存现金　　500.00

其他收入——处置无形资产利得　　4 970.00

(2) 若东方红股份经济合作社为一般纳税人，则：

应转出不允许抵扣的进项税额[①] = (20 500 − 2 050) × 6%

= 1 107（元）

免征增值税额 = 25 000/(1 + 6%) × 6% = 1 415.09（元）

借：银行存款　　25 000.00

累计摊销——种苗培植技术　　2 050.00

贷：无形资产——种苗培植技术　　20 500.00

库存现金　　500.00

应交税费——应交增值税（进项税额转出）

1 107.00

其他收入——免征增值税　　1 415.09

其他收入——处置无形资产利得　　3 527.91

【例 7-7】 接【例 7-2】，2026 年 1 月 31 日，东方红股份经济合作社自行研制的饲料配方技术被新技术淘汰，淘汰时该饲料配方技术已累计摊销 2 000 元。会计处理如下：

借：其他支出——处置无形资产　　1 000.00

累计摊销——饲料配方技术　　2 000.00

贷：无形资产——饲料配方技术　　3 000.00

2. 以无形资产对外投资

以无形资产对外投资时，按照评估确认或者合同、协议约定的价值和相关税费，借记“长期投资”科目，按照已计提的累计摊销，借记“累计摊销”科目，按照无形资产的成本，贷记“无形资

① 根据《增值税暂行条例》及其实施细则和财税〔2016〕36 号文件精神，用于增值税非应税项目、免税项目和集体福利的购进货物与服务，其进项税额不允许抵扣。

产”科目，按照应支付的相关税费，贷记“应交税费”等科目，按照其差额，借记或贷记“公积公益金”科目。

【例7-8】 接【例7-3】，2026年1月31日，东方红股份经济合作社将企业捐赠的蔬菜保鲜技术专利投资入股到某村级企业，双方协议约定价值为30 000元，投资入股时，该蔬菜保鲜技术专利已计提累计摊销16 000元。会计分录如下：

（1）若东方红股份经济合作社为小规模纳税人，则：

免征增值税额 $=30\,000/(1+3\%)\times3\%=873.79$（元）

借：长期投资——长期股权投资（某村级企业） 30 000.00

累计摊销——蔬菜保鲜技术 16 000.00

贷：无形资产——蔬菜保鲜技术 40 000.00

其他收入——免征增值税 873.79

公积公益金——非货币性资产投资利得 5 126.21

（2）若东方红股份经济合作社为一般纳税人，则：

免征增值税额 $=30\,000/(1+6\%)\times6\%=1\,698.11$（元）

借：长期投资——长期股权投资（某村级企业） 30 000.00

累计摊销——蔬菜保鲜技术 16 000.00

贷：无形资产——蔬菜保鲜技术 40 000.00

其他收入——免征增值税 1 698.11

公积公益金——非货币性资产投资利得 4 301.89

第二节　长期待摊费用的核算

农村集体经济组织的长期待摊费用是指已经发生但应由本期和以后各期负担的分摊期限在1年以上的各项费用，包括农村集体经济组织已提足折旧的固定资产改建支出和其他长期待摊费用等。农村集体经济组织应按照支出项目进行明细核算。期末借方余额，反映农村集体经济组织尚未摊销完毕的长期待摊费用。

农村集体经济组织发生长期待摊费用时，借记“长期待摊费用”科目，贷记“库存现金”、“银行存款”、“库存物资”等科目。摊销长期待摊费用时，借记“生产（劳务）成本”、“管理费用”、“其他支出”等科目，贷记“长期待摊费用”科目。

【例7－9】2024年1月10日，东方红股份经济合作社对厂房进行装修，发生装修费用15 000元，取得增值税专用发票；领用库存物资5 000元，装修后预计使用年限为3年。

（1）若东方红股份经济合作社为小规模纳税人，则：

①发生改建支出时：

借：长期待摊费用——厂房装修支出　　20 000.00

　　贷：银行存款　　15 000.00

　　　　库存物资　　5 000.00

②按月摊销费用时：

借：生产（劳务）成本　　555.56

　　贷：长期待摊费用——厂房装修支出　　555.56

（2）若东方红股份经济合作社为一般纳税人，则：

①发生改建支出时：

借：长期待摊费用——厂房装修支出　　18 274.34

　　应交税费——应交增值税（进项税额）　　1 725.66

　　贷：银行存款　　15 000.00

　　　　库存物资　　5 000.00

②按月摊销费用时：

借：生产（劳务）成本　　507.62

　　贷：长期待摊费用——厂房装修支出　　507.62

第八章　负债及所有者权益的核算

农村集体经济组织的负债，是指农村集体经济组织过去的交易或者事项形成的、预期会导致经济利益流出农村集体经济组织的现时义务。农村集体经济组织的负债按照流动性分为流动负债和非流动负债。农村集体经济组织的负债按照实际发生额计价。

第一节　流动负债的核算

流动负债是指偿还期在1年以内（含1年）或超过1年的一个营业周期内的债务，包括短期借款、应付款项、应付工资、应付劳务费、应交税费等。

一、短期借款的核算

短期借款，是指农村集体经济组织向银行等金融机构或相关单位、个人等借入的偿还期在1年以内（含1年）的各种借款。短期借款一般是农村集体经济组织为了满足正常生产经营所需的资金而借入的，具有借款金额小、时间短、利息低等特点。

为加强对短期借款的管理，反映短期借款的取得、使用和归还情况，农村集体经济组织应设置“短期借款”科目，核算实际发生的各种短期借款。“短期借款”科目应按照借款单位或个人设置明细科目进行明细核算，期末贷方余额反映农村集体经济组织尚未偿还的短期借款的本金。

农村集体经济组织借入短期借款时，借记“银行存款”等科目，贷记“短期借款”科目；偿还借款时，作相反的会计分录。短期借款利息应按期计提，借记“其他支出”科目，贷记“应付款”等科目。

【例8－1】2024年1月10日，东方红股份经济合作社因资金周转困难向某银行借入一笔短期借款200 000元，期限3个月，月利息率2.5‰，款项已存银行。根据与银行签署的借款协议，到期一次性还本付息。会计分录如下：

（1）借入短期借款时：

借：银行存款　　　　　　　　　　　　　　200 000.00

　　贷：短期借款——某银行　　　　　　　　　　200 000.00

（2）每月末计提当月应付利息时：

每月应计提的借款利息＝200 000×2.5‰＝500（元）

借：其他支出——借款利息　　　　　　　　　　500.00

　　贷：应付款——应付利息　　　　　　　　　　　500.00

（3）2024年4月偿还短期借款本息时：

已提取的2个月借款利息＝（200 000×2.5‰）×2＝1 000（元），在“应付款——应付利息”账户的贷方。

本月应计借款利息＝200 000×2.5‰＝500（元）

偿还借款本息＝200 000＋1 000＋500＝201 500（元）

借：短期借款　　　　　　　　　　　　　　200 000.00

　　应付款——应付利息　　　　　　　　　　　1 000.00

　　其他支出——借款利息　　　　　　　　　　　500.00

　　贷：银行存款　　　　　　　　　　　　　　　201 500.00

二、应付款的核算

应付款，是指农村集体经济组织与非成员之间发生的偿还期在1年以内（含1年）的各种应付及暂收款项，如因购买库存物资和接受服务等应付的款项以及应付的赔款等。

农村集体经济组织应设置“应付款”科目核算其实际发生的应付及暂收款项。“应付款”科目应按照发生应付及暂收款项的非成员单位或个人设置明细账，进行明细核算，期末贷方余额，反映农村集体经济组织尚未支付的应付及暂收款项。

（一）新增应付款的核算

农村集体经济组织与非成员之间发生各种应付及暂收款项（含一次收取多期发包或出租款项）时，借记“库存现金”、“银行存款”、“库存物资”、“经营支出”、“其他支出”等科目，贷记“应付款”科目；在偿还应付及暂收款项时，按照实际支付的金额，借记“应付款”科目，贷记“银行存款”等科目。一次收取多期发包或出租款项的，在每期确认发包或出租收入时，借记“应付款”科目，贷记“经营收入”科目。

【例8－2】2024年1月10日，东方红股份经济合作社从县农技站购入一批农用物资，其中：饲料金额30 000元（增值税发票上注明的价款27 522.94元，增值税税额为2 477.06元），农膜金额40 000元（增值税发票上注明的价款36 697.25元，增值税税额为3 302.75元），货款尚未支付。2024年1月20日，以银行存款偿还这笔欠款。会计分录如下：

（1）若东方红股份经济合作社为小规模纳税人，则：

①购入农用物资时：

借：库存物资——农用物资（饲料）　　30 000.00

　　库存物资——农用物资（农膜）　　40 000.00

贷：应付款——县农技站　70 000.00

②支付应付款时：

借：应付款——县农技站　70 000.00

贷：银行存款　70 000.00

(2) 若东方红股份经济合作社为一般纳税人，则：

①购入农用物资时：

借：库存物资——农用物资（饲料）　27 522.94

库存物资——农用物资（农膜）　36 697.25

应交税金——应交增值税（进项税额）　5 779.81

贷：应付款——县农技站　70 000.00

②偿还应付款时：

借：应付款——县农技站　70 000.00

贷：银行存款　70 000.00

【例 8-3】 2024 年 1 月 1 日，东方红股份经济合作社通过农村产权交易市场将集体土地 2 000 亩对外出租用于蔬菜种植，每年每亩租金 1 000 元，一次收取 5 年承包金，共计 10 000 000 元，款项以银行存款收讫。会计分录如下：

(1) 若东方红股份经济合作社是小规模纳税人，则：

①当年应确认出租收入[①] = (2 000 × 1 000)/(1 + 5%)

= 1 904 761.90（元）

当月应确认出租收入 = 1 904 761.90/12 = 158 730.16（元）

当月应确认的免征增值税额[②] = (2 000 × 1 000 × 5)/(1 + 5%) × 5% = 476 190.48（元）

以后月份应确认的出租收入 = (2 000 × 1 000 × 5)/(1 + 5%) −

① 根据财税〔2016〕36 号文规定，单位和个体工商户出租不动产，按照 5% 的征收率计算应纳增值税额。财税〔2016〕47 号文第三条第（二）项规定，纳税人以经营租赁方式将土地出租给他人使用，按照不动产经营租赁服务缴纳增值税。按照财税〔2016〕36 号文规定，预收租金的，应于收到租金当天确认增值税应税义务的实现。

② 根据财税〔2016〕36 号文规定，将土地使用权转让给农业生产者用于农业生产免征增值税。

158 730. 16 = 9 365 079. 36（元）

借：银行存款　　　　　　　　　　　　　10 000 000. 00

　　贷：经营收入——出租收入　　　　　　　　158 730. 16

　　　　其他收入——免征增值税　　　　　　　476 190. 48

　　　　应付款——暂收种植地面租赁款　　　9 365 079. 36

②以后每月确认出租收入时：

借：应付款——暂收种植地面租赁款　　　158 730. 16

　　贷：经营收入——出租收入　　　　　　　　158 730. 16

（2）若东方红股份经济合作社是一般纳税人，则：

①当年应确认出租收入[①] = (2 000 × 1 000)/(1 + 9%)

= 1 834 862. 39（元）

当月应确认出租收入 = 1 834 862. 39/12 = 152 905. 20（元）

当月应确认的免征增值税额[②] = (2 000 × 1 000 × 5)/(1 + 9%) × 9% = 825 688. 07（元）

以后月份应确认的出租收入 = (2 000 × 1 000 × 5)/(1 + 9%) − 152 905. 20 = 9 021 406. 73（元）

借：银行存款　　　　　　　　　　　　　10 000 000. 00

　　贷：经营收入——出租收入　　　　　　　　152 905. 20

　　　　其他收入——免征增值税　　　　　　　825 688. 07

　　　　应付款——暂收种植地面租赁款　　　9 021 406. 73

②以后每年确认出租收入时：

借：应付款——暂收种植地面租赁款　　　152 905. 20

　　贷：经营收入——出租收入　　　　　　　　152 905. 20

【例 8 – 4】 2024 年 1 月 10 日，东方红股份经济合作社接受农

---

① 根据财税〔2016〕36 号文规定，一般纳税人出租其 2016 年 4 月 30 日前取得的不动产，可以选择适用简易计税方法，按照 5% 的征收率计算应纳税额。为了区分一般纳税人与小规模纳税人，本例的一般纳税人采用一般计税方法计算增值税，适用税率为 9%。按照财税〔2016〕36 号文规定，预收租金的，应于收到租金当天确认增值税应税义务的实现。因此，收款当月应确认增值税免税金额。

② 根据财税〔2016〕36 号文规定，将土地使用权转让给农业生产者用于农业生产免征增值税。

户委托，为农户代销自产蔬菜50吨、每吨平均价格3 000元，款项150 000元已经收取。东方红股份经济合作社按货款总额的10%收取代理费。1月20日，向农户兑付款项。会计分录如下：

销售总额 = 50 × 3 000 = 150 000（元）

收取代销手续费 = 150 000 × 10% = 15 000（元）

应兑付给农户金额 = 150 000 − 15 000 = 135 000（元）

（1）若东方红股份经济合作社是小规模纳税人，则：

当月应确认应交增值税 = 15 000/（1 + 1%）× 1% = 148.51（元）

①收到代销蔬菜时：

借：库存物资——委托代销商品　　150 000.00

　　贷：内部往来——各农户　　150 000.00

②收到代销蔬菜款时：

借：银行存款　　150 000.00

　　贷：库存物资——委托代销商品　　150 000.00

③确认收入时：

借：内部往来——各农户　　15 000.00

　　贷：经营收入——代理收入　　14 851.49

　　　　应交税费——应交增值税　　148.51

④支付给农户代销蔬菜款时：

借：内部往来——各农户　　135 000.00

　　贷：银行存款　　135 000.00

（2）若东方红股份经济合作社是一般纳税人，则：

当月应确认应交增值税 = 15 000/（1 + 6%）× 6% = 849.06（元）

当月应确认收入 = 15 000 − 849.06 = 14 150.94（元）

①收到代销蔬菜时：

借：库存物资——委托代销商品　　150 000.00

　　贷：内部往来——各农户　　150 000.00

②收到代销蔬菜款时：

借：银行存款　　150 000.00

贷：库存物资——委托代销商品　　150 000.00

③确认收入时：

借：内部往来——各农户　　15 000.00

贷：经营收入——代理收入　　14 150.94

应交税费——应交增值税（销项税额）　　849.06

④支付给农户代销蔬菜款时：

借：内部往来——各农户　　135 000.00

贷：银行存款　　135 000.00

（二）核销或豁免应付及暂收款的核算

因债权人特殊原因等确实无法偿还的应付及暂收款项或获得债权人的债务豁免时，按规定程序经批准后，借记“应付款”科目，贷记“其他收入”科目。

【例8-5】东方红股份经济合作社有一笔应付某农资商贸公司的购置农药款1 000元，因债权单位注销确实无法支付，按规定程序批准后核销。会计分录如下：

借：应付款——某农资商贸公司　　1 000.00

贷：其他收入——无法偿付款项　　1 000.00

三、应付工资与应付劳务费的核算

（一）应付工资的核算

应付工资，是指农村集体经济组织为获得管理人员、固定员工等职工提供的服务而应付给职工的各种形式的报酬以及其他相关支出，包括在工资总额内的各种工资、奖金、津贴、补助、社会保险费等。

农村集体经济组织应设置“应付工资”科目核算应付职工工资总额，应付工资不论是否在当月支付，都应通过“应付工资”科目核算。农村集体经济组织应当设置“应付工资明细账”，按照应付工资的对象、组成内容等进行明细核算。期末一般应无余额，如有贷方余额，反映农村集体经济组织已提取但尚未支付的工资额。

提取工资时，根据人员岗位进行工资分配，借记“在建工程”、“生产（劳务）成本”、“经营支出”、“管理费用”等科目，贷记“应付工资”科目。实际支付工资时，借记“应付工资”科目，贷记“库存现金”、“银行存款”等科目。

【例 8－6】 2024 年 1 月 31 日，东方红股份经济合作社按规定提取本月人员工资 80 000 元（其中应缴纳个人负担的养老保险费 3 600 元、医疗保险费 800 元、失业保险费 500 元、应代扣代缴个人所得税 3 500 元）；应缴纳单位负担的基本养老保险费 9 000 元、医疗保险费 4 000 元、失业保险费 800 元、工伤保险费 300 元、生育保险费 500 元；月底以银行存款支付。会计分录如下：

（1）提取工资时：

借：管理费用——人员工资　　　94 600.00

　　贷：应付工资——工资　　　80 000.00

　　　　应付工资——基本养老保险费（单位负担）

　　　　　　　9 000.00

　　　　应付工资——医疗保险费（单位负担）　4 000.00

　　　　应付工资——失业保险费（单位负担）　800.00

　　　　应付工资——工伤保险费（单位负担）　300.00

　　　　应付工资——生育保险费（单位负担）　500.00

（2）发放工资时：

借：应付工资——工资　　　80 000.00

　　贷：应交税费——应交个人所得税　　3 500.00

　　　　应付款——养老保险费（个人负担）　3 600.00

　　　　应付款——医疗保险费（个人负担）　800.00

　　　　应付款——失业保险费（个人负担）　500.00

　　　　银行存款　　　71 600.00

(3) 上缴管理人员的基本养老保险费、社会保险费及个人所得税时:

借: 应付款——养老保险费 (个人负担) 3 600.00

应付工资——基本养老保险费 (单位负担) 9 000.00

应付款——医疗保险费 (个人负担) 800.00

应付工资——医疗保险费 (单位负担) 4 000.00

应付款——失业保险 (个人负担) 500.00

应付工资——失业保险费 (单位负担) 800.00

应付工资——工伤保险费 (单位负担) 300.00

应付工资——生育保险费 (单位负担) 500.00

应交税费——应交个人所得税 3 500.00

贷: 银行存款 23 000.00

(二) 应付劳务费的核算

应付劳务费，是指农村集体经济组织为获得季节性用工等临时性工作人员提供的劳务而应支付的各种形式的报酬以及其他相关支出，包括在劳务费总额内的各种劳务费、奖金、津贴、补助等。

农村集体经济组织应设置“应付劳务费”科目，核算应实际支付的劳务费总额。应付劳务费不论是否在当月支付，都应通过“应付劳务费”科目核算。农村集体经济组织应当按照应付劳务费的对象、组成内容等进行明细核算。期末一般应无余额，如有贷方余额，反映农村集体经济组织已提取但尚未支付的劳务费金额。

提取劳务费时，根据人员岗位进行劳务费分配，借记“在建工程”、“生产（劳务）成本”、“经营支出”等科目，贷记“应付劳务费”科目；实际支付劳务费时，借记“应付劳务费”科目，贷记“库存现金”、“银行存款”等科目。

【例 8-7】 2024 年 1 月 10 日，东方红股份经济合作社因扩建灌溉渠需要临时用工，按规定提取临时用工人员费用 100 000 元，社会保险费 10 000 元，以银行存款支付。会计分录如下：

(1) 提取劳务费时：

借：在建工程——劳务费　　110 000.00

　　贷：应付劳务费——灌溉渠工程　　100 000.00

　　　　应付劳务费——灌溉渠工程（社会保险费）

　　　　　　10 000.00

(2) 发放劳务费时：

借：应付劳务费——灌溉渠工程　　100 000.00

　　贷：银行存款　　100 000.00

(3) 支付社会保险费时：

借：应付劳务费——灌溉渠工程（社会保险费）

　　10 000.00

　　贷：银行存款　　10 000.00

四、应交税费的核算

应交税费，是指农村集体经济组织按照税法规定计算应缴纳的企业所得税、增值税、消费税、城市维护建设税、资源税、土地增值税，以及教育费附加和地方教育附加等各种税费。

农村集体经济组织应当设置“应交税费”科目核算应缴纳的各项税费，代扣代缴的个人所得税等，也通过“应交税费”科目核算。“应交税费”科目应按照应缴纳的税费项目等进行明细核算。期末贷方余额，反映农村集体经济组织尚未缴纳的税费；期末如为借方余额，则反映农村集体经济组织多缴纳税款或尚未抵扣的税费。

（一）涉及增值税会计处理的相关业务核算

增值税是以商品或应税劳务在流转过程中产生的增值额作为计

税依据而征收的一种流转税。按照我国现行增值税制度的规定，在中华人民共和国境内销售货物或者加工、修理修配劳务，销售服务、无形资产、不动产以及进口货物的单位和个人为增值税的纳税人。

农村集体经济组织涉及增值税会计核算的相关业务，应按照国家统一的会计制度有关增值税会计处理的规定[①]，设置“应交税费——应交增值税”等科目进行账务处理。

【例 8 -8】2024 年 1 月 5 日，东方红股份经济合作社采购一批饲料（豆粕），采购发票注明价款 200 000 元，已用银行存款支付。会计分录如下：

（1）若东方红股份经济合作社为小规模纳税人，则：

借：库存物资——外购饲料（豆粕）　　200 000.00

　　贷：银行存款　　200 000.00

（2）若东方红股份经济合作社为一般纳税人，则：

购进饲料允许抵扣的增值税进项税额[②] = 200 000 × 9%

= 18 000（元）

借：库存物资——外购饲料（豆粕）　　182 000.00

　　应交税费——应交增值税（进项税额）　18 000.00

　　贷：银行存款　　200 000.00

【例 8 -9】2024 年 1 月 25 日，东方红股份经济合作社将前述【例 8 - 8】购进的饲料（豆粕）进行加工后对外销售给某种植企业，开具增值税专用发票上注明的价款为 400 000 元，增值税专用发票和提货单已交给买方，款项尚未收到。会计分录如下：

（1）若东方红股份经济合作社为小规模纳税人，则：

---

① 2016 年 12 月 3 日，财政部下发《财政部关于印发〈增值税会计处理规定〉的通知》（财会〔2016〕22 号），对增值税业务的会计处理做出了详细规定。

② 根据《关于深化增值税改革有关政策的公告》（财政部 税务总局 海关总署公告 2019 年第 39 号）规定：“自 2019 年 4 月 1 日起，纳税人购进农产品，原适用 10% 扣除率的，扣除率调整为 9%。纳税人购进用于生产或者委托加工 13% 税率货物的农产品，按照 10% 的扣除率计算进项税额。购进农产品，按照《农产品增值税进项税额核定扣除试点实施办法》抵扣进项税额的除外。”

①将提货单和增值税专用发票交给买方时：

价款和增值税款合计 = 400 000 + 400 000 × 1% = 404 000（元）

应缴纳的增值税[①] = 400 000 × 1% = 4 000（元）

借：应收账款——某种植企业　　404 000.00

　　贷：经营收入——饲料（豆粕）　　400 000.00

　　　　应交税费——应交增值税　　4 000.00

②结转所销物资的实际成本时：

借：经营支出　　200 000.00

　　贷：库存物资——外购饲料（豆粕）　　200 000.00

（2）若东方红股份经济合作社为一般纳税人，则：

①将提货单和增值税专用发票交给买方时：

价款和增值税款合计 = 400 000 + 400 000 × 9% = 436 000（元）

借：应收账款——某种植企业　　436 000.00

　　贷：经营收入——饲料（豆粕）　　400 000.00

　　　　应交税费——应交增值税（销项税额）

　　　　　　36 000.00

②结转所销物资的实际成本时：

借：经营支出　　182 000.00

　　贷：库存物资——外购饲料（豆粕）　　182 000.00

【例 8－10】 2024 年 2 月 5 日，东方红股份经济合作社缴纳 1 月应交未交增值税 50 000 元，已用银行存款支付。会计分录如下：

（1）若东方红股份经济合作社为小规模纳税人，则：

借：应交税费——应交增值税　　50 000.00

　　贷：银行存款　　50 000.00

（2）若东方红股份经济合作社为一般纳税人，则：

借：应交税费——应交增值税（未交增值税）

　　50 000.00

① 若东方红股份经济合作社为增值税小规模纳税人，按照财政部 税务总局公告 2023 年第 19 号规定，适用 3% 征收率的应税销售收入，减按 1% 征收率征收增值税。

贷：银行存款　　　　　　　　　　　　　　50 000.00

【例 8－11】2024 年 1 月 5 日，东方红股份经济合作社为 ABC 公司提供保洁劳务服务，开具增值税专用发票上注明的价款为 400 000 元。会计分录如下：

（1）若东方红股份经济合作社为小规模纳税人，则：

价款和增值税款合计＝400 000＋400 000×1%＝404 000（元）

应缴纳的增值税＝400 000×1%＝4 000（元）

借：应收账款——ABC 公司　　　　　　　404 000.00

　贷：经营收入——劳务收入（保洁劳务）　400 000.00

　　　应交税费——应交增值税　　　　　　　4 000.00

（2）若东方红股份经济合作社为一般纳税人，则：

价款和增值税款合计＝400 000＋400 000×6%＝424 000（元）

借：应收账款——ABC 公司　　　　　　　424 000.00

　贷：经营收入——劳务收入（保洁劳务）　400 000.00

　　　应交税费——应交增值税（销项税额）

　　　　　　　　　　　　　　　　　　　　24 000.00

（二）其他应交税费的核算

根据税法规定，农村集体经济组织其他应交纳的各种税费包括：消费税、企业所得税、城市维护建设税、资源税、土地增值税、房产税、车船税、城镇土地使用税、教育费附加、印花税、耕地占用税、环境保护税、契税、车辆购置税等。

农村集体经济组织按照规定计算其他应交税费，借记“税金及附加”、“所得税费用”等科目，贷记“应交税费”科目。实际缴纳各种税费时，借记“应交税费”科目，贷记“银行存款”等科目。

【例 8－12】2024 年 1 月 25 日，东方红股份经济合作社签订一份销售合同，根据税法规定计算的应交印花税为 3 000 元，以银行存款付讫。会计处理如下：

（1）确认应交纳的印花税时：

借：税金及附加——印花税　　3 000.00
　　贷：应交税费——应交印花税　　3 000.00

（2）用银行存款交纳印花税时：

借：应交税费——应交印花税　　3 000.00
　　贷：银行存款　　3 000.00

（三）代扣代缴的个人所得税的核算

农村集体经济组织按照税法等规定应代扣代缴的个人所得税，借记“应付工资”、“应付劳务费”科目，贷记“应交税费”科目（应交个人所得税）。缴纳个人所得税时，借记“应交税费”科目（应交个人所得税），贷记“银行存款”等科目。

【例 8－13】 2024 年 1 月 31 日，东方红股份经济合作社计提当月外聘保安人员劳务费 100 000 元，应代扣代缴个人所得税 4 000 元，以银行存款支付。会计分录如下：

（1）确认劳务费用支出时：

借：管理费用——保安费　　100 000.00
　　贷：应付劳务费——保安费　　100 000.00

（2）支付劳务费用并代扣代缴个人所得税时：

借：应付劳务费——保安费　　100 000.00
　　贷：应交税费——应交个人所得税　　4 000.00
　　　　银行存款　　96 000.00

（3）缴纳个人所得税时：

借：应交税费——应交个人所得税　　4 000.00
　　贷：银行存款　　4 000.00

第二节　非流动负债的核算

非流动负债是指流动负债以外的负债，包括长期借款及应付款、一事一议资金、专项应付款等。

一、长期借款及应付款的核算

长期借款及应付款，是指农村集体经济组织向银行等金融机构或相关单位、个人等借入的期限在1年以上（不含1年）的借款及偿还期在1年以上（不含1年）的应付款项。农村集体经济组织应设置“长期借款及应付款”科目核算其实际发生的长期借款及应付款。“长期借款及应付款”科目应按照借款及应付款单位或个人设置明细账进行明细核算，期末贷方余额，反映农村集体经济组织尚未偿还的长期借款及应付款。

农村集体经济组织发生长期借款及应付款时，借记“银行存款”等科目，贷记“长期借款及应付款”科目；偿还长期借款及应付款时，作相反的会计分录；长期借款利息应按期计提，借记“其他支出”科目，贷记“应付款”等科目[①]；因债权人特殊原因等发生确实无法偿还的长期借款及应付款或获得债权人的债务豁免时，按规定报经批准后，借记“长期借款及应付款”科目，贷记“其他收入”科目。

【例8-14】2024年2月1日，东方红股份经济合作社向某信用社贷款1 500 000元修缮物流园区库房，约定偿还期限三年，年利率6%，款项已存入银行。每年付息一次。到期还本。会计分录如下：

（1）收到长期借款时：

借：银行存款　　　　　　　　　　　　1 500 000.00

　　贷：长期借款及应付款——某信用社　　　1 500 000.00

（2）每月末计提利息时：

① 《农村集体经济组织会计制度》没有要求将长期借款利息资本化，即没有要求将借款利息确认为一项资产成本，而是统一在“其他支出——利息支出”科目中核算。

应计提利息金额 =1 500 000×6% ÷12 =7 500（元）

借：其他支出——贷款利息　　　　　　7 500.00

　　贷：应付款——某信用社（应付利息）　　7 500.00

（3）2025 年 1 月 31 日偿还借款利息时：

已计提 11 个月的借款利息 =1 500 000×6% ÷12×11

　　　　　　　　　　　　=82 500（元）

本月应结算长期借款利息 =1 500 000×6% ÷12 =7 500（元）

借：其他支出——贷款利息　　　　　　7 500.00

　　应付款——某信用社（应付利息）　　82 500.00

　　贷：银行存款　　　　　　　　　　　　90 000.00

（4）2027 年 1 月 31 日偿还借款本息时：

借款最后一个年度已计提 11 个月的借款利息 =1 500 000×6% ÷12×11 =82 500（元）

本月应结算长期借款利息 =1 500 000×6% ÷12 =7 500（元）

借：其他支出——利息支出　　　　　　7 500.00

　　应付款——某信用社（应付利息）　　82 500.00

　　长期借款及应付款——某信用社　　1 500 000.00

　　贷：银行存款　　　　　　　　　　　1 590 000.00

【例 8－15】2024 年 2 月 10 日，东方红股份经济合作社与某制冷设备公司签订合同，购入冷库制冷设备一套，金额 1 017 000 元，分三年平均偿还，设备安装费用 22 600 元，均取得增值税专用发票，款项以银行存款支付。会计分录如下：

（1）若东方红股份经济合作社是小规模纳税人，则：

①购入设备确认长期应付款时：

借：在建工程——制冷设备　　　　　　1 017 000.00

　　贷：长期借款及应付款——某制冷设备公司

　　　　　　　　　　　　　　　　　　　1 017 000.00

②支付安装费时：

借：在建工程——制冷设备　　　　　　22 600.00

贷：银行存款　　　　　　　　　　　　　22 600.00

③安装完毕验收交付使用时：

借：固定资产——制冷设备　　　　　　1 039 600.00

贷：在建工程——制冷设备　　　　　　1 039 600.00

④每年偿还长期应付款时：

每年偿还价款金额＝1 017 000÷3＝339 000（元）

借：长期借款及应付款——某制冷设备公司

339 000.00

贷：银行存款　　　　　　　　　　　　339 000.00

（2）若东方红股份经济合作社是一般纳税人，则：

①购入设备确认长期应付款时：

借：在建工程——制冷设备　　　　　　900 000.00

应交税费——应交增值税（进项税额）

117 000.00

贷：长期借款及应付款——某制冷设备公司

1 017 000.00

②支付安装费时：

借：在建工程——制冷设备　　　　　　20 000.00

应交税费——应交增值税（进项税额）2 600.00

贷：银行存款　　　　　　　　　　　　22 600.00

③安装完毕验收交付使用时：

借：固定资产——制冷设备　　　　　　920 000.00

贷：在建工程——制冷设备　　　　　　920 000.00

④每年偿还长期应付款时：

每年偿还价款金额＝1 017 000÷3＝339 000（元）

借：长期借款及应付款——某制冷设备公司

339 000.00

贷：银行存款　　　　　　　　　　　　339 000.00

【例 8－16】 2024 年 1 月 28 日，东方红股份经济合作社对长期借款及应付款进行核实，发现有应付某融资租赁公司余额 50 000 元，该融资租赁公司已于2020 年注销。款项确实已无法归还，按规定程序批准后予以核销。会计分录如下：

借：长期借款及应付款——某融资租赁公司 50 000.00

　　贷：其他收入——无法偿付款项　　　　50 000.00

二、一事一议资金的核算

农村集体经济组织的一事一议资金，是指农村集体经济组织兴办村民直接受益的集体生产生活等公益事业，按一事一议的形式筹集的专项资金。

农村集体经济组织应设置“一事一议资金”科目，核算实际发生的一事一议资金。“一事一议资金”科目应按照所议项目设置明细科目进行明细核算。同时，必须另设备查账簿对一事一议资金的筹集和使用情况进行登记。期末贷方余额，反映农村集体经济组织应当用于一事一议专项工程建设的资金；期末借方余额，反映农村集体经济组织一事一议专项工程建设的超支数。

1. 筹集一事一议资金的核算

农村集体经济组织应于一事一议筹资方案经成员（代表）大会通过时，按照筹资方案规定的金额，借记“内部往来”科目，贷记“一事一议资金”科目；收到成员交来的一事一议专项筹资时，借记“库存现金”、“银行存款”等科目，贷记“内部往来”科目。

【例 8-17】 2024 年 1 月 3 日，东方红股份经济合作社通过一事一议筹资筹劳方式，按人均 5 元的标准收取一事一议资金用于购置五台保洁车。东方红股份经济合作社共有成员 4 000 人，款项全部收齐，存入银行。会计分录如下：

（1）筹资方案经成员（代表）大会通过时：

借：内部往来——各成员　　　　20 000.00

　　贷：一事一议资金——保洁车资金　　20 000.00

（2）款项全部收齐并存入银行时：

借：银行存款　　20 000.00

　　贷：内部往来——各成员　　20 000.00

2. 购入不需要安装的固定资产的核算

农村集体经济组织使用一事一议资金购入不需要安装的固定资产的，借记“固定资产”科目，贷记“库存现金”、“银行存款”等科目，同时，借记“一事一议资金”科目，贷记“公积公益金”科目。

【例 8-18】 接上例，2024 年 1 月 26 日，东方红股份经济合作社用筹集的一事一议资金 20 000 元和自有资金 36 500 元购置五台保洁车用于提供保洁服务，已取得增值税专用发票，价款 50 000 元，税款 6 500 元。会计分录如下：

（1）若东方红股份经济合作社为小规模纳税人，则：

①用一事一议资金购置保洁车时：

借：固定资产——保洁车　　56 500.00

　　贷：银行存款　　56 500.00

②将一事一议资金转入公积公益金时：

借：一事一议资金——保洁车资金　　20 000.00

　　贷：公积公益金——一事一议资金转入　　20 000.00

（2）若东方红股份经济合作社为一般纳税人，则：

①用一事一议资金购置保洁车时：

借：固定资产——保洁车　　50 000.00

　　应交税费——应交增值税（进项税额）　　6 500.00

　　贷：银行存款　　56 500.00

②将一事一议资金转入公积公益金时：

借：一事一议资金——保洁车资金　　20 000.00

　　贷：公积公益金——一事一议资金转入　　20 000.00

3. 购入需要安装或建造固定资产的核算

农村集体经济组织使用一事一议资金购入需要安装或建造固定

资产的，借记“在建工程”科目，贷记“库存现金”、“银行存款”等科目。固定资产完工交付使用后，借记“固定资产”科目，贷记“在建工程”科目，同时，借记“一事一议资金”科目，贷记“公积公益金”科目。

【例 8－19】2024 年 1 月 10 日，东方红股份经济合作社通过一事一议筹资方式用于购置康养小屋厨房设备提供简易餐饮服务，按人均 20 元的标准收取一事一议资金。东方红股份经济合作社共有成员 4 000 人，款项全部收齐并存入银行。厨房设备 75 000 元，安装费用 5 000 元，均以银行存款支付并取得增值税专用发票。会计分录如下：

（1）若东方红股份经济合作社为小规模纳税人，则：

①筹资方案通过时：

一事一议资金总额 = 4 000 × 20 = 80 000（元）

借：内部往来——各成员　　80 000.00

　　贷：一事一议资金——康养小屋厨房设备资金

　　　　80 000.00

②收到筹资款时：

借：银行存款　　80 000.00

　　贷：内部往来——各成员　　80 000.00

③支付设备购置成本时：

借：在建工程——康养小屋厨房设备　　75 000.00

　　贷：银行存款　　75 000.00

④支付设备安装费用时：

借：在建工程——康养小屋厨房设备　　5 000.00

　　贷：银行存款　　5 000.00

⑤工程完工，经验收交付使用时：

借：固定资产——康养小屋厨房设备　　80 000.00

　　贷：在建工程——康养小屋厨房设备　　80 000.00

同时，将一事一议资金转入公积公益金：

借：一事一议资金——康养小屋厨房设备资金

80 000.00

贷：公积公益金——一事一议资金转入　　80 000.00

（2）若东方红股份经济合作社为一般纳税人，则：

①筹资方案通过时：

一事一议资金总额 = 4 000 × 20 = 80 000（元）

借：内部往来——各成员　　80 000.00

贷：一事一议资金——康养小屋厨房设备资金

80 000.00

②收到筹资款时：

借：银行存款　　80 000.00

贷：内部往来——各成员　　80 000.00

③支付设备购置成本时：

借：在建工程——康养小屋厨房设备　　66 371.68

应交税费——应交增值税（进项税额）　8 628.32

贷：银行存款　　75 000.00

④支付设备安装费用时：

借：在建工程——康养小屋厨房设备　　4 424.78

应交税费——应交增值税（进项税额）　575.22

贷：银行存款　　5 000.00

⑤工程完工，经验收交付使用时：

借：固定资产——康养小屋厨房设备　　70 796.46

贷：在建工程——康养小屋厨房设备　　70 796.46

同时，将一事一议资金转入公积公益金：

借：一事一议资金——康养小屋厨房设备资金

80 000.00

贷：公积公益金——一事一议资金转入　　80 000.00

4. 没有形成固定资产项目的核算

农村集体经济组织对于使用一事一议资金未形成固定资产的项

目，在项目支出发生时，借记“在建工程”科目，贷记“库存现金”、“银行存款”等科目；项目完成后按使用一事一议资金金额，借记“公益支出”、“其他支出”等科目，贷记“在建工程”科目，同时，借记“一事一议资金”科目，贷记“公积公益金”科目。

【例 8-20】 2024 年 1 月 20 日，东方红股份经济合作社通过一事一议筹资筹劳方式将村路面硬化，按人均 15 元的标准收取一事一议资金。东方红股份经济合作社共有成员 4 000 人，款项全部收齐，存入银行。路面硬化发生费用 60 000 元，以银行存款支付。会计分录如下：

（1）筹资方案通过时：

一事一议资金总额 = 4 000 × 15 = 60 000（元）

借：内部往来——各成员　　60 000.00

　　贷：一事一议资金——村路面硬化资金　　60 000.00

（2）收到筹资款时：

借：银行存款　　60 000.00

　　贷：内部往来——各成员　　60 000.00

（3）以银行存款支付村路面硬化工程费用时：

借：在建工程——村路面硬化　　60 000.00

　　贷：银行存款　　60 000.00

（4）项目完成后，由于村路面硬化是公益项目，且不形成集体经济组织的固定资产，将在建工程转出并同时结转一事一议资金时：

借：公益支出——村路面硬化　　60 000.00

　　贷：在建工程——村路面硬化　　60 000.00

借：一事一议资金——村路面硬化　　60 000.00

　　贷：公积公益金——一事一议资金转入　　60 000.00

三、专项应付款的核算

专项应付款，是指农村集体经济组织获得政府给予的具有专门用途且未来应支付用于专门用途的专项补助资金。农村集体经济组织应设置“专项应付款”科目核算各类专门用途的专项补助资金。“专项应付款”科目应按照政府补助资金项目设置明细科目进行明细核算，期末贷方余额，反映农村集体经济组织尚未使用和结转的政府补助资金数额。

（一）收到政府补助资金的核算

农村集体经济组织收到政府专项补助的资金时，借记“库存现金”、“银行存款”等科目，贷记“专项应付款”科目。

【例 8-21】 2024 年 1 月 15 日，东方红股份经济合作社收到国家农林专项补助资金 2 000 000 元，款项已存银行。会计分录如下：

借：银行存款　　2 000 000.00

　贷：专项应付款——农林专项补助款　　2 000 000.00

（二）按照项目用途使用政府补助资金的核算

1. 取得生物资产、固定资产、无形资产等非货币性资产的核算

农村集体经济组织按照项目用途使用政府补助资金取得生物资产、固定资产、无形资产等非货币性资产时，应按照实际使用政府补助资金的数额，借记“消耗性生物资产”、“生产性生物资产”、“固定资产”、“无形资产”、“在建工程”等科目，贷记“库存现金”、“银行存款”等科目；同时借记“专项应付款”科目，贷记“公积公益金”科目。

【例 8-22】 2024 年 1 月 18 日，东方红股份经济合作社委托某工程公司建设文化馆项目用于提供文化服务活动，工程结算金额 1 300 000 元，取得增值税专用发票，文化馆项目获得财政补助资金

1 300 000 元，以银行存款收付。会计分录如下：

（1）若东方红股份经济合作社为小规模纳税人，则：

①收到文化馆项目财政补助资金时：

借：银行存款　　1 300 000. 00

　　贷：专项应付款——文化馆建设资金　　1 300 000. 00

②支付工程款时：

借：在建工程——文化馆　　1 300 000. 00

　　贷：银行存款　　1 300 000. 00

③工程验收合格并交付使用时：

借：固定资产——房屋及建筑物（文化馆）

　　1 300 000. 00

　　贷：在建工程——文化馆　　1 300 000. 00

同时，将“专项应付款”结转“公积公益金”：

借：专项应付款——文化馆建设资金　　1 300 000. 00

　　贷：公积公益金——专项应付款转入　　1 300 000. 00

（2）若东方红股份经济合作社为一般纳税人，则：

①收到文化馆项目财政补助资金时：

借：银行存款　　1 300 000. 00

　　贷：专项应付款——文化馆建设资金　　1 300 000. 00

②支付工程款时：

允许抵扣的增值税进项税额 = 1 300 000/（1 + 9%）× 9%

= 107 339. 45（元）

借：在建工程——文化馆　　1 192 660. 55

　　应交税费——应交增值税（进项税额）

　　107 339. 45

　　贷：银行存款　　1 300 000. 00

③工程验收合格并交付使用时：

借：固定资产——房屋及建筑物（文化馆）

　　1 192 660. 55

贷：在建工程——文化馆　　1 192 660.55

同时，将“专项应付款”结转“公积公益金”：

借：专项应付款——文化馆建设资金　　1 300 000.00

贷：公积公益金——专项应付款转入　　1 300 000.00

2. 按照项目用途使用政府补助资金但未形成非货币性资产的核算

农村集体经济组织按照项目用途使用政府补助资金，未形成资产需核销的部分，报经批准后，借记“专项应付款”科目，贷记“在建工程”等科目。

【例8－23】2024年1月20日，东方红股份经济合作社收到财政补助农业基础设施项目资金300 000元，用于维修水利设施。项目资金由财政直接拨付给施工单位。会计分录如下：

（1）维修水利设施时：

借：在建工程——水利设施　　300 000.00

贷：专项应付款——农业基础设施　　300 000.00

（2）水利设施维修不形成固定资产，经批准核销时：

借：专项应付款——农业基础设施款　　300 000.00

贷：在建工程——水利设施　　300 000.00

（三）退回政府补助资金的核算

农村集体经济组织因财政专项补助资金有结余等情况而退回政府补助资金时，借记“专项应付款”科目，贷记“库存现金”、“银行存款”等科目。

【例8－24】2024年1月21日，东方红股份经济合作社收到财政拨付计划生育专项补助资金80 000元，当年实际使用计划生育专项资金支付购买计生用品60 000元，以银行存款收付，剩余款项退回财政局。会计分录如下：

（1）收到财政计划生育专项补助资金时：

借：银行存款　　80 000.00

贷：专项应付款——计划生育专项资金　　80 000.00

（2）按项目用途使用财政计划生育专项补助资金时：

借：专项应付款——计划生育专项资金　　60 000.00

贷：银行存款　　60 000.00

（3）退回结余专项资金时：

借：专项应付款——计划生育专项资金　　20 000.00

贷：银行存款　　20 000.00

（四）取得非货币性资产之后收到对应用途政府补助资金的核算

农村集体经济组织在取得生物资产、固定资产、无形资产等非货币性资产之后收到对应用途的政府补助资金的，应按照收到的金额，借记“库存现金”、“银行存款”等科目，贷记“专项应付款”科目，同时按照实际使用政府补助资金的数额，借记“专项应付款”科目，贷记“公积公益金”科目。

【例 8－25】2024 年 1 月 20 日，东方红股份经济合作社收到服务大厅工程项目财政专项补助资金 3 000 000 元。服务大厅工程项目竣工结算金额 6 000 000 元，已转入固定资产。会计分录如下：

（1）收到财政补助资金时：

借：银行存款　　3 000 000.00

贷：专项应付款——服务大厅建设专项补助

3 000 000.00

（2）按照实际使用资金结转专项应付款时：

借：专项应付款——服务大厅建设专项补助

3 000 000.00

贷：公积公益金——专项应付款转入　　3 000 000.00

第三节　所有者权益的核算

一、所有者权益概述

农村集体经济组织的所有者权益，是指农村集体经济组织资产扣除负债后由全体成员享有的剩余权益。农村集体经济组织的所有者权益包括资本、公积公益金、未分配收益等。资本是指农村集体经济组织按照章程等确定的属于本集体经济组织成员集体所有的相关权益金额；公积公益金是指农村集体经济组织从收益中提取的，接受政府补助和他人捐赠等其他来源取得的公积公益金。包括按照章程确定的计提比例从本年收益中提取的公积公益金，政府补助或接受捐赠的资产（计入补助收入的资金除外），对外投资中资产重估确认价值与原账面价值的差额，一事一议筹资筹劳转入，收到的征用土地补偿费等。未分配收益是指农村集体经济组织历年分配（或弥补亏损）后的结存余额，反映农村集体经济组织留待以后年度分配的收益或留待以后年度弥补的亏损。

二、所有者权益的核算

（一）资本的核算

农村集体经济组织应设置“资本”科目核算按照章程等确定属于本集体经济组织成员集体所有的相关权益。按照确定的金额，借记“库存现金”、“银行存款”、“固定资产”、“无形资产”等科目，贷记“资本”科目。期末贷方余额，反映农村集体经济组织实有的资本数额。

【例8－26】2024年1月30日，东方红股份经济合作社按照章程规定，接受集体经济组织全体成员共同投入的资本6 000 000元，款项银行已经收妥。会计分录如下：

借：银行存款　　　　　　　　　　　　6 000 000.00

　　贷：资本——成员投入　　　　　　　　6 000 000.00

（二）公积公益金的核算

农村集体经济组织应设置"公积公益金"科目核算从收益中提取的，接受政府补助和他人捐赠等其他来源取得的公积公益金。"公积公益金"科目应按照公积公益金的来源设置明细科目进行明细核算。期末贷方余额，反映农村集体经济组织实有的公积公益金数额。

1. 从收益中提取公积公益金的核算

农村集体经济组织提取公积公益金时，借记"收益分配——各项分配"科目，贷记"公积公益金"科目。

【例8－27】2024年12月31日，东方红股份经济合作社从当年收益中提取公积公益金300 000元。会计分录如下：

借：收益分配——各项分配（提取公积公益金）

　　　　　　　　　　　　　　　　　　　300 000.00

　　贷：公积公益金——收益中提取　　　　300 000.00

2. 以非货币性资产对外投资形成公积公益金的核算

农村集体经济组织以实物资产、无形资产等非货币性资产方式投资时，按照评估确认或者合同、协议约定的价值和相关税费，借记"长期投资"科目，按照已计提的累计折旧或摊销，借记"生产性生物资产累计折旧"、"累计折旧"、"累计摊销"科目，按照投出资产的原价（成本）贷记"消耗性生物资产"、"生产性生物资产"、"固定资产"、"无形资产"等科目，按照应支付的相关税费贷记"应交税费"等科目，按照其差额借记或贷记"公积公益金"科目。

【例8-28】 2024年1月10日，东方红股份经济合作社经批准，以2021年建成的厂房与部分农户共同建设ABC农民专业合作社。厂房账面原值700 000元，已提折旧60 000元，协议约定价值900 000元。

（1）若东方红股份经济合作社为小规模纳税人，则：

固定资产账面价值 = 700 000 - 60 000 = 640 000（元）

应交增值税 = 900 000/(1 + 5%) × 5% = 42 857.14（元）

非货币性资产投资利得 = 900 000 - 640 000 - 42 857.14

= 217 142.86（元）

借：长期投资——ABC农民专业合作社　　900 000.00

　　累计折旧　　60 000.00

　　贷：固定资产——厂房　　700 000.00

　　　　应交税费——应交增值税　　42 857.14

　　　　公积公益金——非货币性资产投资利得

　　　　217 142.86

（2）若东方红股份经济合作社为一般纳税人，则：

固定资产账面价值 = 700 000 - 60 000 = 640 000（元）

应交增值税 = 900 000/(1 + 9%) × 9% = 74 311.93（元）

非货币性资产投资利得 = 900 000 - 640 000 - 74 311.93

= 185 688.07（元）

借：长期投资——ABC农民专业合作社　　900 000.00

　　累计折旧　　60 000.00

　　贷：固定资产——厂房　　700 000.00

　　　　应交税费——应交增值税（销项税额）

　　　　74 311.93

　　　　公积公益金——非货币性资产投资利得

　　　　185 688.07

3. 使用政府补助资金取得非货币资产形成公积公益金的核算

农村集体经济组织使用已收到的政府补助资金取得生物资产、

固定资产、无形资产等非货币性资产，或用于兴建农业农村基础设施时，按照实际使用政府补助资金的数额，借记“消耗性生物资产”、“生产性生物资产”、“固定资产”、“无形资产”、“在建工程”等科目，贷记“库存现金”、“银行存款”等科目，同时借记“专项应付款”科目，贷记“公积公益金”科目。具体案例见【例 8－22】。

4. 取得非货币性资产之后收到对应用途的政府补助资金形成公积公益金的核算

农村集体经济组织取得生物资产、固定资产、无形资产等非货币性资产之后收到对应用途的政府补助资金的，按照收到的金额，借记“库存现金”、“银行存款”等科目，贷记“专项应付款”科目，同时按照实际使用政府补助资金的数额，借记“专项应付款”科目，贷记“公积公益金”科目。具体案例见【例 8－25】。

5. 收到他人捐赠货币资金的核算

农村集体经济组织收到他人捐赠的货币资金时，借记“库存现金”、“银行存款”科目，贷记“公积公益金”科目。

【例 8－29】 2024 年 1 月 10 日，东方红股份经济合作社收到捐款 60 000 元，以银行存款收讫。会计分录为：

借：银行存款	60 000. 00	
贷：公积公益金——接受捐赠		60 000. 00

6. 收到政府补助或他人捐赠的非货币性资产形成公积公益金的核算

收到政府补助的存货、生物资产、固定资产、无形资产等非货币性资产（包括以前年度收到或形成但尚未入账的）或者他人捐赠的非货币性资产时，按照有关凭据注明的金额加上相关税费等，借记“库存物资”、“消耗性生物资产”、“生产性生物资产”、“公益性生物资产”、“固定资产”、“无形资产”等科目，贷记“公积公益金”科目等。没有相关凭据的，按照资产评估价值或者比照同类或类似资产的市场价格，加上相关税费等，借记“库存物资”、“消耗性生物资产”、“生产性生物资产”、“公益性生物资产”、“固定资产”、“无形资产”等科目，贷记“公积公益金”科目等。如无法采用上述方法计价的，应当按照名义金额，借记“库存物资”、“消耗性生物资产”、“生产性生物资产”、“公益性生物资产”、“固定资产”、“无形资产”等科目，贷记“公积公益金”科目，并设置备查簿进行登记和后续管理；按照应支付的相关税费等，借记“其他支出”科目，贷记“库存现金”、“银行存款”、“应付款”、“应交税费”等科目。

【例 8－30】东方红股份经济合作社收到县体育部门调拨体育器材一套，市场同类资产价值 50 000 元。会计分录如下：

借：固定资产——体育器材　　　　　　　50 000.00

　　贷：公积公益金——调拨器材　　　　　　　50 000.00

7. 使用一事一议资金形成公积公益金的核算

农村集体经济组织使用一事一议资金购入不需要安装的固定资产的，借记“固定资产”科目，贷记“库存现金”、“银行存款”等科目，同时，借记“一事一议资金”科目，贷记“公积公益金”科目。使用一事一议资金购入需要安装或建造固定资产的，借记“在建工程”科目，贷记“库存现金”、“银行存款”等科目。固定资产完工后，借记“固定资产”科目，贷记“在建工程”科目，同时，借记“一事一议资金”科目，贷记“公积公益金”科目。对于使用一事一议资金而未形成固定资产的项目，在项目支出发生时，借记“在建工程”科目，贷记“库存现金”、“银行存款”等科目；项目完成后按使用一事一议资金金额，借记“公益支出”、“其他支出”等科目，贷记“在建工程”科目，同时，借记“一事一议资金”科目，贷记“公积公益金”科目。具体案例见【例 8－17】和【例 8－18】。

8. 收到征地补偿费形成公积公益金的核算

农村集体经济组织收到应计入公积公益金的征用土地补偿费时，借记“银行存款”科目，贷记“公积公益金”科目。

【例 8－31】2024 年 1 月 25 日，东方红股份经济合作社收到应计入公积公益金的征用土地补偿费250 000元。会计分录如下：

借：银行存款　　　　　　　　　　　250 000

　　贷：公积公益金　　　　　　　　　　　250 000

9. 用公积公益金弥补亏损的核算

农村集体经济组织按国家有关规定，按规定程序批准后，用公积公益金弥补亏损等时，借记“公积公益金”科目，贷记“收益分配——未分配收益”科目。

【例8-32】2024年1月31日，按照规定程序经批准，东方红股份经济合作社用公积公益金弥补以前年度亏损100 000元。会计分录如下：

借：公积公益金——弥补以前年度亏损　　100 000.00

　　贷：收益分配——未分配收益　　　　　　100 000.00

第九章　收入、成本、费用和收益的核算

第一节　收入的核算

农村集体经济组织的收入，是指农村集体经济组织在日常活动中形成的、会导致所有者权益增加的、与成员投入资本无关的经济利益总流入，包括经营收入、投资收益、补助收入、其他收入等。

一、收入确认的原则

农村集体经济组织应当于收入实现时予以确认。农村集体经济组织应按以下原则确认收入的实现：

1. 农村集体经济组织应当根据合同或协议约定，于产品物资已经发出、劳务已经提供，同时收讫价款或取得收款凭据时，确认销售收入、劳务收入。

2. 农村集体经济组织应当根据合同或协议约定，于收讫价款或取得收款凭据时，确认出租收入、发包收入。一次收取多期款项的，应当将收款金额分摊至各个受益期，分期确认出租收入、发包收入。

3. 农村集体经济组织应当按实际收到的金额确认补助收入。政府给予农户的经营性补贴不确认为农村集体经济组织的补助收入。

4. 农村集体经济组织应当于收入实现时确认其他收入。包括盘

盈收益、确实无法支付的应付款项、存款利息收入等。

5. 农村集体经济组织对外投资的转让收益在出售、转让和收回投资时，确认投资收益的实现；对外投资的持有收益在被投资单位宣告分派现金股利、利润或利息时，确认投资收益的实现。

二、经营收入的核算

农村集体经济组织的经营收入是指其进行各项生产销售、提供劳务、让渡集体资产资源使用权等经营活动取得的收入，包括销售收入、劳务收入、出租收入、发包收入等。销售收入，是指农村集体经济组织销售产品物资等取得的收入；劳务收入，是指农村集体经济组织对外提供劳务或服务等取得的收入；出租收入，是指农村集体经济组织出租固定资产、无形资产等取得的租金收入；发包收入，是指农村集体经济组织取得的，由成员、其他单位或个人因承包集体土地等集体资产资源上交的承包金或利润等。

农村集体经济组应设置“经营收入”科目，核算其取得的各项经营活动收入，并设置“销售收入”、“劳务收入”、“出租收入”和“发包收入”等二级科目。“经营收入”科目应按照经营项目设置明细科目进行明细核算。期末，应将“经营收入”科目余额转入“本年收益”科目的贷方，结转后应无余额。

（一）销售收入的核算

农村集体经济组织实现销售收入时，按照实际收到或应收的价款，借记“库存现金”、“银行存款”、“应收款”、“内部往来”等科目，贷记“经营收入——销售收入”科目。

【例 9－1】 2024 年 1 月 3 日，东方红股份经济合作社出售自产大豆一批，收取款项总额 100 000 元已存入银行。该批大豆入库成本 80 000 元。会计分录如下：

（1）假设东方红股份经济合作社为小规模纳税人，则：

①收到货款并确认收入时：

免征的增值税额[①] =100 000/(1 +3%) ×3% =2 912.62（元）

应确认的销售收入 =100 000 −2 912.62 =97 087.38（元）

借：银行存款　　　　　　　　　　　　100 000.00

　　贷：经营收入——销售收入　　　　　　　97 087.38

　　　　其他收入——免征增值税　　　　　　　2 912.62

②结转自产大豆成本时：

借：经营支出　　　　　　　　　　　　　80 000.00

　　贷：库存物资——农产品（大豆）　　　　80 000.00

（2）假设东方红股份经济合作社为一般纳税人，则：

免征的增值税额[②] =100 000/(1 +9%) ×9% =8 256.88（元）

应确认的销售收入 =100 000 −8 256.88 =91 743.12（元）

①收到货款确认收入时：

借：银行存款　　　　　　　　　　　　100 000.00

　　贷：经营收入——销售收入　　　　　　　91 743.12

　　　　其他收入——免征增值税　　　　　　　8 256.88

②结转自产大豆成本时：

借：经营支出　　　　　　　　　　　　　80 000.00

　　贷：库存物资——农产品（大豆）　　　　80 000.00

（二）劳务收入的核算

农村集体经济组织实现劳务收入时，按照实际收到或应收的价款，借记“库存现金”、“银行存款”、“应收款”、“内部往来”等

---

① 根据《中华人民共和国增值税暂行条例》第十五条规定：农业生产者销售的自产农产品免征增值税。根据《中华人民共和国增值税暂行条例实施细则》第三十五条规定：农业，是指种植业、养殖业、林业、牧业、水产业。农业生产者，包括从事农业生产的单位和个人。农产品，是指初级农产品，具体范围由财政部、国家税务总局确定。

② 根据《农业产品征税范围注释》（财税字〔1995〕52 号）规定，粮食属于农产品，适用增值税率9%，具体包括：小麦、稻谷、玉米、高粱、谷子、大麦、燕麦、面粉、米、玉米面、渣、切面、饺子皮、馄饨皮、面皮、米粉、挂面、干姜、姜黄、玉米胚芽等。

科目，贷记“经营收入——劳务收入”科目。

【例9-2】2024年1月5日，东方红股份经济合作社为某农场提供排灌服务，收取款项20 000元，已存银行。会计分录如下：

（1）假设东方红股份经济合作社为小规模纳税人，则：

免征的增值税额[①] = 20 000/(1 + 3%) × 3% = 582.52（元）

应确认的销售收入 = 20 000 - 582.52 = 19 417.48（元）

借：银行存款	20 000.00	
贷：经营收入——劳务收入		19 417.48
其他收入——免征增值税		582.52

（2）假设东方红股份经济合作社为一般纳税人，则：

免征的增值税额 = 20 000/(1 + 6%) × 6% = 1 132.08（元）

应确认的销售收入 = 20 000 - 1 132.08 = 18 867.92（元）

借：银行存款	20 000.00	
贷：经营收入——劳务收入		18 867.92
其他收入——免征增值税		1 132.08

（三）出租收入的核算

农村集体经济组织让渡集体资产使用权，实现资产出租收入时，按照实际收到或应收的价款，借记“库存现金”、“银行存款”、“应收款”、“内部往来”等科目，贷记“经营收入——出租收入”、“应交税费——应交增值税”科目。

【例9-3】2024年1月6日，东方红股份经济合作社收到当月房屋建筑物（该房屋建筑物均于2020年建成）出租收入100 000元，其中，写字楼出租收入50 000元，商城出租收入30 000元，临街商铺出租收入20 000元，款项已存银行。会计分录如下：

---

① 根据《财政部 国家税务总局关于全面推开营业税改征增值税试点的通知》（财税〔2016〕36号）规定，农业机耕、排灌、病虫害防治、植物保护、农牧保险以及相关技术培训业务，家禽、牲畜、水生动物的配种和疾病防治等免征增值税。

（1）假设东方红股份经济合作社为小规模纳税人，则：

①收到银行存款确认收入时：

应交增值税① = 100 000/(1 + 5%) × 5% = 4 761.90（元）

应确认收入 = 100 000 − 4 761.90 = 95 238.10（元）

借：银行存款　　100 000.00

　　贷：经营收入——出租收入　　95 238.10

　　　　应交税费——应交增值税　　4 761.90

②确认应缴纳的房产税时：

应缴纳的房产税② = 100 000/(1 + 5%) × 12% × 50%

= 5 714.29（元）

借：税金及附加——房产税　　5 714.29

　　贷：应交税费——应交房产税　　5 714.29

（2）假设东方红股份经济合作社为一般纳税人，则：

①收到银行存款确认收入时：

应交增值税 = 100 000/(1 + 9%) × 9% = 8 256.88（元）

应确认收入 = 100 000 − 8 256.88 = 91 743.12（元）

借：银行存款　　100 000.00

　　贷：经营收入——出租收入　　91 743.12

　　　　应交税费——应交增值税（销项税额）　　8 256.88

②确认应缴纳的房产税时：

应缴纳的房产税 = 100 000/(1 + 9%) × 12%

= 11 009.17（元）

---

① 根据国家税务总局公告 2016 年第 16 号第四条规定，小规模纳税人出租不动产，按照 5% 的征收率计算应纳税额；根据财政部 国家税务总局公告 2023 年第 19 号规定，2027 年 12 月 31 日前，对月销售额 10 万元以下（含 10 万元）的增值税小规模纳税人免征增值税，对增值税小规模纳税人适用 3% 征收率的应税销售收入减按 1% 征收率征收增值税。

② 根据财政部 税务总局公告 2023 年第 12 号第二条规定，自 2023 年 1 月 1 日至 2027 年 12 月 31 日，对增值税小规模纳税人、小型微利企业和个体工商户减半征收资源税（不含水资源税）、城市维护建设税、房产税、城镇土地使用税、印花税（不含证券交易印花税）、耕地占用税和教育费附加、地方教育附加。

借：税金及附加——房产税　　11 009.17

　　贷：应交税费——应交房产税　　11 009.17

（四）发包收入的核算

农村集体经济组织让渡集体资源使用权，实现资源发包收入时，按照实际收到或应收的价款，借记“库存现金”、“银行存款”、“应收款”、“内部往来”等科目，贷记“经营收入——发包收入”科目。

【例9-4】 2024年1月8日，东方红股份经济合作社收到当月集体建设用地发包收入总额10 000元，款项已存银行。会计分录如下：

（1）假设东方红股份经济合作社为小规模纳税人，则：

应交增值税 = 10 000/(1 + 5%) × 5% = 476.19（元）

应确认收入 = 10 000 - 476.19 = 9 523.81（元）

借：银行存款　　10 000.00

　　贷：经营收入——发包收入　　9 523.81

　　　　应交税费——应交增值税　　476.19

（2）假设东方红股份经济合作社为一般纳税人[①]，则：

应交增值税 = 10 000/(1 + 9%) × 9% = 825.69（元）

应确认收入 = 10 000 - 825.69 = 9 174.31（元）

借：银行存款　　10 000.00

　　贷：经营收入——发包收入　　9 174.31

　　　　应交税费——应交增值税（销项税额）　　825.69

（五）一次收取多期出租或发包款项的核算

农村集体经济组织一次收取多期发包或出租款项时，应当将收

① 根据财税〔2016〕36号文和国家税务总局公告2016年第16号规定，一般纳税人出租2016年4月30日前取得的土地使用权，可以选择采用简易征税办法按5%的征收率计算缴纳增值税；但采用简易征税办法后，用于简易征税收入所对应支出的进项税额不允许抵扣。在无法准确划分简易计税方法和一般计税方法所对应支出的进项税额的情况下，为计算方便和降低纳税风险，一般纳税人往往不采用简易征税办法，而是采用一般计税方法计算缴纳增值税。

款金额分摊至各个受益期，分期确认收入，每期确认收入时，借记“内部往来”、“应付款”等科目，贷记“经营收入”科目。

（六）期末结转的核算

期末，应将“经营收入”科目的余额转入“本年收益”科目的贷方，结转后本科目应无余额。

【例9-5】2024年1月31日，东方红股份经济合作社将当月实现的全部经营收入（数据来源于本书全部相关例子）结转至本年收益。会计分录如下：

（1）假设东方红股份经济合作社为小规模纳税人，则：

借：经营收入——销售收入　　1 325 310.01
　　经营收入——劳务收入　　923 164.48
　　经营收入——出租收入　　265 396.83
　　经营收入——发包收入　　10 396.83
　　经营收入——代理收入　　14 851.49
　　贷：本年收益　　2 539 119.64

（2）假设东方红股份经济合作社为一般纳税人，则：

借：经营收入——销售收入　　1 240 951.53
　　经营收入——劳务收入　　898 867.92
　　经营收入——出租收入　　255 657.49
　　经营收入——发包收入　　10 047.33
　　经营收入——代理收入　　14 150.94
　　贷：本年收益　　2 419 675.21

三、投资收益的核算

投资收益，是指农村集体经济组织对外投资所取得的收益扣除发生的投资损失后的净额。投资所取得的收益包括对外投资取得的现金股利、利润或利息等，以及对外投资到期收回或中途转让取得款项高于账面余额、相关税费的差额等。投资损失是指对外投资到期收回或中途转让取得款项低于账面余额、相关税费的差额等。

农村集体经济组织应设置“投资收益”科目，核算其对外投资取得的收益或损失。“投资收益”科目应按照投资种类和项目设置明细科目进行明细核算。

（一）持有收益的核算

持有期间，在被投资单位宣告分派现金股利、利润或利息时，应当按照应分得的金额，借记“应收款”等科目，贷记“投资收益”科目。获得股票股利时，不作账务处理，但应在备查簿中登记所增加的股份。

【例9-6】2024年1月1日，东方红股份经济合作社向某企业进行债权投资，按规定程序批准后，投资金额500 000元；约定投资回报率为年利率5%，投资期限五年，每半年结算投资利息。会计分录如下：

（1）确认债权投资时：

借：长期投资——长期债权投资（某企业）　　500 000.00

　　贷：银行存款　　500 000.00

（2）2024年6月30日收到投资利息时：

投资利息=500 000×5%÷2=12 500（元）

借：银行存款　　12 500.00

　　贷：投资收益　　12 500.00

【例9-7】2023年1月1日，东方红股份经济合作社以银行存款全资投资兴办某家具公司，按规定程序批准后，投资金额3 000 000元。该家具公司2023年盈利400 000元。2024年1月5日，该家具公司宣告分派现金股利200 000元，2024年1月15日收到家具公司分红200 000元。会计分录如下：

（1）2023年1月确认股权投资时：

借：长期投资——长期股权投资（某家具公司）

3 000 000.00

贷：银行存款　　3 000 000.00

（2）2024 年 1 月 5 日，根据家具公司分配方案确认投资收益时：

借：应收款——某家具公司　　200 000.00

贷：投资收益——某家具公司　　200 000.00

（3）2024 年 1 月 15 日收到款项时：

借：银行存款　　200 000.00

贷：应收款——某家具公司　　200 000.00

（二）转让收益的核算

农村集体经济组织处置对外投资时，应按照实际收到的价款或收回的金额，借记“银行存款”等科目，按照其账面余额，贷记“短期投资”、“长期投资”科目，按照尚未领取的现金股利、利润或利息，贷记“应收款”科目，按照其差额，贷记或借记“投资收益”科目。

【例 9－8】 接【例 9－6】，假设 2025 年 6 月，东方红股份经济合作社转让对某企业的债权投资，投资原值 500 000 元，收回金额 550 000 元，款项以银行存款收讫。会计分录如下：

投资净收益＝550 000－500 000＝50 000（元）

借：银行存款　　550 000.00

贷：长期投资——长期债权投资（某企业）

500 000.00

投资收益——债权转让收益　　50 000.00

【例 9－9】 接【例 9－7】，假设 2025 年 8 月，东方红股份经济合作社全资投资的家具公司经营不善，按规定程序批准后，将其股权转让给他人，该投资原值 3 000 000 元，协议转让价值 2 800 000 元，款项以银行存款收讫。会计分录如下：

投资净损失 = 3 000 000 - 2 800 000 = 200 000（元）

借：银行存款　　　　　　　　　　　　　　2 800 000.00

　　投资收益——股权转让收益　　　　　　　200 000.00

　　贷：长期投资——长期股权投资（某家具公司）

　　　　　　　　　　　　　　　　　　　　　　3 000 000.00

（三）期末结转的核算

期末，应将“投资收益”科目的贷方余额转入“本年收益”科目贷方；如为投资净损失，应将“投资收益”科目的借方余额转入“本年收益”科目借方。结转后本科目应无余额。

【例 9 - 10】 2024 年 1 月 31 日，东方红股份经济合作社将投资收益余额 61 100 元（数据来源于本书全部相关例子），结转至本年收益。会计分录如下：

借：投资收益　　　　　　　　　　　　　　61 100.00

　　贷：本年收益　　　　　　　　　　　　　　61 100.00

四、补助收入的核算

补助收入，是指农村集体经济组织获得的政府给予的保障村级组织和村务运转的补助资金以及贷款贴息等经营性补助资金。农村集体经济组织应设置“补助收入”科目，核算其获得的各项补助资金。“补助收入”科目应按照补助收入种类设置明细科目进行明细核算。

（一）收到补助资金的核算

农村集体经济组织应按照实际收到的金额，借记“银行存款”等科目，贷记“补助收入”科目。

【例 9 - 11】 2024 年 1 月 12 日，东方红股份经济合作社收到政府给予的保障村级组织运转和村务运转的补助资金 200 000 元。会计分录如下：

借：银行存款　　　　　　　　　　　　　　200 000.00

　　贷：补助收入——村务运转资金　　　　　　200 000.00

【例9－12】 2024年1月15日，东方红股份经济合作社向银行借入一笔经营性贷款，贷款年利息8 000元。根据当地财政扶持集体经济发展政策，按照年利息的50%享受政府经营性补助，款项以银行存款收讫。会计分录如下：

收到财政经营性补助资金＝8 000×50%＝4 000（元）

借：银行存款　　　　　　　　　　　　　　4 000.00

　　贷：补助收入——贷款贴息　　　　　　　　4 000.00

（二）期末结转的核算

期末，应将“补助收入”科目的余额转入“本年收益”科目的贷方，结转后本科目应无余额。

【例9－13】 2024年1月31日，东方红股份经济合作社补助收入账户余额204 000元，结转本年收益。会计分录如下：

借：补助收入　　　　　　　　　　　　　　204 000.00

　　贷：本年收益　　　　　　　　　　　　　204 000.00

五、其他收入的核算

其他收入，是指农村集体经济组织取得的除经营收入、投资收益、补助收入以外的收入，包括盘盈收益、确实无法支付的应付款项、存款利息收入等。

农村集体经济组织应设置“其他收入”科目，核算资产盘盈、存款利息收入等。“其他收入”科目应按照其他收入的来源设置明细科目进行明细核算。

（一）发生其他收入的核算

农村集体经济组织发生的其他收入，借记“库存现金”、“银行存款”、“内部往来”、“固定资产清理”、“待处理财产损溢”、“应付款”、“长期借款及应付款”等科目，贷记“其他收入”科目。

【例9－14】 2024年1月21日，东方红股份经济合作社收到当月银行存款结算利息收入1 000元。会计分录如下：

借：银行存款　　1 000.00

　　贷：其他收入——利息收入①　　1 000.00

（二）期末结转的核算

期末，农村集体经济组织应将“其他收入”科目的余额转入“本年收益”科目的贷方，结转后“其他收入”科目应无余额。

【例9－15】 2024年1月31日，东方红股份经济合作社将其他收入账户余额，结转至本年收益。会计分录如下：

（1）假设东方红股份经济合作社为小规模纳税人，则：

借：其他收入　　640 991.92

　　贷：本年收益　　640 991.92

（2）假设东方红股份经济合作社为一般纳税人，则：

借：其他收入　　1 005 980.68

　　贷：本年收益　　1 005 980.68

第二节　成本的核算

农村集体经济组织的生产（劳务）成本，是指农村集体经济组

---

① 根据《营业税改征增值税试点有关事项的规定》（财税〔2016〕36号）的规定，银行存款利息属于不征收增值税项目。

织直接组织生产或对外提供劳务等活动所发生的各项生产费用和劳务支出。

一、生产成本的核算

农村集体经济组织应设置“生产（劳务）成本”科目，核算为生产产品而发生的各项支出。“生产（劳务）成本”科目应按照生产费用种类设置明细科目进行明细核算。期末借方余额，反映农村集体经济组织尚未生产完成的各项在产品和尚未完成的生产成本。

农村集体经济组织发生各项生产费用时，应按成本核算对象归集，借记“生产（劳务）成本”科目，贷记“库存现金”、“银行存款”、“内部往来”、“库存物资”、“累计折旧”、“生产性生物资产累计折旧”、“累计摊销”、“长期待摊费用”、“应付款”、“应付工资”、“应付劳务费”等科目。会计期间终了，农村集体经济组织对生产完成并已验收入库的产成品，按照实际成本，借记“库存物资”科目，贷记“生产（劳务）成本”科目。

【例 9－16】 2024 年 1 月 8 日，东方红股份经济合作社将账面价值 150 000 元的小麦进行深加工成方便面。当月应承担的生产线折旧费用 250 000 元，包装材料 80 000 元，以银行存款支付劳务费用 100 000 元。2024 年 1 月 20 日，小麦深加工完工，生产方便面 30 吨已经验收入库。会计分录如下：

（1）领用小麦时：

借：生产（劳务）成本——方便面　　150 000.00

　　贷：库存物资——小麦　　150 000.00

（2）分摊折旧费时：

借：生产（劳务）成本——方便面　　250 000.00

　　贷：累计折旧——方便面生产线　　250 000.00

（3）领用包装材料时：

借：生产（劳务）成本——方便面　　80 000.00

贷：库存物资——包装材料　　80 000.00

（4）归集劳务等其他费用时：

借：生产（劳务）成本——方便面　　100 000.00

贷：应付劳务费　　100 000.00

（5）支付劳务等其他费用时：

借：应付劳务费　　100 000.00

贷：银行存款　　100 000.00

（6）方便面加工完成后验收入库时：

借：库存物资——方便面　　580 000.00

贷：生产（劳务）成本——方便面　　580 000.00

二、劳务成本的核算

农村集体经济组织应设置“生产（劳务）成本”科目，核算为提供劳务而发生的各项支出。“生产（劳务）成本”应按照劳务成本种类设置明细科目进行明细核算。期末借方余额，反映农村集体经济组织尚未完成的劳务成本。

农村集体经济组织发生各项劳务成本时，按成本核算对象归集，借记“生产（劳务）成本”科目，贷记“库存现金”、“银行存款”、“内部往来”、“库存物资”、“累计折旧”、“生产性生物资产累计折旧”、“累计摊销”、“长期待摊费用”、“应付款”、“应付工资”、“应付劳务费”等科目。对外提供劳务实现销售时，借记“经营支出”科目，贷记“生产（劳务）成本”科目。

【例 9－17】2024 年 1 月，东方红股份经济合作社为某小区提供物业服务，支付专职管理人员工资 150 000 元，临时劳务人员工资 50 000 元；物业用房租金 87 200 元、其他办公服务费用 42 400 元，均取得增值税专用发票；款项均以银行存款付讫。1 月 30 日，物业服务收入总额 508 000 元开户银行已收讫。会计分录如下：

（1）假设东方红股份经济合作社为小规模纳税人，则：

①确认劳务成本时：

借：生产（劳务）成本——服务人员工资 200 000.00

　　贷：应付工资——固定人员工资 150 000.00

　　　　应付劳务费——临时人员工资 50 000.00

②支付物业人员工资时：

借：应付工资——固定人员工资 150 000.00

　　应付劳务费——临时人员工资 50 000.00

　　贷：银行存款 200 000.00

③支付物业服务用房租金及其他服务费用时：

借：生产（劳务）成本——物业用房租金 87 200.00

　　生产（劳务）成本——其他服务费用 42 400.00

　　贷：银行存款 129 600.00

确认物业服务收入时：

应交增值税 = 508 000/(1 + 1%) × 1% = 5 029.70（元）

确认经营收入 = 508 000 − 5 029.70 = 502 970.30（元）

借：银行存款 508 000.00

　　贷：经营收入——劳务收入 502 970.30

　　　　应交税费——应交增值税 5 029.70

同时，结转劳务成本：

借：经营支出——劳务支出 329 600.00

　　贷：生产（劳务）成本——服务人工工资 200 000.00

　　　　生产（劳务）成本——物业用房租金 87 200.00

　　　　生产（劳务）成本——其他服务费用 42 400.00

（2）假设东方红股份经济合作社为一般纳税人，则：

①确认劳务成本时：

借：生产（劳务）成本——服务人工工资 200 000.00

　　贷：应付工资——固定人员工资 150 000.00

　　　　应付劳务费——临时人员工资 50 000.00

②支付物业人员工资时：

借：应付工资——固定人员工资　150 000.00

　　应付劳务费——临时人员工资　50 000.00

　　贷：银行存款　200 000.00

③支付物业服务用房租金及其他服务费用时：

支付租金允许抵扣的进项税额 = 87 200/(1 + 9%) × 9%

= 7 200（元）

支付其他服务费用允许抵扣的进项税额 = 42 400/(1 + 6%) × 6%

= 2 400（元）

借：生产（劳务）成本——物业用房租金　80 000.00

　　应交税费——应交增值税（进项税额）　9 600.00

　　生产（劳务）成本——其他服务费用　40 000.00

　　贷：银行存款　129 600.00

确认物业服务收入时：

增值税销项税额 = 508 000/(1 + 6%) × 6% = 28 754.72（元）

应确认经营收入 = 508 000 − 28 754.72 = 479 245.28（元）

借：银行存款　508 000.00

　　贷：经营收入——劳务收入　479 245.28

　　　　应交税费——应交增值税（销项税额）

　　　　　　28 754.72

同时，结转劳务成本：

借：经营支出——劳务支出　320 000.00

　　贷：生产（劳务）成本——服务人员工资　200 000.00

　　　　生产（劳务）成本——物业用房租金　80 000.00

　　　　生产（劳务）成本——其他服务费用　40 000.00

第三节　费用（支出）的核算

农村集体经济组织的费用，是指农村集体经济组织在日常活动中发生的、会导致所有者权益减少的、与向成员分配无关的经济利益总流出，包括经营支出、税金及附加、管理费用（含运转支出）、公益支出、其他支出等。农村集体经济组织的费用一般应当在发生时按照其发生额计入当期损益。

一、经营支出的核算

经营支出，是指农村集体经济组织因销售商品、提供劳务、让渡集体资产资源使用权等经营活动而发生的实际支出，包括销售商品的成本、对外提供劳务的成本、维修费、运输费、保险费、生产性生物资产的管护饲养费用及其成本摊销、出租固定资产或无形资产的折旧或摊销等。农村集体经济组织应设置“经营支出”科目，核算因销售商品、提供劳务等经营活动而发生的实际成本。“经营支出”科目应按照经营项目设置明细科目进行明细核算。

（一）销售支出的核算

农村集体经济组织发生销售支出时，借记“经营支出——销售支出”科目，贷记“库存现金”、“银行存款”、“内部往来”、“库存物资”、“消耗性生物资产”、“在建工程”、“应付款”、“应付工资”、“应付劳务费”、“生产（劳务）成本”、“生产性生物资产累计折旧”、“累计折旧”、“累计摊销”等科目。

【例9－18】接【例9－16】，2024年1月30日，东方红股份经济合作社将深加工生产的方便面30吨全部出售，收入总额660 000元已经全部收回并存入银行。会计分录如下：

（1）假设东方红股份经济合作社为小规模纳税人，则：

应缴纳增值税＝660 000/(1＋1%)×1%＝6 534.65（元）

应确认的销售收入＝660 000－6 534.65＝653 465.35（元）

借：银行存款　　　　　　　　　　660 000.00

　　贷：经营收入——销售收入　　　　　653 465.35

应交税费——应交增值税　　6 534.65

同时，结转成本：

借：经营支出——销售支出　　580 000.00

贷：库存物资——方便面　　580 000.00

（2）假设东方红股份经济合作社为一般纳税人，则：

增值税销项税额 = 660 000/（1 + 13%）× 13%

= 75 929.20（元）

应确认的销售收入 = 660 000 − 75 929.20 = 584 070.80（元）

借：银行存款　　660 000.00

贷：经营收入——销售收入　　584 070.80

应交税费——应交增值税（销项税额）

75 929.20

同时，结转成本：

借：经营支出——销售支出　　580 000.00

贷：库存物资——方便面　　580 000.00

（二）资产出租支出的核算

农村集体经济组织的资产在出租期间发生维修费用及固定资产折旧费用时，借记“经营支出——出租支出”科目，贷记“银行存款”“累计折旧”等科目。

【例 9 – 19】 2024 年 1 月 22 日，东方红股份经济合作社对办公楼进行修缮支出 21 800 元，款项已用银行存款支付并取得增值税专用发票，增值税发票注明税款为 1 800 元；用于出租房屋计提的累计折旧 30 000 元。会计分录如下：

（1）假设东方红股份经济合作社为小规模纳税人，则：

借：经营支出——修缮支出　　51 800.00

贷：累计折旧——办公楼折旧　　30 000.00

银行存款　　21 800.00

（2）假设东方红股份经济合作社为一般纳税人，则：

借：经营支出——修缮支出　　　　　　　　　　50 000.00
　　应交税费——应交增值税（进项税额）　1 800.00
　　贷：累计折旧——办公楼折旧　　　　　　　　30 000.00
　　　　银行存款　　　　　　　　　　　　　　　21 800.00

（三）劳务支出的核算

农村集体经济组织发生劳务服务支出时，应借记“经营支出——劳务支出”科目，贷记“库存现金”、“银行存款”、“内部往来”、“库存物资”、“消耗性生物资产”、“在建工程”、“应付款”、“应付工资”、“应付劳务费”、“生产（劳务）成本”、“生产性生物资产累计折旧”、“累计折旧”、“累计摊销”等科目。

【例 9－20】2024 年 1 月 23 日，东方红股份经济合作社为某农场提供排灌服务，发生员工工资支出 20 000 元，排灌服务的机器设备折旧费用 8 000 元，其他费用 2 000 元。款项支出均以银行存款付讫。会计分录如下：

（1）确认人工费用时[①]：

借：经营支出——劳务支出　　　　　　　　　20 000.00
　　贷：应付工资——排灌服务人员　　　　　　　20 000.00

（2）分配固定资产折旧费时：

借：经营支出——劳务支出　　　　　　　　　8 000.00
　　贷：累计折旧——机器设备　　　　　　　　　8 000.00

（3）支付其他服务费用时：

借：经营支出——劳务支出　　　　　　　　　2 000.00
　　贷：银行存款　　　　　　　　　　　　　　　2 000.00

（4）支付人员工资时：

① 根据《增值税暂行条例》及其实施细则和财税〔2016〕36 号文的规定，纳税人提供农业机耕、排灌、病虫害防治、植物保护、农牧保险以及相关技术培训业务，家禽、牲畜、水生动物的配种和疾病防治，免征增值税。由于向家庭农场提供排灌服务免征增值税，即便取得增值税专用发票，其对应的进项税额也不允许抵扣。

借：应付工资——排灌服务人员　　20 000.00
　　贷：银行存款　　20 000.00

（四）期末结转的核算

会计期末，农村集体经济组织应将“经营支出”科目的余额转入“本年收益”科目的借方，结转后本科目应无余额。

【例 9-21】 2024 年 1 月 31 日，东方红股份经济合作社经营支出余额（数据来源于本书相关例子）全部结转至本年收益。会计分录如下：

（1）假设东方红股份经济合作社为小规模纳税人，则：

借：本年收益　　1 317 045.42
　　贷：经营支出　　1 317 045.42

（2）假设东方红股份经济合作社为一般纳税人，则：

借：本年收益　　1 287 385.42
　　贷：经营支出　　1 287 385.42

二、税金及附加的核算

税金及附加，是指农村集体经济组织从事生产经营活动按照税法的有关规定应负担的消费税、城市维护建设税、资源税、房产税、城镇土地使用税、车船税、印花税、教育费附加及地方教育附加等相关税费。

农村集体经济组织应设置“税金及附加”科目核算应负担的消费税、城市维护建设税、资源税等各项税金及附加。“税金及附加”科目应按照税费种类设置明细科目进行明细核算。

农村集体经济组织按照规定计算确定的相关税费，借记“税金及附加”科目，贷记“应交税费”等科目。

【例 9-22】 2024 年 1 月 31 日，东方红股份经济合作社按当月实际缴纳的增值税计算缴纳城市维护建设税和教育费附加、地方教育附加等。假设东方红股份经济合作社适用的城市维护建设税税率为7%，教育费附加征收率为3%，地方教育附加的征收率为2%。会计分录如下：

（1）假设东方红股份经济合作社为小规模纳税人，其2024年1月应缴纳的增值税为102 409.36元。

①计算确认应交城市维护建设税和教育费附加时：

城市维护建设税[①] = 102 409.36 × 7% × 50% = 3 584.33（元）

教育费附加 = 102 409.36 × 3% × 50% = 1 536.14（元）

地方教育附加 = 102 409.36 × 2% × 50% = 1 024.09（元）

借：税金及附加　　6 144.56

　　贷：应交税费——应交城市维护建设税　　3 584.33

　　　　　　　　——应交教育费附加　　1 536.14

　　　　　　　　——应交地方教育附加　　1 024.09

②2024年2月实际交纳城市维护建设税和教育费附加时：

借：应交税费——应交城市维护建设税　　3 584.33

　　　　　　——应交教育费附加　　1 536.14

　　　　　　——应交地方教育附加　　1 024.09

　　贷：银行存款　　6 144.56

（2）假设东方红股份经济合作社为一般纳税人，其2024年1月应缴纳的增值税为56 971.96元。

①计算确认应交城市维护建设税和教育费附加时：

城市维护建设税[②] = 56 971.96 × 7% = 3 988.04（元）

教育费附加 = 56 971.96 × 3% = 1 709.16（元）

---

① 根据财政部 税务总局公告2023年第12号第二条规定，自2023年1月1日至2027年12月31日，对增值税小规模纳税人、小型微利企业和个体工商户减半征收资源税（不含水资源税）、城市维护建设税、房产税、城镇土地使用税、印花税（不含证券交易印花税）、耕地占用税和教育费附加、地方教育附加。

② 根据东方红股份经济合作社资产规模，其不符合小型微利企业标准，即不符合财政部 税务总局公告2023年第12号第二条规定的减半征收城市维护建设税和教育费附加、地方教育附加条件。因此，应按全额计算缴纳相关税费。

地方教育附加 =56 971.96 ×2% =1 139.44（元）

借：税金及附加　　　　　　　　　　　　　6 836.64

　　贷：应交税费——应交城市维护建设税　　　　3 988.04

　　　　　　　　——应交教育费附加　　　　　　1 709.16

　　　　　　　　——应交地方教育附加　　　　　1 139.44

②2024 年 2 月实际交纳城市维护建设税和教育费附加时：

借：应交税费——应交城市维护建设税　　　3 988.04

　　　　　　——应交教育费附加　　　　　　1 709.16

　　　　　　——应交地方教育附加　　　　　1 139.44

　　贷：银行存款　　　　　　　　　　　　　　6 836.64

期末，农村集体经济组织应将“税金及附加”科目的余额转入“本年收益”科目的借方，结转后本科目应无余额。

【例 9 – 23】 期末，东方红股份经济合作社将税金及附加科目余额（数据来源于本书相关例子）结转至本年收益。会计分录如下：

（1）假设东方红股份经济合作社为小规模纳税人，则：

借：本年收益　　　　　　　　　　　　15 544.56

　　贷：税金及附加　　　　　　　　　　　15 544.56

（2）假设东方红股份经济合作社为一般纳税人，则：

借：本年收益　　　　　　　　　　　　22 166.91

　　贷：税金及附加　　　　　　　　　　　22 166.91

三、管理费用的核算

管理费用，是指农村集体经济组织管理活动发生的各项支出，包括管理人员及固定员工的工资、办公费、差旅费、管理用固定资产修理费、管理用固定资产折旧、管理用无形资产摊销、聘请中介机构费、咨询费、诉讼费等，以及保障村级组织和村务运转的各项支出。

农村集体经济组织应设置“管理费用”科目，核算管理部门的各项费用及保障村级组织和村务运转的各项支出。“管理费用”科目应按照管理费用的项目设置明细科目进行明细核算。

农村集体经济组织发生的管理费用，借记“管理费用”科目，贷记“库存现金”、“银行存款”、“库存物资”、“累计折旧”、“累计摊销”、“长期待摊费用”、“应付工资”等科目。

【例9-24】2024年1月25日，东方红股份经济合作社分配管理人员工资80 000元，东方红股份经济合作社负担基本养老保险费20 000元、基本医疗保险费15 000元。会计分录如下：

（1）分配管理人员的工资及保险费时：

应付工资总额=80 000+20 000+15 000=115 000（元）

借：管理费用——人员工资　　80 000.00

　　贷：应付工资——管理人员　　80 000.00

借：管理费用——社会保险　　35 000.00

　　贷：应付工资——社会保险（基本养老保险）

　　　　20 000.00

　　　　——社会保险（基本医疗保险）

　　　　15 000.00

（2）2024年1月31日支付管理人员工资时[1]：

借：应付工资——管理人员　　80 000.00

　　贷：银行存款　　80 000.00

【例9-25】2024年1月，东方红股份经济合作社发生以下费用支出：购买办公用品800元、支付通讯费用1 500元、支付办公楼维修费用2 000元、支付管理人员专业技能培训费1 000元，以上款项均以银行存款付讫但均未取得增值税专用发票。管理用固定资产提取累计折旧15 000元。会计分录如下：

（1）支付办公用品费用时：

借：管理费用——办公费　　800.00

　　贷：银行存款　　800.00

① 由于社会保险一般于次月实际缴纳，因此本月不需做支付保险费的相关会计分录。

（2）支付通讯费用时：

借：管理费用——通讯费　　1 500.00

　　贷：银行存款　　1 500.00

（3）支付办公楼维修费用时：

借：管理费用——维修费　　2 000.00

　　贷：银行存款　　2 000.00

（4）支付培训费时：

借：管理费用——培训费　　1 000.00

　　贷：银行存款　　1 000.00

（5）办公楼提取折旧费用时：

借：管理费用——折旧费　　15 000.00

　　贷：累计折旧　　15 000.00

期末，农村集体经济组织应将“管理费用”科目的余额转入“本年收益”科目的借方，结转后本科目应无余额。

【例 9－26】 期末，东方红股份经济合作社将管理费用账户余额（数据来源于本书全部相关例子）结转至本年收益。会计分录如下：

（1）假设东方红股份经济合作社为小规模纳税人，则：

借：本年收益　　333 030.00

　　贷：管理费用　　333 030.00

（2）假设东方红股份经济合作社为一般纳税人，则：

借：本年收益　　332 997.79

　　贷：管理费用　　332 997.79

四、公益支出的核算

公益支出，是指农村集体经济组织发生的用于本集体经济组织内部公益事业、集体福利或成员福利的各项支出，以及公益性固定资产折旧和修理费等。

农村集体经济组织应设置“公益支出”科目，核算其各类公益性支出。“公益支出”科目应按照公益支出项目设置明细科目，进行明细核算。

（一）发生公益性支出的核算

农村集体经济组织发生的公益支出，按照实际发生额，借记“公益支出”科目，贷记“库存现金”、“银行存款”、“库存物资”、“在建工程”、“累计折旧”等科目。

【例9－27】2024年1月25日，东方红股份经济合作社支付当月环境清理整治人工费用15 000元、机械台班费用10 000元；用于健身广场维修费用1 000元；用于举办元旦文化活动费用5 000元，均以银行存款付讫。会计分录如下：

借：公益支出——环境整治　　25 000.00
　　　　　　——维修费用　　1 000.00
　　　　　　——文化活动　　5 000.00
　贷：银行存款　　31 000.00

【例9－28】2024年1月25日，东方红股份经济合作社为本社全体成员缴纳商业医疗保险费用20 000元，为本社成员提供医疗服务发生费用30 000元，均以银行存款付讫。会计分录如下：

借：公益支出——医疗服务　　50 000.00
　贷：银行存款　　50 000.00

【例9－29】2024年1月26日，东方红股份经济合作社决定对10户孤寡老人进行补助，金额25 000元，款项以银行存款付讫。会计分录如下：

借：公益支出——孤寡老人　　25 000.00
　贷：银行存款　　25 000.00

【例9－30】2024年1月，东方红股份经济合作社公益性固定资产提取累计折旧8 000元。会计分录如下：

借：公益支出——累计折旧　　8 000.00
　贷：累计折旧——公益性资产　　8 000.00

（二）期末结转的核算

期末，农村集体经济组织应将“公益性支出”科目的余额转入“本年收益”科目的借方，结转后本科目应无余额。

【例 9-31】 期末，东方红股份经济合作社公益支出账户余额 175 500.00 元，结转本年收益。会计分录如下：

借：本年收益　　　　　　　　175 500.00

　　贷：公益支出　　　　　　　　175 500.00

五、其他支出的核算

其他支出，是指农村集体经济组织发生的除经营支出、税金及附加、管理费用、公益支出、所得税费用以外的其他各项支出，如生物资产的死亡毁损支出、损失，固定资产及存货等的盘亏、损失，防灾抢险支出，罚款支出，捐赠支出，确实无法收回的应收款项损失，借款利息支出等。

农村集体经济组织应设置“其他支出”科目，核算本期发生的生物资产死亡毁损支出、损失，固定资产及存货等盘亏、损失等其他支出。“其他支出”科目应按照其他支出的项目设置明细科目，进行明细核算。

（一）发生其他支出的核算

农村集体经济组织发生的其他支出，借记“其他支出”科目，贷记“库存现金”、“银行存款”、“内部往来”、“应收款”、“库存物资”、“在建工程”、“固定资产清理”、“长期待摊费用”、“待处理财产损溢”、“应付款”、“应付工资”、“应付劳务费”、“应交税费”等科目。

【例 9-32】 2024 年 1 月 27 日，东方红股份经济合作社发生防灾费用 5 000 元，款项以银行存款付讫。会计分录如下：

借：其他支出——防灾支出　　　　　　　　　　5 000.00
　　贷：银行存款　　　　　　　　　　　　　　　5 000.00

（二）期末结转的核算

期末，农村集体经济组织应将“其他支出”科目余额转入“本年收益”科目的借方，结转后本科目应无余额。

【例9-33】 2024年1月31日，东方红股份经济合作社将“其他支出”账户余额（数据来源于本书全部相关例子）结转至本年收益。会计分录如下：

（1）假设东方红股份经济合作社为小规模纳税人，则：

借：本年收益　　　　　　　　　　170 588.26
　　贷：其他支出　　　　　　　　　　170 588.26

（2）假设东方红股份经济合作社为一般纳税人，则：

借：本年收益　　　　　　　　　　171 837.43
　　贷：其他支出　　　　　　　　　　171 837.43

六、所得税费用的核算

所得税费用，是指农村集体经济组织根据税法规定确认的应从当期收益总额中扣除的所得税费用。农村集体经济组织应当按照税法有关规定计算的应纳所得税额，按期确认所得税费用。

农村集体经济组织应当在收益总额基础上，按照税法有关规定进行纳税调整，计算当期应纳税所得额，按照应纳税所得额与适用所得税税率为基础计算确定当期应纳所得税额。

年度终了，农村集体经济组织应按照税法规定计算确定的当期应纳所得税额，借记“所得税费用”科目，贷记“应交税费——应交所得税”科目。期末，应将“所得税费用”科目的余额转入“本年收益”科目的借方，结转后“所得税费用”科目应无余额。

【例9-34】 按照税法规定，2024年1月31日东方红股份经济合作社计提应缴纳企业所得税[①]，以银行存款付讫。期末结转本年收益。会计分录如下：

（1）假设东方红股份经济合作社为小规模纳税人：

应纳税所得额＝收益总额 1 433 503.32 元＋纳税调整增加额 4 209 303.21元－纳税调整减少额 542 038.84 元＝5 100 767.69 元。

纳税调整增加额＝【例 4－7】计入公积公益金的收割机投资利得 12 600 元＋【例 4－8】计入公积公益金的建设用地使用权投资利得 240 000 元＋【例 5－5】计入公积公益金的政府捐赠肥羊 150 000元＋【例 5－14】计入公积公益金的仔猪投资利得 18 019.80 元＋【例 5－18】计入公积公益金的种牛 3 000 000 元＋【例 5－25】计入公积公益金的奶牛投资利得 73 564.36 元＋【例 6－4】计入公积公益金的接受捐赠运输车 75 000 元＋【例 6－5】计入公积公益金的接受捐赠打印机 2 500 元＋【例 6－14】计入公积公益金的冷库投资利得 20 476.19 元＋【例 7－3】计入公积公益金的接受捐赠蔬菜保鲜技术专利 40 000 元＋【例 8－28】计入公积公益金的厂房投资利得 217 142.86 元＋【例 8－29】计入公积公益金的接受捐赠 60 000 元＋【例 8－30】计入公积公益金的体育器材 50 000 元＋【例 8－31】计入公积公益金的土地补偿款 250 000 元＝4 209 303.21 元。

纳税调整减少额[②③]＝【例 3－23】排灌服务收入 776.70 元＋【例 3－29】绿豆收入 174 757.28 元＋【例 9－1】大豆销售收入 97 087.38元＋【例 9－2】排灌服务收入 19 417.48 元＋【例 3－10】

---

① 为了说明所得税费用的计算和财务报表的编制，本书以 1 月 1 日至 1 月 31 日作为一个完整的会计期间，并据以计算所得税费用、各项收益及收益分配。

② 《企业所得税法实施条例》第八十六条和《企业所得税法》第二十七条第（一）项规定的企业从事农、林、牧、渔业项目的所得，可以免征、减征企业所得税，是指：（一）企业从事下列项目的所得，免征企业所得税：1. 蔬菜、谷物、薯类、油料、豆类、棉花、麻类、糖料、水果、坚果的种植；……5. 牲畜、家禽的饲养；……7. 灌溉、农产品初加工、兽医、农技推广、农机作业和维修等农、林、牧、渔服务业项目。

③ 根据《企业所得税法》及其实施条例规定，符合条件的居民企业之间的股息、红利等权益性投资收益为免税收入。

分红 50 000 +【例 9 - 7】分红 200 000 = 542 038. 84 元。

应交所得税 = 5 100 767. 69 × 25% = 1 275 191. 92（元）。

2024 年 1 月确认所得税费用时：

借：所得税费用　　1 275 191. 92

　贷：应交税费——应交企业所得税　　1 275 191. 92

期末结转所得税费用时：

借：本年收益　　1 275 191. 92

　贷：所得税费用　　1 275 191. 92

2024 年缴纳企业所得税时（假定税务机关核定按月交纳企业所得税）：

借：应交税费——应交所得税　　1 275 191. 92

　贷：银行存款　　1 275 191. 92

（2）假设东方红股份经济合作社为一般纳税人：

应纳税所得额 = 收益总额 1 700 868. 34 元 + 纳税调整增加额 4 134 080. 78元 - 纳税调整减少额 526 503. 37 元 = 5 308 445. 75 元。

纳税调整增加额 =【例 4 - 7】计入公积公益金的收割机投资利得 12 600 元 +【例 4 - 8】计入公积公益金的建设用地使用权投资利得 240 000 元 +【例 5 - 5】计入公积公益金的政府捐赠肥羊 150 000元 +【例 5 - 14】计入公积公益金的仔猪投资利得21 486. 24 元 +【例 5 - 18】计入公积公益金的种牛 3 000 000 元 +【例 5 - 25】计入公积公益金的奶牛投资利得 26 330. 28 元 +【例 6 - 4】计入公积公益金的接受捐赠运输车 75 000 元 +【例 6 - 5】计入公积公益金的接受捐赠打印机 2 500 元 +【例 6 - 14】计入公积公益金的冷库投资利得 20 476. 19 元 +【例 7 - 3】计入公积公益金的接受捐赠蔬菜保鲜技术专利 40 000 元 +【例 8 - 28】计入公积公益金的厂房投资利得 185 688. 07 元 +【例 8 - 29】计入公积公益金的接受捐赠 60 000 元 +【例 8 - 30】计入公积公益金的体育器材 50 000 元 +【例 8 - 31】计入公积公益金土地补偿款 250 000 元 = 4 134 080. 78 元。

纳税调整减少额 =【例 3 -23】排灌服务收入 754.72 元 +【例 3 - 29】绿豆收入 165 137.61 元 +【例 9 - 1】大豆销售收入 91 743.12元 +【例 9 -2】排灌服务 18 867.92 元 +【例 3 -10】分红 50 000 +【例 9 -7】分红 200 000 =526 503.37 元。

应交所得税 =5 308 445.75 ×25% =1 327 111.44（元）

2014 年 1 月确认所得税费用时：

借：所得税费用　　　　　　　　　　1 327 111.44

　　贷：应交税费——应交企业所得税　　　　1 327 111.44

期末结转所得税费用时：

借：本年收益　　　　　　　　　　1 327 111.44

　　贷：所得税费用　　　　　　　　　　1 327 111.44

2024 年 2 月缴纳企业所得税时：

借：应交税费——应交所得税　　　　1 327 111.44

　　贷：银行存款　　　　　　　　　　1 327 111.44

第四节　收益与收益分配的核算

农村集体经济组织的收益，是指农村集体经济组织在一定会计期间的经营成果。农村集体经济组织的收益总额按照下列公式计算：

收益总额 = 经营收益 + 其他收入 - 公益支出 - 其他支出

其中：经营收益 = 经营收入 + 投资收益 + 补助收入 - 经营支出 - 税金及附加 - 管理费用

净收益，是指收益总额减去所得税费用后的净额。

一、收益的核算

本年收益，是指农村集体经济组织本年度实现的收益。农村集体经济组织应设置“本年收益”科目核算其当期收益。

（一）各项收入的结转

会计期末结转收益时，农村集体经济组织应将“经营收入”、“补助收入”、“其他收入”等科目的余额转入“本年收益”科目的贷方，借记“经营收入”、“补助收入”、“其他收入”等科目，贷记“本年收益”科目。

（二）各项支出的结转

会计期末结转收益时，农村集体经济组织应将“经营支出”、“税金及附加”、“管理费用”、“公益支出”、“其他支出”、“所得税费用”等科目的余额转入“本年收益”科目的借方，借记“本年收益”科目，贷记“经营支出”、“税金及附加”、“管理费用”、“公益支出”、“其他支出”、“所得税费用”等科目。

（三）投资收益的结转

期末，农村集体经济组织应将“投资收益”科目的贷方余额转入“本年收益”科目，借记“投资收益”科目，贷记“本年收益”科目；如为投资净损失，借记本科目，贷记“投资收益”科目。

（四）净收益结转收益分配的核算

结转后，“本年收益”科目的贷方余额为当期实现的净收益；借方余额为当期发生的净亏损。

年度终了，应将本年收入和支出相抵后结出的净收益，借记“本年收益”科目，贷记“收益分配——未分配收益”科目；如为净亏损，作相反的会计分录。结转后“本年收益”科目期末无余额。

【例9－35】东方红股份经济合作社2024年1月31日，各项收入支出账户余额如表9－1和表9－2所示。

（1）假设东方红股份经济合作社为小规模纳税人，其收入支出如表9-1所示。

表9-1 收入支出账户余额（小规模纳税人）

账户名称	账户金额（元）
经营收入——销售收入	1 325 310.01
经营收入——劳务收入	923 164.48
经营收入——出租收入	265 396.83
经营收入——发包收入	10 396.83
经营收入——代理收入	14 851.49
补助收入	204 000.00
其他收入	640 991.92
投资收益	61 100.00
经营支出	1 317 045.42
税金及附加	15 544.56
管理费用	333 030.00
公益支出	175 500.00
所得税费用	1 275 191.92
其他支出	170 588.26
净收益	158 311.40

（2）假设东方红股份经济合作社为一般纳税人，其收入支出如表9-2所示。

表9-2 收入支出账户余额（一般纳税人）

账户名称	账户金额（元）
经营收入——销售收入	1 240 951.53
经营收入——劳务收入	898 867.92
经营收入——出租收入	255 657.49
经营收入——发包收入	10 047.33
经营收入——代理收入	14 150.94

续表

账户名称	账户金额（元）
补助收入	204 000.00
其他收入	1 005 980.68
投资收益	61 100.00
税金及附加	22 166.91
经营支出	1 287 385.42
管理费用	332 997.79
公益支出	175 500.00
所得税费用	1 327 111.44
其他支出	171 837.43
净收益	373 756.90

二、收益分配的核算

农村集体经济组织应设置“收益分配”科目，核算农村集体经济组织当年收益的分配（或亏损的弥补）和历年分配（或弥补）后的结存余额。“收益分配”科目应按照收益的用途，设置“各项分配”和“未分配收益”两个二级科目，进行明细核算。期末余额，反映农村集体经济组织的未分配收益（或未弥补亏损）。

（一）公积公益金弥补亏损的核算

农村集体经济组织按照国家有关规定，并按规定程序批准后，用公积公益金弥补亏损时，借记“公积公益金”科目，贷记“收益分配（未分配收益）”科目。

（二）本年收益结转未分配收益的核算

年度终了，农村集体经济组织应按照本年实现的净收益数额，借记“本年收益”科目，贷记“收益分配——未分配收益”科目；

如为净亏损，作相反的会计分录。

【例 9－36】 接【例 9－35】，月末，东方红股份经济合作社将本年收益（数据来源于全书相关例子）结转未分配收益。会计分录如下：

（1）假设东方红股份经济合作社为小规模纳税人，则：

借：本年收益　　158 311.40

　　贷：收益分配——未分配收益　　158 311.40

（2）假设东方红股份经济合作社为一般纳税人，则：

借：本年收益　　373 756.90

　　贷：收益分配——未分配收益　　373 756.90

（三）按照规定提取公积公益金、分配股利等的核算

农村集体经济组织按照规定提取公积公益金、分配股利时，借记“收益分配——各项分配”科目，贷记“公积公益金”、“内部往来”等科目。

【例 9－37】 接【例 9－36】【例 9－35】，东方红股份经济合作社年初未分配收益贷方余额 4 543 660.89 元。2024 年 1 月 31 日经集体经济组织成员代表大会通过，在【例 3－24】的分配基础上，增加分配上年净利润 1 000 000 元，其中：60% 提取公积公益金，40% 进行成员分配。成员分配以银行存款付讫。会计分录如下：

（1）进行收益分配时：

提取公积公益金金额 = 1 000 000 × 60% = 600 000（元）

成员分配金额 = 1 000 000 × 40% = 400 000（元）

会计分录为：

借：收益分配——各项分配（提取公积公益金）

　　600 000.00

　　——各项分配（成员分配）　　400 000.00

　　贷：公积公益金　　600 000.00

　　　　内部往来　　400 000.00

（2）兑付成员分配款时：

借：内部往来　400 000.00

　贷：银行存款　320 000.00

　　应交税费——应交个人所得税　80 000.00

（四）将各项分配结转未分配收益的核算

农村集体经济组织将“收益分配——各项分配”的余额转入“收益分配——未分配收益”科目时，借记“收益分配——未分配收益”，贷记“收益分配——各项分配”科目。年度终了，“收益分配——各项分配”科目应无余额。“收益分配——未分配收益”科目的贷方余额表示未分配的收益，借方余额表示未弥补的亏损。

【例9－38】接【例9－37】，东方红股份经济合作社将各项分配结转未分配收益。会计分录如下：

借：收益分配——未分配收益　1 000 000.00

　贷：收益分配——各项分配（提取公积公益金）

　　600 000.00

　　——各项分配（成员分配）　400 000.00

第十章　财产清查的账务调整

《中华人民共和国会计法》第十七条明确要求，各单位应当定期将会计账簿记录与实物、款项及有关资料相互核对，保证会计账簿记录与实物及款项的实有数额相符、会计账簿记录与会计凭证的有关内容相符、会计账簿之间相对应的记录相符、会计账簿记录与会计报表的有关内容相符。《农村集体经济组织财务制度》第二十九条明确要求，农村集体经济组织在年终收益分配前，应当清查资产，清理债权、债务，准确核算年度收入、支出、可分配收益。《农村集体经济组织会计制度》第三十七条规定，农村集体经济组织应当在每年年度终了，对应收款项、存货、对外投资、生物资产、固定资产、在建工程、无形资产等资产进行全面清查，做到账实相符；对于已发生损失但尚未批准核销的相关资产，应当在会计报表附注中予以披露。上述法律法规不仅为农村集体经济组织按期进行财产清查及其账务调整提供了法制基础，同时，也是对农村集体经济组织进行财产清查和账务调整的强制性要求。

第一节　资产清查的账务调整

农村集体经济组织资产清查的账务调整，包括货币资金清查的账务调整、实物资产清查的账务调整、应收及暂付款项等债权清查的账务调整、对外投资清查的账务调整，以及其他资产清查的账务调整。

为了反映和监督农村集体经济组织在财产清查过程中查明的各类资产盘盈盘亏情况，以及盘盈盘亏报经批准后的转销数额，农村集体经济组织应设置“待处理财产损溢”账户，下设“待处理流动资产损溢”和“待处理非流动资产损溢”两个明细分类账户，以进行明细分类核算。“待处理财产损溢”账户借方登记各项财产的盘亏或毁损数额和各项盘盈财产报经批准后的转销数；贷方登记各项财产的盘盈数额和各项盘亏或毁损财产报经批准后的转销数。按规定，农村集体经济组织的各项盘盈、盘亏必须于期末结账前处理完毕，“待处理财产损溢”账户期末应无余额。

一、货币资金清查的账务调整

货币资金清查的账务调整主要包括库存现金和银行存款清查的账务调整。

1. 库存现金清查的账务调整

库存现金清查的基本方法是实地盘点法。它是通过将库存现金的盘点实有数与库存现金日记账的余额进行核对，来查明库存现金是否账实相符。包括出纳员自查和专门人员清查。

农村集体经济组织财务会计人员应于每日终了结算现金收支，在财产清查等发现的有待查明原因的现金短缺或溢余，应当通过“待处理财产损溢”科目核算。属于现金短缺，按照实际短缺的金额，借记“待处理财产损溢——待处理流动资产损溢”科目，贷记“库存现金”科目；属于现金溢余，按照实际溢余的金额，借记“库存现金”科目，贷记“待处理财产损溢——待处理流动资产损溢”科目。

【例 10－1】东方红股份经济合作社 2024 年 1 月 31 日对库存现金进行盘点，发现现金溢余 3.58 元。经查，属于支付个人款项时，个人未收的零钱形成。会计分录如下：

（1）清查发现库存现金溢余时：

借：库存现金　　3.58

　　贷：待处理财产损溢——待处理流动资产损溢　　3.58

（2）按规定程序批准后：

借：待处理财产损溢——待处理流动资产损溢　　3.58

　　贷：其他收入——盘盈现金收入　　3.58

2. 银行存款清查的账务调整

银行存款的清查，通常采用银行存款日记账与开户银行提供的“银行对账单”相核对的方法。银行存款日记账应定期与“银行对账单”核对，至少每月核对一次。农村集体经济组织银行存款账面余额与“银行对账单”余额之间如有差额，应编制“银行存款余额调节表”调节相符。

在实务操作中，首先把截至资产清查基准日的所有银行存款收、付款业务登记入账，对发生的错账、漏账及时查清调整后，再与“银行对账单”逐笔核对。若二者余额相符，一般说明无错误；若发现二者不相符，则可能存在未达账项。

所谓未达账项，是指在农村集体经济组织与银行之间由于凭证传递的时间不同，导致双方记账时间不一致。即一方已接到有关结算凭证并已经登记入账但另一方由于尚未接到有关结算凭证而未入账的款项。具体包括四种情况：（1）农村集体经济组织已收款入账，银行未收款入账的款项；（2）农村集体经济组织已付款入账，银行未付款入账的款项；（3）银行已收款入账，农村集体经济组织未收款入账的款项；（4）银行已付款入账，农村集体经济组织未付款入账的款项。

【例 10－2】 北京奥运村股份经济合作社 2024 年 1 月 31 日对银行存款——基本户进行核对，发现银行存款日记账余额为 104 890.58 元，银行对账单余额为 56 490.66 元。经查，发现以下未达账项：

（1）合作社 2024 年 1 月 5 日以银行转账汇款方式支付的农药款 50 000 元，银行已入账，合作社未入账。

（2）合作社 2024 年 1 月 20 日以银行汇款方式支付劳务费 2 000

元，合作社已经入账，银行尚未入账。

（3）2024 年 1 月 31 日银行结算利息收入金额 600.08 元，银行已经入账，但合作社尚未入账。

月末，财务会计人员编制银行存款余额调节表如表 10－1 所示。

表 10－1　银行存款余额调节表

编制单位：北京奥运村股份经济合作社　　编制日期：2024 年 1 月 31 日

项目	金额	项目	金额
银行存款日记账余额：	104 890.58	银行对账单余额	56 490.66
加：银行已收合作社未收	600.08	加：合作社已收银行未收	
减：银行已付合作社未付	50 000.00	减：合作社已付银行未付	2 000.00
调节后的存款余额	55 490.66	调节后的存款余额	54 490.66

通过编制银行存款余额调节表，发现仍然存在差异 1 000 元。此时，会计人员必须将当月银行存款日记账与银行对账单进行逐笔检查核对。

经检查发现，属于当月银行漏记物业公司转款收入 1 000 元；应立即通知银行登记入账，并重新从银行获得新的银行对账单。

二、实物资产清查的账务调整

农村集体经济组织实物资产清查的账务调整包括库存物资、消耗性生物资产等流动性实物资产清查的账务调整，以及固定资产、生产性生物资产、公益性生物资产、在建工程等非流动性实物资产清查的账务调整。

1. 流动性实物资产清查的账务调整

农村集体经济组织应当定期或不定期对流动性实物资产进行清查，流动性实物资产的清查一般采用实地盘点法进行清查核实。盘盈的各种库存物资、消耗性生物资产等，按照同类或类似资产的市场价格或评估价值、实际溢余的金额，借记“库存物资”、“消耗性生物资产”等科目，贷记“待处理财产损溢——待处理流动资产损溢”科目。盘亏、毁损、短缺的各种库存物资、消耗性生物资产等，按照其账面余额、实际短缺的金额，借记“待处理财产损溢——待处理流动资产损溢”科目，贷记“库存物资”、“消耗性生物资产”等科目。

盘亏、毁损、报废的各项流动性实物资产，按规定程序批准后处理时，按照残料价值，借记“库存物资”等科目，按照可收回的赔偿金额（含可收回的责任人和保险公司赔偿的金额等），借记“应收款”、“内部往来”等科目，贷记“待处理财产损溢——待处理流动资产损溢”科目，按照其差额，借记“其他支出”科目。盘盈的各项流动性实物资产，按规定程序批准后处理时，借记“待处理财产损溢——待处理流动资产损溢”科目，贷记“其他收入”科目。

【例 10－3】东方红股份经济合作社 2024 年 1 月 31 日对库存物资进行盘点，发现盘盈钢筋一批，同类钢筋的市场价格为 30 000 元。会计分录如下：

（1）清查盘盈原材料时：

借：库存物资——钢筋　　30 000. 00

　　贷：待处理财产损溢——待处理流动资产损溢

　　　　30 000. 00

（2）按规定程序批准后：

借：待处理财产损溢——待处理流动资产损溢

　　30 000. 00

　　贷：其他收入——盘盈钢筋收入　　30 000. 00

【例 10－4】东方红股份经济合作社 2024 年 1 月 31 日对仔猪进行清查盘点，盘亏仔猪 3 头。经查，由于感染病毒而死亡，入账价值为 2 000 元/头。经合作社成员（代表）大会讨论决议，损失由合作社承担。会计分录如下：

（1）清查盘亏仔猪时：

借：待处理财产损溢——待处理流动资产损溢

6 000.00

贷：消耗性生物资产——仔猪　　　　6 000.00

（2）按规定程序批准后：

借：其他支出——消耗性生物资产盘亏　　　　6 000.00

贷：待处理财产损溢——待处理流动资产损溢

6 000.00

2. 非流动性实物资产清查的账务调整

农村集体经济组织应当定期对固定资产、生产性生物资产、公益性生物资产、在建工程等非流动性实物资产进行清查，每年至少全面清查盘点一次。非流动性实物资产的清查一般采用实地盘点法进行清查核实。盘盈的固定资产、生产性生物资产应按照同类或类似资产的市场价格或评估价值扣除按照该项资产新旧程度或状况估计的折旧后的余额，借记“固定资产”、“生产性生物资产”等科目，贷记“待处理财产损溢——待处理非流动资产损溢”科目。盘亏的固定资产以及盘亏、死亡毁损的生产性生物资产，按照其账面价值，借记“待处理财产损溢——待处理非流动资产损溢”科目，按照已计提的累计折旧，借记“累计折旧”、“生产性生物资产累计折旧”科目，按照其原价（成本），贷记“固定资产”、“生产性生物资产”科目。

盘亏、毁损、报废的各项非流动性实物资产，按规定程序批准后处理时，按照残料价值，借记“库存物资”等科目，按照可收回的赔偿金额（含可收回的责任人和保险公司赔偿的金额等），借记“应收款”、“内部往来”等科目，贷记“待处理财产损溢——待处理非流动资产损溢”科目，按照其差额，借记“其他支出”科目。盘盈的各项非流动性实物资产，按规定程序批准后处理时，借记“待处理财产损溢——待处理非流动资产损溢”科目，贷记“其他收入”科目。

【例 10－5】东方红股份经济合作社 2024 年 1 月 31 日对固定资

产进行盘点，盘亏2023年购进的空调两台，购进价款18 000元、购进时取得增值税专用发票注明税款2 340元，东方红股份经济合作社对空调设备按5年提取折旧、预计残值5%，已提取折旧6个月。经核实，盘亏空调系资产管理人员马某（属集体经济组织成员）管理不善造成；经合作社成员（代表）大会讨论决议，财产损失由资产保管人员予以赔偿。会计分录如下：

（1）若东方红股份经济合作社为小规模纳税人，则：

①清查盘亏固定资产时：

已经提取的累计折旧 = 20 340 × (1 - 5%)/(5 × 12) × 6

= 1 932.30（元）

借：待处理财产损溢——待处理非流动资产损溢　　18 407.70

　　累计折旧　　1 932.30

　　贷：固定资产——空调　　20 340.00

②按规定程序批准后：

借：内部往来——应收保管员赔偿款　　18 407.70

　　贷：待处理财产损溢——待处理非流动资产损溢　　18 407.70

（2）若东方红股份经济合作社为一般纳税人，则：

①清查盘亏固定资产时：

已经提取的累计折旧 = 18 000 × (1 - 5%)/(5 × 12) × 6

= 1 710（元）

应转出的增值税进项税额[①] = (18 000 - 1 710) × 13%

= 2 117.70（元）

借：待处理财产损溢——待处理非流动资产损溢　　18 407.70

① 根据《增值税暂行条例》及其实施细则的规定，因管理不善所造成的财产损失，其进项税额不得抵扣，因此，因管理不善所造成的固定资产损失而不允许抵扣的进项税额 = 账面余额 × 适用税率。

累计折旧　　1 710.00

贷：固定资产——空调　　18 000.00

应交税费——应交增值税（进项税额转出）

2 117.70

②履行民主程序经批准后：

借：内部往来——应收保管员赔偿款　　18 407.70

贷：待处理财产损溢——待处理非流动资产损溢

18 407.70

【例 10－6】 东方红股份经济合作社 2024 年 1 月 31 日对在建工程进行盘点，发现在建的一处库房，已被洪水冲垮不再重建。该在建工程实际建造价值 60 000 元，因购进钢材等原材料注明增值税进项税额 6 000 元。经合作社成员（代表）大会讨论决议做报废处理，全部财产损失由合作社承担。会计分录如下：

（1）若东方红股份经济合作社为小规模纳税人，则：

①清查盘亏在建工程时：

借：待处理财产损溢——待处理非流动资产损溢

60 000.00

贷：在建工程——库房　　60 000.00

②按规定程序批准后：

借：其他支出——在建工程毁损　　60 000.00

贷：待处理财产损溢——待处理非流动资产损溢

60 000.00

（2）若东方红股份经济合作社为一般纳税人，则：

①清查盘亏在建工程时[①]：

借：待处理财产损溢——待处理非流动资产损溢

54 000.00

---

① 根据《增值税暂行条例实施细则》第二十四条规定，条例第十条第（二）项所称非正常损失，是指因管理不善造成被盗、丢失、霉烂变质的损失。因自然灾害导致的在建工程损失已经抵扣的进行税额允许抵扣，无须作进项税额转出处理。

贷：在建工程——库房　　54 000.00

②按规定程序批准后：

借：其他支出——在建工程毁损　　54 000.00

贷：待处理财产损溢——待处理非流动资产损溢

54 000.00

三、应收及暂付款项等债权清查的账务调整

农村集体经济组织应定期核对应收及暂付款项。应收及暂付款项的清查方法一般采用询证核实法或查询核实法。对于确实无法收回的应收及暂付款项，按规定程序批准核销时，借记“其他支出”等科目，贷记“应收款”。

【例 10－7】东方红股份经济合作社 2024 年 1 月 31 日对应收款项进行清查核实，发现有应收某公司黄豆款 10 000 元，该公司已经注销，款项已无法收回。经合作社成员（代表）大会讨论决议，损失由合作社全部承担。会计分录如下：

借：其他支出——坏账损失　　10 000.00

贷：应收款——某公司黄豆款　　10 000.00

四、对外投资清查的账务调整

农村集体经济组织的对外投资包括短期投资和长期投资。对外投资的清查一般采用查询核实法。农村集体经济组织出售、转让和收回短期投资时，按照实际收到的价款，借记“银行存款”等科目，按照该短期投资的账面余额，贷记“短期投资”，按照尚未领取的现金股利、利润或利息，贷记“应收款”科目，按照其差额，贷记或借记“投资收益”科目。农村集体经济组织长期投资发生损失时，按规定程序批准后，按照应收回的赔偿金额（含可收回的责任人和保险公司赔偿的金额等），借记“应收款”、“内部往来”等

科目，按照扣除由责任人和保险公司赔偿金额后的净损失，借记“投资收益”科目，按照发生损失的投资账面余额，贷记“长期投资”科目。

【例10－8】东方红股份经济合作社2024年1月31日对购买的长期债券进行清查核实，发现有购买的某公司长期债券600 000元，因公司出现重大亏损，存在经营风险，经合作社成员（代表）大会讨论决议，当日立即以500 000元的价格进行清理。会计分录如下：

借：银行存款　　500 000.00

　　投资收益　　100 000.00

　　贷：长期投资——长期债权债券（某公司）

　　　　600 000.00

【例10－9】东方红股份经济合作社2024年1月31日对长期投资进行清查，发现所投资的某物业公司50 000元，占某物业公司股权比例为25%，该公司2023年10月因资不抵债已进行破产清算，全部投资无法收回。经合作社成员（代表）大会讨论决议，由合作社承担全部损失。会计分录如下：

借：投资收益——某物业公司　　50 000.00

　　贷：长期投资——某物业公司　　50 000.00

五、其他资产清查的账务调整

除前述四大类资产外，农村集体经济组织的其他资产包括无形资产、长期待摊费用等。农村集体经济组织应定期对无形资产和长期待摊费用等其他资产进行清查。农村集体经济组织盘亏、毁损、报废的无形资产，按规定程序批准后处理时，按照可收回的赔偿金额（含可收回的责任人和保险公司赔偿的金额等），借记“应收款”、“内部往来”等科目，贷记“待处理财产损溢——待处理非流动资产损溢”科目，按照其差额，借记“其他支出”科目。盘盈的无形资产，按规定程序批准后处理时，借记“待处理财产损溢——

待处理非流动资产损溢”，贷记“其他收入”科目。

【例10－10】东方红股份经济合作社2024年1月31日对无形资产进行清查，发现一项林权尚未入账，市场无同类林权参考价值，也很难对该项林权进行合理的价值评估。经合作社成员（代表）大会讨论决议，以名义金额入账。会计分录如下：

借：无形资产——林权（名义金额）　　1.00

　　贷：待处理财产损溢——待处理非流动资产损溢　1.00

借：待处理财产损溢——待处理非流动资产损溢　1.00

　　贷：其他收入——资产盘盈　　1.00

第二节　负债清查的账务调整

农村集体经济组织的负债包括流动负债和非流动负债。农村集体经济组织负债的清查一般采用询证核实法或查询核实法。

一、流动负债清查的账务调整

农村集体经济组织的流动负债包括短期借款、应付款项、应付工资、应付劳务费、应交税费等。农村集体经济组织应及时对流动负债进行清查，因债权人特殊原因等确实无法偿付的应付及暂收款项或获得债权人的债务豁免时，按规定报经批准后，借记流动负债相关科目，贷记“其他收入”科目。

【例10－11】东方红股份经济合作社2024年1月31日对应付款项进行清查，发现应付某商贸公司农药款18 000元，该公司已于2023年8月破产清算，款项已经无法继续支付。经合作社成员（代表）大会讨论决议，同意进行调账处理。会计分录如下：

借：应付款——某商贸公司　　18 000.00

　　贷：其他收入——无法偿付款项　　18 000.00

对于应付工资、应付劳务费、应交税费等相关科目，每一会计期末应当进行清查核实，对于因会计差错所导致的不符，应当按规定进行会计差错更正。

二、非流动负债清查的账务调整

农村集体经济组织的非流动负债包括长期借款及应付款、一事一议资金、专项应付款等。农村集体经济组织应定期对非流动负债进行清查。因债权人特殊原因等确实无法偿付的长期借款及应付款项或获得债权人的债务豁免时，按规定报经批准后，借记非流动负债相关科目，贷记“其他收入”科目。

【例 10－12】 东方红股份经济合作社 2024 年 1 月 31 日账载长期借款及应付款余额 50 000 元，经清查，系应付某建筑公司厂房建设款，因工程未能通过验收，整改尚未完成，后经双方协商，某建筑公司同意以 36 000 元进行结算。经合作社成员（代表）大会讨论决议，同意该债务的实际支付。会计分录如下：

借：长期借款及应付款——某建筑公司　　　14 000.00

　　贷：其他收入——债务豁免收入　　　　　14 000.00

第十一章 财务报告的编制与分析

第一节 财务报告概述

农村集体经济组织财务会计报告是对其财务状况、经营成果等的结构性表述，包括会计报表和会计报表附注。农村集体经济组织的会计报表包括资产负债表、收益及收益分配表。

一、资产负债表概述

资产负债表是指反映农村集体经济组织在某一特定日期财务状况的报表。资产负债表是以“资产＝负债＋所有者权益”会计等式为理论依据，将农村集体经济组织某一特定日期（月末、季末、年末）的资产、负债和所有者权益项目按照特定顺序排列编制的报表。

（一）资产负债表的内容与结构

资产负债表应当按照资产、负债和所有者权益三大类别分类列报，采用账户式结构编制。

资产负债表由表头和表体两部分构成。表头列示报表的名称、编制单位、编制日期、报表编号、货币计量单位等。资产项目按流动性强弱分为流动资产和非流动资产两大类，类内按照流动性由强到弱列示。负债项目同样按照流动性强弱分为流动负债和非流动负债，类内按照偿还期限长短，由短到长列示。所有者权益项目按永久性程度列示，资本列前，依次为资本、公积公益金、未分配收益。

资产负债表应当分别列示资产总计项目和负债与所有者权益之和的总计项目，并且这两者的金额应当相等。

（二）农村集体经济组织资产负债表的内容与格式要求

为了让披露的信息更加规范，更好地反映农村集体经济组织财务状况，更加有利于报表使用者阅读财务信息，《农村集体经济组织会计制度》规定的资产负债表内容与格式如表 11－1 所示：

表 11－1　　资产负债表　　村会 01 表

编制单位：　　年　月　日　　单位：元

资　产	期末余额	年初余额	负债和所有者权益	期末余额	年初余额
流动资产：			流动负债：		
货币资金			短期借款		
短期投资			应付款项		
应收款项			应付工资		
存货			应付劳务费		
消耗性生物资产			应交税费		
流动资产合计			流动负债合计		
非流动资产：			非流动负债：		
长期投资			长期借款及应付款		
生产性生物资产原值			一事一议资金		
减：生产性生物资产累计折旧			专项应付款		
生产性生物资产净值			非流动负债合计		
固定资产原值			负债合计		
减：累计折旧					
固定资产净值					
在建工程					

续表

资　产	期末余额	年初余额	负债和所有者权益	期末余额	年初余额
固定资产清理					
固定资产小计					
无形资产原值					
减：累计摊销			所有者权益：		
无形资产净值			资本		
公益性生物资产			公积公益金		
长期待摊费用			未分配收益		
非流动资产合计			所有者权益合计		
资产总计			负债和所有者权益总计		

二、收益及收益分配表概述

收益及收益分配表是指反映农村集体经济组织在一定会计期间内收益实现及其分配情况的报表。收益及收益分配表是以“收入-费用=利润”等式为理论依据，将农村集体经济组织某一期间内收入和成本费用项目按照一定顺序排列编制的报表。

（一）收益及收益分配表的内容与结构

收益及收益分配表由本年收益和收益分配两大部分组成，采用多步式利润表的结构编制。

收益及收益分配表由表头和表体两部分构成。表头列示报表的名称、编制单位、报表涵盖期间、报表编号、货币计量单位等。表体部分分为本年收益和收益分配两部分。本年收益部分反映收益的形成过程，核心的项目有经营收入、经营收益和收益总额三个项目；收益分配部分反映收益分配的过程，核心的项目有净收益、可分配收益、年末未分配收益三个项目。上述核心项目之间存在以下计算关系：

经营收益 = 经营收入 + 投资收益 + 补助收入 − 经营支出 − 税金及附加 − 管理费用

收益总额 = 经营收益 + 其他收入 − 公益支出 − 其他支出

净收益 = 收益总额 − 所得税费用

可分配收益 = 净收益 + 年初未分配收益 + 其他转入

年末未分配收益 = 可分配收益 − 提取公积公益金 − 向成员分配 − 其他

（二）农村集体经济组织收益及收益分配表的内容与格式要求

为了更好地反映收益及收益分配的计算过程，更好地反映农村集体经济组织的经营成果，更加有利于报表使用者理解和阅读经营成果信息，《农村集体经济组织会计制度》规定的收益及收益分配表的内容与格式如表 11－2 所示：

表 11－2　　收益及收益分配表　　村会 02 表

编制单位：　　年度　　单位：元

项　目	本年金额	上年金额
一、经营收入		
加：投资收益		
补助收入		
减：经营支出		
税金及附加		
管理费用		
其中：运转支出		
二、经营收益		
加：其他收入		
减：公益支出		
其他支出		
三、收益总额		
减：所得税费用		

续表

项　目	本年金额	上年金额
四、净收益		
加：年初未分配收益		
其他转入		
五、可分配收益		
减：提取公积公益金		
向成员分配		
其他		
六、年末未分配收益		

三、会计报表附注概述

会计报表附注是指对在资产负债表、收益及收益分配表等会计报表中列示项目的文字表述或明细资料，以及对未能在这些会计报表中列示项目的说明等。会计报表附注是财务会计报告的重要组成部分。按照《农村集体经济组织会计制度》的规定，农村集体经济组织应当在会计报表附注中按照下列顺序至少披露以下内容：

1. 遵循农村集体经济组织会计制度的声明。农村集体经济组织应当声明编制的财务会计报告符合农村集体经济组织会计制度的要求，真实、完整地反映了农村集体经济组织的财务状况、经营成果等有关信息。

2. 农村集体经济组织的基本情况，包括：农村集体经济组织的资本总额、成员总数及构成、主要经营项目、集体经营性财产和非经营性财产的构成、是否由村民委员会代行职能等情况。

3. 成员权益结构，包括：（1）农村集体经济组织的资本形成情况；（2）成员享有的经营性财产收益权份额结构；（3）成员权益变动情况。

4. 会计报表重要项目的进一步说明，包括其主要构成、增减变动情况等。

5. 已发生损失但尚未批准核销的相关资产名称、金额等情况及说明，包括：（1）确实无法收回的应收款项；（2）无法收回的对外投资；（3）毁损和报废的固定资产；（4）毁损和报废的在建工程；（5）注销和无效的无形资产；（6）已发生损失但尚未批准核销的其他资产。

6. 以名义金额计量的资产名称、数量等情况，以及以名义金额计量理由的说明；若涉及处置的，还应披露以名义金额计量的资产的处置价格、处置程序等情况。

7. 对已在资产负债表、收益及收益分配表中列示项目与企业所得税法规定存在差异的纳税调整过程。

8. 其他重要事项，包括：（1）接受捐赠；（2）国家财政支持和税收优惠；（3）提取公积公益金的比例；（4）收益分配方案、亏损处理方案；（5）经营收入中销售收入、劳务收入、出租收入、发包收入的构成情况；（6）根据经营活动和公益活动划分负债的具体情况等。

9. 根据国家有关法律法规和集体经济组织章程等规定，需要在会计报表附注中说明的其他事项。

第二节　会计报表的编制

一、会计报表的编制流程

1. 核实资产

农村集体经济组织应至少在年末开展一次财产清查工作。财产清查工作的内容具体包括：清点库存现金；核对银行存款，编制银行存款余额调节表；核对各类应收暂付款及内部往来款项；清查各项存货及生物资产；检查各项投资的回收和利润分配情况；清查各项固定资产和在建工程；清查核实各类资源性资产。在核实以上各项资产的过程中，如发现与账实不符的，应先转入“待处理财产损溢”科目，待查明原因后，按规定程序报批处理。

2. 账项调整

为准确确定当期收益，农村集体经济组织期末应按权责发生制对相关收入和费用进行账项调整。期末账项调整的内容主要包括：应计收入的账项调整、应计成本费用的账项调整、收入分摊的账项调整和成本费用分摊的账项调整。

3. 清查债务

农村集体经济组织与单位（包括内部单位）及个人（包括成员）各种经济往来中形成的债务要认真清理及时处理。对已经到期的负债要及时偿还，以确保农村集体经济组织的信誉，尤其是不能拖欠税款，并核查各项应付款中是否有异常的款项。

4. 对账

农村集体经济组织至少应当在年末编制报表前进行一次对账，对账的内容包括账证核对、账账核对、账表核对和账实核对。

5. 结账、试算平衡与编制科目余额表

年末，农村集体经济组织应当结清各损益类账户，结出各资产、负债和所有者权益账户的本期发生额和期末余额。上述工作完成后，可根据总分类账和明细分类账的本期发生额和期末余额分别试算平衡，并检查财务处理有无错误。

农村集体经济组织应在年末编制科目余额表，作为试算平衡和将有关账户余额结转下年的依据。

根据本书中东方红股份经济合作社 2024 年 1 月相关业务，编制小规模纳税人和一般纳税人科目余额表如表 11－3 和表 11－4 所示①。

---

① 本书所列示科目余额表格式仅供参考。由于受篇幅限制，本书以 2024 年 1 月为一个会计期间来编制资产负债表、收益及收益分配表以及各项税费的缴纳。

表 11 - 3

科目余额表(小规模纳税人)

编制单位:东方红股份经济合作社　　2024 年 01 月 31 日　　单位:元

科目编码	科目名称	期初余额		本期发生额		期末余额	
		借方	贷方	借方	贷方	借方	贷方
101	库存现金	3 540.00		65 027.08	45 130.00	23 437.08	
102	银行存款	13 845 639.68		26 466 610.00	6 148 520.00	34 163 729.68	
111	短期投资	10 000 000.00		100 800.00	100 800.00	10 000 000.00	
112	应收款	6 738 203.00		1 272 000.00	463 000.00	7 547 203.00	
113	内部往来	420 000.00		1 132 257.70	1 231 453.17	320 804.53	
121	库存物资	634 829.00		1 414 730.00	1 697 584.00	351 975.00	
131	消耗性生物资产	1 254 000.00		802 430.00	627 255.00	1 429 175.00	
132	生产性生物资产	1 075 000.00		3 342 000.00	1 009 400.00	3 407 600.00	
133	生产性生物资产累计折旧		180 000.00	181 385.42	1 385.42		
134	公益性生物资产	1 600 000.00		280 581.00	5 245.60	1 875 335.40	
141	长期投资	8 000 000.00		3 314 280.00	990 000.00	10 324 280.00	
151	固定资产	25 430 093.00		3 595 150.50	1 927 340.00	27 097 903.50	
152	累计折旧		22 534 879.00	480 782.30	322 500.00		22 376 596.70
153	在建工程	4 532 238.00		3 483 320.00	3 724 100.00	4 291 458.00	

续表

科目编码	科目名称	期初余额		本期发生额		期末余额	
		借方	贷方	借方	贷方	借方	贷方
154	固定资产清理	145 304.00		89 683.66	89 683.66	145 304.00	
161	无形资产	200 000.00		64 701.00	200 000.00	64 701.00	
162	累计摊销		40 000.00	40 000.00	930.83		930.83
171	长期待摊费用			20 000.00	555.56	19 444.44	
181	待处理财产损溢			167 970.38	167 970.38		
201	短期借款		1 800 000.00		200 000.00		2 000 000.00
211	应付款		6 763 238.00	189 900.00	9 541 479.36		16 114 817.36
212	应付工资		452 000.00	366 600.00	466 600.00		552 000.00
213	应付劳务费		80 000.00	405 000.00	540 000.00		215 000.00
214	应交税费		50 000.00	10 500.00	1 480 645.84		1 520 145.84
221	长期借款及应付款		14 164 900.00	64 000.00			14 100 900.00
231	一事一议资金		665 230.00	160 000.00	200 000.00		705 230.00
241	专项应付款		200 000.00	4 898 500.00	6 710 000.00		2 011 500.00
301	资本		8 000 000.00		6 000 000.00		14 000 000.00
311	公积公益金		15 269 281.79	100 000.00	9 487 805.21		24 657 087.00

续表

科目编码	科目名称	期初余额		本期发生额		期末余额	
		借方	贷方	借方	贷方	借方	贷方
321	本年收益			158 311. 40	158 311. 40		
322	收益分配		4 543 660. 89	2 120 000. 00	1 258 311. 40		3 681 972. 29
401	生产(劳务)成本	864 343. 00		931 836. 39	922 350. 00	873 829. 39	
501	经营收入			2 539 119. 64	2 539 119. 64		
502	投资收益			61 100. 00	61 100. 00		
503	补助收入			204 000. 00	204 000. 00		
504	其他收入			640 991. 92	640 991. 92		
511	经营支出			1 317 045. 42	1 317 045. 42		
512	税金及附加			15 544. 56	15 544. 56		
513	管理费用			333 030. 00	333 030. 00		
514	公益支出			175 500. 00	175 500. 00		
515	其他支出			170 588. 26	170 588. 26		
521	所得税费用			1 275 191. 92	1 275 191. 92		
合计		74 743 189. 68	74 743 189. 68	62 450 468. 55	62 450 468. 55	101 936 180. 02	101 936 180. 02

表 11－4

科目余额表（一般纳税人）

编制单位：东方红股份经济合作社　　2024 年 01 月 31 日　　单位：元

科目编码	科目名称	期初余额		本期发生额		期末余额	
		借方	贷方	借方	贷方	借方	贷方
101	库存现金	3 540.00		65 027.08	45 130.00	23 437.08	
102	银行存款	13 845 639.68		26 466 610.00	6 148 520.00	34 163 729.68	
111	短期投资	10 000 000.00		100 800.00	100 800.00	10 000 000.00	
112	应收款	6 738 203.00		1 324 000.00	463 000.00	7 599 203.00	
113	内部往来	420 000.00		1 132 257.70	1 231 453.17	320 804.53	
121	库存物资	634 829.00		1 356 261.92	1 645 432.11	345 658.81	
131	消耗性生物资产	1 254 000.00		772 537.15	600 075.00	1 426 462.15	
132	生产性生物资产	1 075 000.00		3 330 600.00	1 008 500.00	3 397 100.00	
133	生产性生物资产累计折旧		180 000.00	181 385.42	1 385.42		
134	公益性生物资产	1 600 000.00		280 581.00	5 245.60	1 875 335.40	
141	长期投资	8 000 000.00		3 332 280.00	990 000.00	10 342 280.00	
151	固定资产	25 430 093.00		3 350 203.21	1 925 000.00	26 855 296.21	
152	累计折旧		22 534 879.00	480 560.00	322 500.00		22 376 819.00
153	在建工程	4 532 238.00		3 254 618.05	3 490 458.85	4 296 397.20	

续表

科目编码	科目名称	期初余额		本期发生额		期末余额	
		借方	贷方	借方	贷方	借方	贷方
154	固定资产清理	145 304.00		96 412.83	96 412.83	145 304.00	
161	无形资产	200 000.00		63 501.00	200 000.00	63 501.00	
162	累计摊销		40 000.00	40 000.00	920.83		920.83
171	长期待摊费用			18 274.34	507.62	17 766.72	
181	待处理财产损溢			162 442.49	162 442.49		
201	短期借款		1 800 000.00		200 000.00		2 000 000.00
211	应付款		6 763 238.00	189 900.00	9 197 806.73		15 771 144.73
212	应付工资		452 000.00	366 600.00	466 600.00		552 000.00
213	应付劳务费		80 000.00	405 000.00	540 000.00		215 000.00
214	应交税费		50 000.00	336 703.91	1 819 954.22		1 533 250.31
221	长期借款及应付款		14 164 900.00	64 000.00			14 100 900.00
231	一事一议资金		665 230.00	160 000.00	200 000.00		705 230.00
241	专项应付款		200 000.00	4 898 500.00	6 710 000.00		2 011 500.00
301	资本		8 000 000.00		6 000 000.00		14 000 000.00
311	公积公益金		15 269 281.79	100 000.00	9 412 582.78		24 581 864.57

续表

科目编码	科目名称	期初余额		本期发生额		期末余额	
		借方	贷方	借方	贷方	借方	贷方
321	本年收益			373 756.90	373 756.90		
322	收益分配		4 543 660.89	2 120 000.00	1 473 756.90		3 897 417.79
401	生产（劳务）成本	864 343.00		922 178.45	912 750.00	873 771.45	
501	经营收入			2 419 675.21	2 419 675.21		
502	投资收益			61 100.00	61 100.00		
503	补助收入			204 000.00	204 000.00		
504	其他收入			1 005 980.68	1 005 980.68		
511	经营支出			1 287 385.42	1 287 385.42		
512	税金及附加			22 166.91	22 166.91		
513	管理费用			332 997.79	332 997.79		
514	公益支出			175 500.00	175 500.00		
515	其他支出			171 837.43	171 837.43		
521	所得税费用			1 327 111.44	1 327 111.44		
合计		74 743 189.68	74 743 189.68	62 752 746.33	62 752 746.33	101 746 047.23	101 746 047.23

6. 编制会计报表

根据试算平衡后的科目余额表，按照《农村集体经济组织会计制度》的规定，编制资产负债表、收益及收益分配表[①]。

二、资产负债表的编制说明

1. “年初余额”栏的填列方法

资产负债表中“年初余额”栏通常根据上年末有关项目的期末余额填列。如果上年度资产负债表规定的项目名称和内容与本年度不一致，应当对上年年末资产负债表相关项目的名称和数字按照本年度的规定进行调整后，再填入“年初余额”栏。

2. “期末余额”栏的填列方法

资产负债表中“期末余额”栏内各项数字，一般应根据资产、负债和所有者权益类科目的期末余额填列，具体方法如下：

（1）“货币资金”项目，反映农村集体经济组织库存现金、银行存款等货币资金的期末合计数。本项目应根据“库存现金”、“银行存款”科目的期末余额合计填列。

（2）“短期投资”项目，反映农村集体经济组织能够随时变现并且持有时间不准备超过1年（含1年）的投资的账面余额。本项目应根据“短期投资”科目的期末余额填列。

（3）“应收款项”项目，反映农村集体经济组织期末尚未收回的应收及暂付款项。本项目应根据“应收款”科目期末借方余额和“内部往来”各明细科目期末借方余额合计数合计填列。

（4）“存货”项目，反映农村集体经济组织期末在库、在途、在加工和在培育中各项存货的成本，包括各种原材料、农用材料、农产品、工业产成品等物资、在产品等。本项目应根据“库存物资”、“生产（劳务）成本”等科目的期末余额合计填列。

---

① 会计报表编制具体方法分别在资产负债表编制说明和收益及收益分配表编制说明中介绍。

(5)“消耗性生物资产”项目，反映农村集体经济组织各种消耗性生物资产的账面余额。本项目应根据“消耗性生物资产”科目的期末余额填列。

(6)“流动资产合计”项目，反映农村集体经济组织期末流动资产的合计数。本项目应根据本表中“货币资金”、“短期投资”、“应收款项”、“存货”、“消耗性生物资产”项目金额的合计数填列。

(7)“长期投资”项目，反映农村集体经济组织持有时间准备超过1年（不含1年）的投资的账面余额。本项目应根据“长期投资”科目的期末余额填列。

(8)“生产性生物资产原值”项目和“生产性生物资产累计折旧”项目，反映农村集体经济组织生产性生物资产的原值及累计折旧。这两个项目应根据“生产性生物资产”科目和“生产性生物资产累计折旧”科目的期末余额填列。

(9)“生产性生物资产净值”项目，反映农村集体经济组织生产性生物资产原值扣除生产性生物资产累计折旧后的余额。本项目应根据本表中“生产性生物资产原值”项目金额减去“生产性生物资产累计折旧”项目金额后的余额填列。

(10)“固定资产原值”项目和“累计折旧”项目，反映农村集体经济组织固定资产的原值及累计折旧。这两个项目应根据“固定资产”科目和“累计折旧”科目的期末余额填列。

(11)“固定资产净值”项目，反映农村集体经济组织固定资产原值扣除累计折旧后的余额。本项目应根据本表中“固定资产原值”项目金额减去“累计折旧”项目金额后的余额填列。

(12)“在建工程”项目，反映农村集体经济组织各项尚未完工或虽已完工但尚未办理竣工决算并交付使用的工程项目实际成本。本项目应根据“在建工程”科目的期末余额填列。

(13)“固定资产清理”项目，反映农村集体经济组织因出售、报废、毁损等原因转入清理但尚未清理完毕的固定资产的账面价值，以及固定资产清理过程中发生的清理费用和清理收入等各项金额的差额。本项目应根据“固定资产清理”科目的期末借方余额填列；如为贷方余额，本项目数字应以“-”号填列。

(14)“固定资产小计”项目，反映农村集体经济组织期末固定资产、在建工程、转入清理但尚未清理完毕的固定资产的小计数。本项目应根据本表中“固定资产净值”、“在建工程”、“固定资产清理”项目金额的合计数填列。

(15)“无形资产原值”项目和“累计摊销”项目，反映农村集体经济组织无形资产的原值及累计摊销。这两个项目应根据“无形资产”科目和“累计摊销”科目的期末余额填列。

(16)“无形资产净值”项目，反映农村集体经济组织无形资产原值扣除累计摊销后的余额。本项目应根据本表中“无形资产原值”项目金额减去“累计摊销”项目金额后的余额填列。

(17)“公益性生物资产”项目，反映农村集体经济组织各种公益性生物资产的账面余额。本项目应根据“公益性生物资产”科目的期末余额填列。

(18)“长期待摊费用”项目，反映农村集体经济组织尚未摊销完毕的长期待摊费用。本项目应根据“长期待摊费用”科目的期末余额填列。

(19)“非流动资产合计”项目，反映农村集体经济组织期末非流动资产的合计数。本项目应根据本表中“长期投资”、“生产性生物资产净值”、“固定资产小计”、“无形资产净值”、“公益性生物资产”、“长期待摊费用”项目金额的合计数填列。

(20)“资产总计”项目，反映农村集体经济组织期末资产的合计数。本项目应根据本表中“流动资产合计”和“非流动资产合计”项目金额的合计数填列。

(21)“短期借款”项目，反映农村集体经济组织借入偿还期在1年以内（含1年）的、尚未偿还的各种借款。本项目应根据“短期借款”科目的期末余额填列。

(22)“应付款项”项目，反映农村集体经济组织期末应付而未付的、偿还期在1年以内（含1年）的各种应付及暂收款项。本项目应根据“应付款”科目期末贷方余额和“内部往来”各明细科目期末贷方余额合计数合计填列。

(23)“应付工资”项目，反映农村集体经济组织已提取但尚未支付的管理人员、固定员工等职工的工资。本项目应根据“应付工资”科目的期末余额填列。

(24)“应付劳务费”项目，反映农村集体经济组织已提取但尚未支付的季节性用工等临时性工作人员的劳务费。本项目应根据“应付劳务费”科目的期末余额填列。

(25)“应交税费”项目，反映农村集体经济组织期末未缴纳、多缴纳或未抵扣的各种税费。本项目应根据“应交税费”科目的期末贷方余额填列；如为借方余额，本项目数字以“－”号填列。

(26)“流动负债合计”项目，反映农村集体经济组织期末流动负债的合计数。本项目应根据本表中“短期借款”、“应付款项”、“应付工资”、“应付劳务费”、“应交税费”项目金额合计数填列。

(27)“长期借款及应付款”项目，反映农村集体经济组织借入尚未偿还的期限在1年以上（不含1年）的借款以及偿还期在1年以上（不含1年）的应付未付款项。本项目应根据“长期借款及应付款”科目的期末余额填列。

(28)“一事一议资金”项目，反映农村集体经济组织筹集的一事一议资金的余额。本项目应根据“一事一议资金”科目的期末贷方余额填列；如为借方余额，本项目数字以“－”号填列。

(29)“专项应付款”项目，反映农村集体经济组织实际收到政府给予的具有专门用途且未来应支付用于专门用途的专项补助资金金额。本项目应根据“专项应付款”科目的期末余额填列。

(30)“非流动负债合计”项目，反映农村集体经济组织期末非流动负债的合计数。本项目应根据本表中“长期借款及应付款”、“一事一议资金”、“专项应付款”项目金额的合计数填列。

（31）“负债合计”项目，反映农村集体经济组织期末负债的合计数。本项目应根据本表中“流动负债合计”和“非流动负债合计”项目金额的合计数填列。

（32）“资本”项目，反映农村集体经济组织按照章程等确定的属于本集体经济组织成员集体所有的相关权益金额。本项目应根据“资本”科目的期末余额填列。

（33）“公积公益金”项目，反映农村集体经济组织从收益中提取的和其他来源取得的公积公益金的账面余额。本项目应根据“公积公益金”科目的期末余额填列。

（34）“未分配收益”项目，反映农村集体经济组织尚未分配的历年结存收益。本项目应根据“收益分配”科目的期末余额填列；如为未弥补的亏损，本项目数字以“－”号填列。

（35）“所有者权益合计”项目，反映农村集体经济组织期末所有者权益的合计数。本项目应根据本表中“资本”、“公积公益金”、“未分配收益”项目金额的合计数填列。

（36）“负债和所有者权益总计”项目，反映农村集体经济组织期末负债和所有者权益的合计数。本项目应根据本表中“负债合计”和“所有者权益合计”项目金额的合计数填列。

根据前述资产负债表的编制说明，东方红股份经济合作社编制的资产负债表如表 11－5 和表 11－6 所示：

表 11－5　　资产负债表（小规模纳税人）　　村会 01 表

编制单位：东方红股份经济合作社　　2024 年 01 月 31 日　　单位：元

资产	期末余额	年初余额	负债和所有者权益	期末余额	年初余额
流动资产：			流动负债：		
货币资金	34 187 166.76	13 849 179.68	短期借款	2 000 000.00	1 800 000.00
短期投资	10 000 000.00	10 000 000.00	应付款项	16 194 817.36	6 843 238.00

续表

资产	期末余额	年初余额	负债和所有者权益	期末余额	年初余额
应收款项①	7 948 007.53	7 238 203.00	应付工资	552 000.00	452 000.00
存货	1 225 804.39	1 499 172.00	应付劳务费	215 000.00	80 000.00
消耗性生物资产	1 429 175.00	1 254 000.00	应交税费	1 520 145.84	50 000.00
流动资产合计	54 790 153.68	33 840 554.68	流动负债合计	20 481 936.20	9 225 238.00
非流动资产：			非流动负债：		
长期投资	10 324 280.00	8 000 000.00	长期借款及应付款	14 100 900.00	14 164 900.00
生产性生物资产原值	3 407 600.00	1 075 000.00	一事一议资金	705 230.00	665 230.00
减：生产性生物资产累计折旧		180 000.00	专项应付款	2 011 500.00	200 000.00
生产性生物资产净值	3 407 600.00	895 000.00	非流动负债合计	16 817 630.00	15 030 130.00
固定资产原值	27 097 903.50	25 430 093.00	负债合计	37 299 593.20	24 255 368.00
减：累计折旧	22 376 596.70	22 534 879.00			
固定资产净值	4 721 306.80	2 895 214.00			
在建工程	4 291 458.00	4 532 238.00			

① 由于内部往来存在贷方余额，根据填报说明应收款项是根据“应收款”期末借方余额和“内部往来”各明细科目余额合计数填列，因此科目余额表反映数据和资产负债表反映数据存在差异，应付款项也存在类似情况。

续表

资 产	期末余额	年初余额	负债和所有者权益	期末余额	年初余额
固定资产清理	145 304.00	145 304.00			
固定资产小计	9 158 068.80	7 572 756.00			
无形资产原值	64 701.00	200 000.00			
减：累计摊销	930.83	40 000.00	所有者权益：		
无形资产净值	63 770.17	160 000.00	资本	14 000 000.00	8 000 000.00
公益性生物资产	1 875 335.40	1 600 000.00	公积公益金	24 657 087.00	15 269 281.79
长期待摊费用	19 444.44		未分配收益	3 681 972.29	4 543 660.89
非流动资产合计	24 848 498.81	18 227 756.00	所有者权益合计	42 339 059.29	27 812 942.68
资产总计	79 638 652.49	52 068 310.68	负债和所有者权益总计	79 638 652.49	52 068 310.68

表 11－6　　　　资产负债表（一般纳税人）　　　　村会 01 表

编制单位：东方红股份经济合作社　　　　2024 年 01 月 31 日　　　　单位：元

资产	期末余额	年初余额	负债和所有者权益	期末余额	年初余额
流动资产：			流动负债：		
货币资金	34 187 166.76	13 849 179.68	短期借款	2 000 000.00	1 800 000.00
短期投资	10 000 000.00	10 000 000.00	应付款项	15 851 144.73	6 843 238.00

续表

资产	期末余额	年初余额	负债和所有者权益	期末余额	年初余额
应收款项①	8 000 007.53	7 238 203.00	应付工资	552 000.00	452 000.00
存货	1 219 430.26	1 499 172.00	应付劳务费	215 000.00	80 000.00
消耗性生物资产	1 426 462.15	1 254 000.00	应交税费	1 533 250.31	50 000.00
流动资产合计	54 833 066.70	33 840 554.68	流动负债合计	20 151 395.04	9 225 238.00
非流动资产：			非流动负债：		
长期投资	10 342 280.00	8 000 000.00	长期借款及应付款	14 100 900.00	14 164 900.00
生产性生物资产原值	3 397 100.00	1 075 000.00	一事一议资金	705 230.00	665 230.00
减：生产性生物资产累计折旧		180 000.00	专项应付款	2 011 500.00	200 000.00
生产性生物资产净值	3 397 100.00	895 000.00	非流动负债合计	16 817 630.00	15 030 130.00
固定资产原值	26 855 296.21	25 430 093.00	负债合计	36 969 025.04	24 255 368.00
减：累计折旧	22 376 819.00	22 534 879.00			
固定资产净值	4 478 477.21	2 895 214.00			
在建工程	4 296 397.20	4 532 238.00			
固定资产清理	145 304.00	145 304.00			

① 根据填报说明应收款项应根据“应收款”期末借方余额和“内部往来”各明细科目期末借方合计数填列，因此与科目余额表反映数据不一致。应付款项也存在类似情况。

续表

资产	期末余额	年初余额	负债和所有者权益	期末余额	年初余额
固定资产小计	8 920 178.41	7 572 756.00			
无形资产原值	63 501.00	200 000.00			
减：累计摊销	920.83	40 000.00	所有者权益：		
无形资产净值	62 580.17	160 000.00	资本	14 000 000.00	8 000 000.00
公益性生物资产	1 875 335.40	1 600 000.00	公积公益金	24 581 864.57	15 269 281.79
长期待摊费用	17 766.72		未分配收益	3 897 417.79	4 543 660.89
非流动资产合计	24 615 240.70	18 227 756.00	所有者权益合计	42 479 282.36	27 812 942.68
资产总计	79 448 307.40	52 068 310.68	负债和所有者权益总计	79 448 307.40	52 068 310.68

三、收益及收益分配表格式及编制说明

1. “上年金额”栏的填列方法

收益及收益分配表中“上年金额”栏内各项数字，应根据上期收益及收益分配表“本年金额”栏内各对应项目数字填列。

2. “本年金额”栏各项目填列方法

(1)“经营收入”项目，反映农村集体经济组织进行各项生产销售、提供劳务、让渡集体资产资源使用权等经营活动取得的收入。本项目应根据“经营收入”科目的本期发生额分析填列。

(2)“投资收益”项目，反映农村集体经济组织对外投资取得的收益扣除发生的投资损失后净额。本项目应根据“投资收益”科目的本期发生额分析填列；如为投资损失，本项目数字以“-”号填列。

(3)“补助收入”项目，反映农村集体经济组织获得的政府给予保障村级组织和村务运转的补助资金以及贷款贴息等经营性补助资金。本项目应根据“补助收入”科目的本期发生额分析填列。

(4)“经营支出”项目，反映农村集体经济组织因销售商品、提供劳务、让渡集体资产资源使用权等经营活动而发生的实际支出。本项目应根据“经营支出”科目的本期发生额分析填列。

(5)“税金及附加”项目，反映农村集体经济组织从事生产经营活动按照税法的有关规定应负担的相关税费。本项目应根据“税金及附加”科目的本期发生额分析填列。

(6)“管理费用”项目，反映农村集体经济组织管理活动发生的支出。本项目应根据“管理费用”的本期发生额分析填列。其中：“运转支出”项目，反映农村集体经济组织发生保障村级组织和村务运转的各项支出，包括村干部补助、村两委办公经费等，本项目应根据“管理费用”科目下相关明细科目的本期发生额分析填列。

(7)“经营收益”项目，反映农村集体经济组织当期通过生产经营活动实现的收益。本项目应根据本表中“经营收入”、“投资收益”、“补助收入”项目金额之和减去“经营支出”、“税金及附加”、“管理费用”项目金额后的余额填列。如为经营亏损，本项目数字以“-”号填列。

(8)“其他收入”项目，反映农村集体经济组织除经营收入、投资收益、补助收入以外的其他收入。本项目应根据“其他收入”科目的本期发生额分析填列。

(9)“公益支出”项目，反映农村集体经济组织发生的用于本集体经济组织内部公益事业、集体福利或成员福利的支出，以及公益性固定资产折旧和修理费等。本项目应根据“公益支出”科目的本期发生额分析填列。

(10)“其他支出”项目，反映农村集体经济组织发生除经营支出、税金及附加、管理费用、公益支出、所得税费用以外的其他各项支出。本项目应根据“其他支出”科目的本期发生额分析填列。

(11)“收益总额”项目，反映农村集体经济组织当期实现的收益总额。本项目应根据本表中“经营收益”、“其他收入”项目金额之和减去“公益支出”、“其他支出”项目金额后的余额填列。如为亏损总额，本项目数字以“－”号填列。

(12)“所得税费用”项目，反映农村集体经济组织根据税法规定确定的应从当期收益总额中扣除的所得税费用。本项目应根据“所得税费用”科目的本期发生额分析填列。

(13)“净收益”项目，反映农村集体经济组织本年实现的收益净额。本项目应根据本表中“收益总额”项目金额减去“所得税费用”项目金额后的余额填列。如为净亏损，本项目数字以“－”号填列。

(14)“年初未分配收益”项目，反映农村集体经济组织上年度未分配的收益。本项目应根据上年度收益及收益分配表中“年末未分配收益”项目的金额填列。如为未弥补亏损，本项目数字以“－”号填列。

(15)“其他转入”项目，反映农村集体经济组织按有关规定用公积公益金弥补亏损等转入的数额。本项目应根据实际转入的公积公益金数额填列。

(16)“可分配收益”项目，反映农村集体经济组织年末可分配的收益总额。本项目应根据本表中“净收益”、“年初未分配收益”、“其他转入”项目金额的合计数填列。如可分配收益为负数，本项目数字以“－”号填列。

(17)“提取公积公益金”项目，反映农村集体经济组织按照规定提取的公积公益金数额。本项目应根据实际提取的公积公益金数额填列。

(18)“向成员分配”项目，反映农村集体经济组织按照成员(代表)大会的决议，向成员分配的金额。本项目应根据“收益分配”科目下相关明细科目的借方发生额分析填列。

(19)“年末未分配收益”项目，反映农村集体经济组织年末累计未分配的收益。本项目应根据本表中“可分配收益”项目金额减去“提取公积公益金”、“向成员分配”、“其他”项目金额后的余额填列。如为未弥补的亏损，本项目数字以“-”号填列。

根据上述编制说明，东方红股份经济合作社编制的收益及收益分配表如表11-7和表11-8所示：

表11-7　　**收益及收益分配表（小规模纳税人）**　　村会02表

编制单位：东方红股份经济合作社　　2024年1月　　单位：元

项　目	本年金额	上年金额
一、经营收入	2 539 119.64	
加：投资收益	61 100.00	
补助收入	204 000.00	
减：经营支出	1 317 045.42	
税金及附加	15 544.56	
管理费用	333 030.00	
其中：运转支出		
二、经营收益	1 138 599.66	
加：其他收入	640 991.92	
减：公益支出	175 500.00	
其他支出	170 588.26	
三、收益总额	1 433 503.32	
减：所得税费用	1 275 191.92	
四、净收益	158 311.40	
加：年初未分配收益	4 543 660.89	

续表

项　目	本年金额	上年金额
其他转入	100 000.00	
五、可分配收益	4 801 972.29	
减：提取公积公益金	600 000.00	
向成员分配	520 000.00	
其他		
六、年末未分配收益	3 681 972.29	

表 11-8　　收益及收益分配表（一般纳税人）　　村会 02 表

编制单位：东方红股份经济合作社　　2024 年 1 月　　单位：元

项　目	本年金额	上年金额
一、经营收入	2 419 675.21	
加：投资收益	61 100.00	
补助收入	204 000.00	
减：经营支出	1 287 385.42	
税金及附加	22 166.91	
管理费用	332 997.79	
其中：运转支出		
二、经营收益	1 042 225.09	
加：其他收入	1 005 980.68	
减：公益支出	175 500.00	
其他支出	171 837.43	
三、收益总额	1 700 868.34	
减：所得税费用	1 327 111.44	
四、净收益	373 756.90	
加：年初未分配收益	4 543 660.89	
其他转入	100 000.00	

续表

项　目	本年金额	上年金额
五、可分配收益	5 017 417. 79	
减：提取公积公益金	600 000. 00	
向成员分配	520 000. 00	
其他		
六、年末未分配收益	3 897 417. 79	

四、会计报表附注及编制说明

农村集体经济组织应当严格按照《农村集体经济组织会计制度》的规定，按照披露顺序和披露内容进行报表附注的披露。东方红股份经济合作社会计报表附注如下：

东方红股份经济合作社会计报表附注

（一般纳税人）

一、遵循农村集体经济组织会计制度的声明

东方红股份经济合作社严格按照《农村集体经济组织会计制度》编制财务会计报表，所披露的财务会计报告符合《农村集体经济组织会计制度》的要求，真实、完整地反映了东方红股份经济合作的财务状况和经营成果。

二、基本情况

东方红股份经济合作社的资本总额为 14 000 000. 00 元、成员总数 500 人，主要由本村村民构成，其中男性成员 260 人、女性成员 240 人。生产经营活动包括种植、养殖、对外房屋租赁、集体土地租赁以及为本村农户代购代销等多种经营；截至 2024 年 1 月 31 日，集体经营性资产为 77 572 972. 00 元、非经营性资产为 1 875 335. 40 元。经济合作社严格履行集体经济组织成员（代表）会议制度，村民委员会不代行村集体经济组织职能。

三、成员权益结构

1. 东方红股份经济合作社严格按照产权制度改革要求，经清产核资和资产评估后以评估后的净资产，按照本集体经济组织章程规定，形成注册资本 14 000 000.00 元。

2. 成员严格按照产权制度改革方案确定的股份量化方案享有经营性财产收益权份额，详见《经营性财产收益权份额结构表》（略）。

3. 本年度成员权益增加 14 666 339.68 元，主要为收到成员投入的资本、县（区）农业农村局赠送的种牛以及收到服务大厅工程项目财政专项补助资金等。

四、会计报表重要项目的进一步说明

本年度资产总额增加 27 379 996.72 元，其中，流动资产增加 20 992 512.02 元、主要是因为收到出租集体土地 2 000 亩 5 年的租金，服务大厅工程项目财政专项补助资金，成员投入资本以及收到文化馆项目获得财政补助资金等导致；非流动资产增加 6 387 484.70 元，主要是因为收到县（区）农业农村局赠送的种牛，本期投资猪肉加工厂、奶粉加工厂，购买债券，文化馆项目竣工等导致。

本年度负债总额增加 12 713 657.04 元，其中，流动负债增加 10 926 157.04 元，主要是因为收到出租集体土地 2 000 亩 5 年的租金，按权责发生制原则尚未结转计入收入，暂在应付款挂账；非流动负债增加 1 787 500.00 元，主要是因为收到国家农林专项补助资金尚未使用，暂在专项应付款挂账。

五、已核销的相关资产名称、金额等情况及说明

1. 确实无法收回的应收款项

本期应收某公司黄豆款 10 000 元，该公司已经注销，款项已无法收回，经成员（代表）大会决议按损失进行核销。

2. 无法收回的对外投资

本期发现购买的某公司长期债券 600 000 元，因该公司出现重大亏损，存在经营风险，经成员（代表）大会决议，以 500 000 元

价格进行清理，损失 100 000 元。

本期发现所投资的某物业公司 50 000 元，占股权比例为 25%，该公司于 2023 年 10 月因资不抵债已进行破产清算，全部投资无法收回。经成员（代表）大会决议按损失进行核销。

3. 盘亏的固定资产

本期盘亏空调两台，资产原值 18 000 元，经查系由于资产管理员管理不善造成，已由管理人员按资产净额进行赔偿。本期盘亏农用拖拉机一台，原值 7 000 元，已由管理人员赔偿 1 000 元，净损失 3 520 元。

4. 毁损和报废的在建工程

本期发现在建的一处库房已被洪水冲垮不再重建，该工程已投资 60 000 元，经成员（代表）大会决议进行报废处理。

六、以名义金额计量的资产情况

1. 本期收到政府补助的用于环境保护林木 100 株，因无参考依据，经成员（代表）大会决议以名义金额入账。

2. 本期收到县（区）政府卫生部门捐赠的垃圾站一座，因没有相关凭据，也无法按照资产评估价值或者比照同类或类似固定资产的市场价格确认价值，经成员（代表）大会决议以名义金额入账。

3. 本期盘盈一项林权，市场无同类林权参考价值，也很难对该项林权进行合理的价值评估，经成员（代表）大会决议以名义金额入账。

七、已在资产负债表、收益及收益分配表中列示项目与企业所得税法规定存在差异的纳税调整过程

1. 按照税法规定应计入当期应纳税所得额，但在资产负债表列示为公积公益金项目，应调整的企业所得税应纳税所得调整增加额共计 4 134 080.78 元，具体包括：

（1）已计入公积公益金的收割机投资利得 12 600.00 元；

（2）已计入公积公益金的建设用地使用权投资利得 240 000.00 元；

（3）已计入公积公益金的政府捐赠肥羊 150 000.00 元；

（4）已计入公积公益金的仔猪投资利得 21 486. 24 元；

（5）已计入公积公益金的种牛 3 000 000. 00 元；

（6）已计入公积公益金的奶牛投资利得 26 330. 28 元；

（7）已计入公积公益金的接受捐赠运输车 75 000. 00 元；

（8）已计入公积公益金的接受捐赠打印机 2 500. 00 元；

（9）已计入公积公益金的冷库投资利得 20 476. 19 元；

（10）已计入公积公益金的接受捐赠蔬菜保鲜技术专利 40 000. 00 元；

（11）已计入公积公益金的厂房投资利得 185 688. 07 元；

（12）已计入公积公益金的接受捐赠 60 000. 00 元；

（13）已计入公积公益金的体育器材 50 000. 00 元；

（14）已计入公积公益金的土地补偿款 250 000. 00 元。

2. 按照税法规定，应减免企业所得税但在收益及收益分配表中列示为收入项目，应调整的企业所得税应纳税所得调整减少额共计 526 503. 37 元，具体包括：

（1）已计入收入总额的免税农业机耕收入——排灌服务收入 754. 72 元；

（2）已计入收入总额的免税初级农产品收入——绿豆收入 165 137. 61元；

（3）已计入收入总额的免税初级农产品收入——大豆销售收入 91 743. 12 元；

（4）已计入收入总额的免税农业机耕收入——排灌服务收入 18 867. 92元；

（5）已计入投资收益的分回股息红利款 250 000 元。

八、其他重要事项

（1）东方红股份经济合作社全年接受捐赠 3 267 501. 00 元；

（2）东方红股份经济合作社接受国家财政支持 6 690 000. 00 元；享受增值税税收优惠 850 508. 51 元；

（3）东方红股份经济合作社提取公积公益金的比例为 60%；

(4) 东方红股份经济合作社本期对收益进行了分配，金额1 120 000元（其中600 000元计提公积公益金，520 000元向成员分配）、本期盈余373 756.90元；

(5) 东方红股份经济合作社本年度经营收入中销售收入1 240 951.53元、劳务收入898 867.92元、出租收入255 657.49元、发包收入10 047.33元、其他收入14 150.94元；

(6) 截至报告日，东方红股份经济合作社经营活动负债34 252 295.04元、公益活动负债2 716 730.00元。

九、根据国家有关法律法规和集体经济组织章程等规定，其他需要在会计报表附注中说明的事项

略。

第三节　会计报表分析

一、会计报表分析概述

会计报表分析是以会计报表及其有关资料为基础，对农村集体经济组织的财务状况、经营成果和权益结构进行分析和评价的一种方法。

通过对会计报表分析，可以全面地评价农村集体经济组织在一定时期内的各种资产、负债和权益结构及其财务能力，包括偿债能力、营运能力、盈利能力和发展能力，从而分析农村集体经济组织的资产、负债和权益的配置情况，并据此发现和监督农村集体经济组织发展过程中取得的成绩和存在的问题，总结经验，提高经营管理水平。

通过会计报表分析，可以为投资人、债权人和相关管理部门提供更加系统、完整的会计信息，以便更加深入地了解农村集体经济

组织的资产配置结构、权益资金构成、收入来源情况，更好地分析其财务状况、经营成果和未来发展能力，为其投资、融资、运营、分配等决策活动，以及管理部门政策制定提供数据支撑。

会计报表分析主要采用比率分析法和比较分析法。

1. 比率分析法

比率分析法是将农村集体经济组织同一时期会计报表中的相关项目进行对比计算出一系列财务比率，以此来揭示农村集体经济组织财务状况的一种分析方法。财务比率主要包括构成比率、效率比率和相关比率三大类。

①构成比率，又称结构比率，是反映某项经济指标的各个组成部分与总体之间关系的财务比率，如流动资产占比、经营性资产占比、经营性收入占比等。

②效率比率，是反映某项经济活动投入与产出之间关系的财务比率，如应收款周转率、经营性资产周转率、经营性资产经营收益率等。利用效率比率可以考察经济活动的经营效率和效益，揭示农村集体经济组织的运转情况和盈利能力。

③相关比率，是反映经济活动中某两个或两个以上相关项目比值的财务比率，如流动比率、速动比率、资产负债率等。利用相关比率可以考察各项经济活动之间的相互关系，从而揭示农村集体经济组织的财务状况和风险管理水平。

2. 比较分析法

比较分析法是将同一农村集体经济组织不同时期的财务状况或不同农村集体经济组织之间的财务状况、经营水平等进行比较，从而揭示农村集体经济组织财务状况、经营水平所存在差异的分析方法。比较分析法可分为纵向比较分析法和横向比较分析法两种。

①纵向比较分析法，又称趋势分析法，是将同一农村集体经济组织连续若干期的财务状况、经营成果等进行比较，用以确定其增减变动的方向、金额与幅度，以此来揭示农村集体经济组织财务状况、经营成果的发展变化趋势。

②横向比较分析法，是将本农村集体经济组织的财务状况、经营成果与其他农村集体经济组织同期的财务状况、经营成果进行比较，用以确定其相互之间存在的差异及其程度，以此来揭示不同农村集体经济组织之间的财务状况、经营成果所存在问题的分析方法。

二、资产负债表结构分析

资产负债表结构分析是通过对资产负债表各项目之间的相互关系及各项目所占比重的分析，反映农村集体经济组织的资产、负债和所有者权益构成情况及变动的合理性。农村集体经济组织资产负债表结构分析中，主要关注以下结构性指标：

1. 流动资产占比

$$流动资产占比=\frac{流动资产总额}{资产总额}\times 100\%$$

该指标反映农村集体经济组织流动资产在总资产中所占比重，在很大程度上揭示了资产的流动性。一般而言，该比值越高，表明资产的流动性越强。应当注意的是，由于流动资产的盈利能力往往低于长期资产，如果流动资产占比过高，尤其是存货等流动资产的占比过高，则可能表明农村集体经济组织在存货管理方面存在问题，进而可能导致资产变现能力差和短期偿债能力不足。

2. 固定资产占比

$$固定资产占比=\frac{固定资产总额}{资产总额}\times 100\%$$

该指标反映农村集体经济组织中固定资产在总资产中所占比重。一般而言，该比值越高，表明资产的流动性越弱。由于固定资产的盈利能力往往高于流动资产，该比值过低，会影响村集体经济组织的持续经营能力；但如果过高，则表明固定资产的利用效率不高。

3. 经营性资产占比

$$经营性资产占比=\frac{经营性资产总额}{资产总额}\times 100\%$$

该指标反映农村集体经济组织资产中能够用于开展生产经营活动、获取经营收益资产的占比。该比值越高，反映农村集体经济组织用于生产经营活动的资产占比越多，越有利于开展生产经营活动和具备发展潜力。

4. 公益性资产占比

$$公益性资产占比=\frac{公益性资产总额}{资产总额}\times 100\%$$

该指标反映农村集体经济组织资产中能够用于开展公益活动、提供公益服务资产的占比。该比值越高，反映农村集体经济组织用于开展公益活动、提供公益服务的资产越多，提供公益服务能力越强。

5. 公积公益金占比

$$公积公益金占比=\frac{公积公益金总额}{所有者权益总额}\times 100\%$$

该指标反映农村集体经济组织资金来源中，从收益提取、接受政府补助和他人捐赠等来源形成的公积公益金的占比。该比值越高，反映农村集体经济组织从收益分配中提取的公积以及接受政府补助和他人捐赠的公益金越多。

6. 银行借款占比

$$银行借款占比=\frac{银行（金融机构）借款总额}{负债总额}\times 100\%$$

该指标反映农村集体经济组织负债总额中从银行或其他金融机构借款所占比重。其中，银行（金融机构）借款总额包括从银行或其他金融机构获得的短期借款和长期借款。农政改发〔2020〕5号文明确要求，农村集体经济组织要严格实行量入为出，严禁举债搞公益、严禁举债发福利、严禁举债分红。因此，农村集体经济组织在进行资金筹集中，不仅应考虑短期借款与长期借款的比例结构，在资金成本和财务风险上进行平衡；更应当就举债资金的用途进行严格管理。

三、收益及收益分配表结构分析

收益及收益分配表结构分析是通过对收入构成分析、成本费用构成分析，反映农村集体经济组织经营风险、成本支出构成情况及其构成合理性。

1. 收入构成分析

农村集体经济组织的收入项目可以分为两大类：一类是开展经营活动取得的经营性收入，包括经营收入和投资收益。另一类是来源于政府财政补助、接受他人捐赠、资产处置利得等非经营活动取得的非经营性收入，包括补助收入和其他收入。

收入结构分析的指标主要是经营性收入占比和政府补助收入占比。

（1）经营性收入占比：

$$\text{经营性收入占比}=\frac{\text{经营收入}+\text{投资收益}}{\text{经营收入}+\text{投资收益}+\text{补助收入}+\text{其他收入}}\times 100\%$$

该指标反映农村集体经济组织生产经营活动所取得收入占收入总额的比重。该比值越高，表明经营性收入的比重越大，农村集体经济组织依靠自身开展经营活动获取收入能力越高，可持续发展能力越强。

（2）政府补助收入占比：

$$\text{政府补助收入占比}=\frac{\text{政府补助收入}}{\text{经营收入}+\text{投资收益}+\text{补助收入}+\text{其他收入}}\times 100\%$$

该指标反映农村集体经济组织从相关政府部门获得的补助收入占收入总额的比重。该比值越高，表明其从相关政府部门获得的补助收入占比越大，自身开展经营活动获取收入的能力越弱，对政府的依赖程度越高。

此外，在进行收入结构分析时还需要关注收入的质量，即开展收入结构分析时还应关注与之相对应的现金流入情况。

2. 成本费用构成分析

通过对成本费用构成的分析，有助于了解各项成本费用具体构成情况，掌握开支重点，以便合理把控农村集体经济组织的支出。

农村集体经济组织的成本费用可以分为五大类：一是经营性成本费用，包括经营支出和管理费用（不包括在管理费中列支的运转支出）；二是公益支出；三是保障村级组织和村务运转的各项支出；四是税费支出，包括税金及附加和所得税费用；五是其他支出，即前述四类费用支出以外的其他各项支出。成本费用结构分析的指标主要有经营性成本费用占比、公益支出占比、运转支出占比、税费支出占比。

（1）经营性成本费用占比：

$$\text{经营性成本费用占比}=\frac{\text{经营支出}+\text{管理费用（不含运转支出）}}{\text{经营支出}+\text{税金及附加}+\text{管理费用}+\text{公益支出}+\text{其他支出}+\text{所得税费用}}\times 100\%$$

该指标反映农村集体经济组织经营性成本费用支出占全部成本费用支出的比重。该比值越高，说明农村集体经济组织的生产经营活动越活跃、越有生产经营活力。

（2）公益支出占比：

$$\text{公益支出占比}=\frac{\text{公益支出}}{\text{经营支出}+\text{税金及附加}+\text{管理费用}+\text{公益支出}+\text{其他支出}+\text{所得税费用}}\times 100\%$$

该指标反映农村集体经济组织公益支出占全部成本费用支出的比重。该比值越高，说明农村集体经济组织的公益活动越活跃，提供公益活动越丰富。

（3）运转支出占比：

$$\text{运转支出占比}=\frac{\text{管理费用（运转支出）}}{\text{经营支出}+\text{税金及附加}+\text{管理费用}+\text{公益支出}+\text{其他支出}+\text{所得税费用}}\times 100\%$$

该指标反映农村集体经济组织为保障村级组织和村务运转支出占全部成本费用支出的比重。该比值越高，说明农村集体经济组织用于保障村级组织和村务运转的占比越大，其经营活动开展越显不足。

(4) 税费支出占比：

$$\text{税费支出占比} = \frac{\text{税金及附加} + \text{所得税费用}}{\text{经营支出} + \text{税金及附加} + \text{管理费用} + \text{公益支出} + \text{其他支出} + \text{所得税费用}} \times 100\%$$

该指标反映农村集体经济组织实际缴纳各项税费占全部成本费用支出的比重。该比值越高，说明农村集体经济组织缴纳税费越多，对国家税收所作出的贡献越大。另外也可以通过数据的比较分析，来对比其税负水平的变化。

四、主要财务能力分析

按照管理层的管理目标和管理重点、管理要求不同，财务能力分析指标存在显著差异。一般而言，农村集体经济组织财务能力分析包括偿债能力分析、营运能力分析、盈利能力分析、发展能力分析和社会贡献能力分析等几方面。

1. 偿债能力分析

偿债能力是指农村集体经济组织偿还到期债务的能力。偿债能力分析指标主要有流动比率、速动比率和资产负债率。

(1) 流动比率：

$$\text{流动比率} = \frac{\text{流动资产}}{\text{流动负债}} \times 100\%$$

流动比率反映农村集体经济组织流动资产与流动负债的相对比值。一般而言，该比值越高，表明短期偿债能力越强，流动资产对流动负债的保障程度越高。但该指标过高，则说明大量的资金被流动资产占用，将影响农村集体经济组织的盈利能力。

(2) 速动比率：

$$\text{速动比率} = \frac{\text{速动资产}}{\text{流动负债}} \times 100\%$$

速动资产等于流动资产扣除存货和消耗性生物资产等后的余额。速动比率反映农村集体经济组织速动资产与流动负债的相对比值。该比值越高，说明其短期偿债能力越强，通过速动比率判断短期偿债能力比流动比率更稳健。但该指标过高，则说明大量的资金被速动资产所占用，说明农村集体经济组织的资产配置能力较弱。

（3）资产负债率：

$$资产负债率=\frac{负债总额}{资产总额}\times 100\%$$

资产负债率反映农村集体经济组织负债总额与资产总额的相对比值。一般而言，该比值越高，说明农村集体经济组织的长期偿债能力差，对负债的保障程度低，财务风险大。该指标是反映偿债能力的综合性指标。

应当注意的是，由于负债包含刚性负债和非刚性负债两大类，而真正能给集体经济组织带来财务风险的是刚性负债，因此在分析农村集体经济组织的财务风险时，还应结合负债的构成分析等其他分析指标进行综合分析。

2. 营运能力分析

营运能力是指农村集体经济组织的管理水平和对资产的运用能力。营运能力分析指标主要包括应收款周转率、存货及消耗性生物资产周转率、固定资产周转率、经营性资产周转率、总资产周转率。

（1）应收款周转率：

$$应收款周转率=\frac{经营收入}{\frac{应收款年初余额+应收款年末余额}{2}}\times 100\%$$

应收款周转率反映农村集体经济组织收回应收款项的速度。该指标比值越高，说明应收款收回的速度越快。提高应收款的周转速度，可以降低应收款的管理成本、减少坏账损失的发生，提高资产的流动性和偿债能力。

（2）存货及消耗性生物资产周转率：

$$\text{存货及消耗性生物资产周转率}=\frac{\text{经营支出}}{\dfrac{\text{存货及消耗性生物资产年初余额}+\text{存货及消耗性生物资产年末余额}}{2}}\times 100\%$$

该指标中的经营支出是指销售或耗用存货及消耗性生物资产的销货成本。

存货及消耗性生物资产周转率反映存货及消耗性生产资产的转化速度。该指标比值越高，说明农村集体经济组织的运营管理效率越高，其存货和消耗性生物资产的周转速度越快，营运资本在该两项资产上的占用越少，农村集体经济组织资产流动性越强。

（3）固定资产周转率：

$$\text{固定资产周转率}=\frac{\text{经营收入}}{\dfrac{\text{固定资产年初净值}+\text{固定资产年末净值}}{2}}\times 100\%$$

固定资产周转率表示在一个会计年度内固定资产周转的次数，或表示每1元固定资产支持的经营收入。该指标比值越高，说明农村集体经济组织的固定资产的管理能力越强、固定资产的周转速度越快。

（4）经营性资产周转率：

$$\text{经营性资产周转率}=\frac{\text{经营收入}}{\dfrac{\text{经营性资产年初余额}+\text{经营性资产年末余额}}{2}}\times 100\%$$

经营性资产周转率表示在一个会计年度内经营性资产周转的次数，或表示每1元经营性资产支持的经营收入。该指标比值越高，说明农村集体经济组织的经营性资产周转速度越快、利用效率越高。

（5）总资产周转率：

$$\text{总资产周转率}=\frac{\text{经营收入}}{\dfrac{\text{总资产年初余额}+\text{总资产年末余额}}{2}}\times 100\%$$

总资产周转率是考察农村集体经济组织资产运营效率的一项重

要指标，体现了农村集体经济组织生产经营期间全部资产从投入到产出的流转速度，反映了农村集体经济组织全部资产的管理质量和利用效率。一般情况下，该指标数值越高，表明农村集体经济组织总资产周转速度越快，资产利用效率越高。通过该指标的对比分析，可以反映企业本年度以及以前年度总资产的运营效率和变化，发现农村集体经济组织在资产利用上的差距，促进农村集体经济组织挖掘潜力、积极创收、提高产品市场占有率、提高资产利用效率。

3. 盈利能力分析

盈利能力是指农村集体经济组织获取收益的能力。盈利是农村集体经济组织发展的物质基础，它不仅关系到成员的收益，也是偿债的重要保障。

盈利能力分析的指标主要有资产总收益率与资产净收益率、经营性资产收益率、成员权益报酬率、成本费用报酬率。

（1）资产总收益率与资产净收益率：

$$资产总收益率=\frac{收益总额}{\frac{资产年初余额+资产年末余额}{2}}\times 100\%$$

$$资产净收益率=\frac{净收益}{\frac{资产年初余额+资产年末余额}{2}}\times 100\%$$

资产总收益率是农村集体经济组织在一定时间内实现的收益总额与同期资产平均占用额的比率；资产净收益率是农村集体经济组织在一定时间内实现的净收益与同期资产平均占用额的比率。两项指标从不同侧面反映农村集体经济组织利用资产创造收益的能力。该指标比值越高，说明农村集体经济组织利用资产获取回报的能力越强。通过该指标分析，能促进农村集体经济组织全面改善生产经营管理，不断提高经济效益。

（2）经营性资产收益率：

$$经营性资产收益率=\frac{收益总额}{\frac{经营性资产年初余额+经营性资产年末余额}{2}}\times 100\%$$

经营性资产收益率是指农村集体经济组织在一定时间内实现的经营收益总额与同期经营性资产平均占用额的比率。该指标比值越高，说明农村集体经济组织利用经营性资产获取经营收益的利能力越强。该指标比资产收益率更能直观说明农村集体经济组织利用经营性资产的效率和效果。

（3）成员权益报酬率：

$$\text{成员权益报酬率}=\frac{\text{净收益}}{\dfrac{\text{所有者权益年初余额}+\text{所有者权益年末余额}}{2}}\times 100\%$$

成员权益报酬率是指农村集体经济组织在一定时间内实现的经营净收益与同期所有者权益平均占用额的比率，或表示每 1 元所有者权益资本所获得的净收益。该指标比值越高，说明农村集体经济组织从事经营活动的盈利能力越强，给成员带来实质收益和权益的增值能力越强。

（4）成本费用报酬率：

$$\text{成本费用报酬率}=\frac{\text{净收益}}{\text{经营支出}+\text{税金及附加}+\text{管理费用}+\text{公益支出}+\text{其他支出}+\text{所得税费用}}\times 100\%$$

该指标反映农村集体经济组织经营活动耗费与获得的收益之间的关系，或表示每 1 元成本费用所获得的净收益。该指标比值越高，说明农村集体经济组织为获取收益而付出的代价越小，盈利能力越强。

4. 发展能力分析

发展能力，也称成长性，是指农村集体经济组织从事经营活动所表现出的增长能力，如规模的扩张、盈利的持续增长。发展能力分析指标主要有总资产增长率、经营性资产增长率、经营性收入增长率、成员权益增长率等。

（1）总资产增长率：

$$\text{总资产增长率}=\frac{\text{年末总资产}-\text{年初总资产}}{\text{年初总资产}}\times 100\%$$

总资产增长率又称总资产扩张率，是指农村集体经济组织本年总资产增长额同年初资产总额的比率。该指标能够反映农村集体经济组织资产总额的变化情况，从资产规模扩张方面来衡量农村集体经济组织的发展能力。该指标越高，说明农村集体经济组织资产规模增长速度越快，发展力越强。

（2）经营性资产增长率：

$$\text{经营性资产增长率}=\frac{\text{年末经营性资产}-\text{年初经营性资产}}{\text{年初经营性资产}}\times100\%$$

经营性资产增长率是指农村集体经济组织本年经营性资产增加额同年初经营性资产的比率。该指标反映农村集体经济组织经营性资产的变化情况，是总资产增长率分析指标的有效补充，在对农村集体经济组织规模扩张评价中更具有针对性和有效性。

（3）经营性收入增长率：

$$\text{经营性收入增长率}=\frac{\left(\text{本年经营收入}+\text{本年投资收益}\right)-\left(\text{上年经营收入}+\text{上年投资收益}\right)}{\text{上年经营收入}+\text{上年投资收益}}\times100\%$$

经营性收入增长率是指本年新增经营性收入与上年经营性收入的比率。该指标反映农村集体经济组织经营性收入的变化情况。该指标越高，说明农村集体经济组织经营性收入的增长越快、自身造血机能越强、成长性越好、发展后劲越足。

（4）成员权益增长率：

$$\text{成员权益增长率}=\frac{\text{年末所有者权益}-\text{年初所有者权益}}{\text{年初所有者权益}}\times100\%$$

成员权益增长率是指本年新增所有者权益与年初所有者权益的比率。该指标反映农村集体经济组织当年所有者权益的增长变化情况，体现了农村集体成员权益增长能力。该指标越高，说明农村集体经济组织成员权益的增长能力越强，发展后劲越大。

5. 社会贡献能力分析

社会贡献率是衡量农村集体经济组织对社会贡献程度的指标，

反映农村集体经济组织从事经营活动所表现出对社会的综合贡献水平。

$$\text{社会贡献率}=\frac{\left(\text{本年支付工资总额}+\text{本年支付劳务费总额}+\text{本年缴纳税费总额}+\text{本年公益性支出总额}\right)-\text{政府补助收入}}{(\text{年初资产总额}+\text{年末资产总额})/2}\times 100\%$$

该指标反映农村集体经济组织对社会贡献的能力水平，该指标值越高，说明农村集体经济组织社会贡献的能力越强。

第四节　汇总报表与合并报表

一、汇总报表的编制

1. 汇总报表编制的内容

汇总报表是由行政主管部门根据辖区范围内农村集体经济组织的资产负债表、收益及收益分配表逐层逐级汇总编报而成。汇总报表应按照乡镇级、村级、组级集体经济组织分别汇总、分开上报。汇总报表包括资产负债汇总表、资源性资产登记汇总表和收益及收益分配汇总表。

2. 资产负债汇总表的编制

资产负债汇总表中相关项目数值确定方法同资产负债表编制方法。附报中的经营性资产和非经营性资产需分析填列。其中，经营性资产应按照用于经营的流动资产、消耗性生物资产、生产性生物资产、长期投资、经营性固定资产、经营性在建工程、无形资产的合计数填报；非经营性资产应按照用于公共服务的流动资产和公益性生物资产、非经营性固定资产、非经营性在建工程的合计数填报。

资产负债汇总表内容及格式如表 11 - 9 所示：

表 11－9　　资产负债汇总表

编制单位：　　　　年　月　日　　　　单位：元

资产	行次	期末余额	负债及所有者权益	行次	期末余额
流动资产：	1		流动负债：	26	
货币资金	2		短期借款	27	
短期投资	3		应付款项	28	
应收款项	4		应付工资	29	
存货	5		应付劳务费	30	
消耗性生物资产	6		应交税费	31	
流动资产合计	7		流动负债合计	32	
非流动资产：	8		非流动负债：	33	
长期投资	9		长期借款及应付款	34	
生产性生物资产原值	10		一事一议资金	35	
减：生产性生物资产累计折旧	11		专项应付款	36	
生产性生物资产净值	12		非流动负债合计	37	
固定资产原值	13		负债合计	38	
减：累计折旧	14		所有者权益：	39	
固定资产净值	15		资本	40	
在建工程	16		公积公益金	41	
固定资产清理	17		未分配收益	42	
固定资产小计	18		所有者权益合计	43	
无形资产原值	19		负债和所有者权益总计	44	
减：累计摊销	20			45	
无形资产净值	21		附报：	46	
公益性生物资产	22		1. 经营性资产	47	
长期待摊费用	23		2. 非经营性资产	48	
非流动资产合计	24				
资产总计	25				

3. 收益及收益分配汇总表的编制

收益及收益分配汇总表的格式与收益及收益分配表格式相同，表中各项目根据所辖范围内农村集体经济组织收益及收益分配表中数据加总填列。

二、合并报表的编制

1. 合并报表的概念

合并报表是反映农村集体经济组织与其控制的企业整体财务状况和经营成果的报表，包括合并资产负债表和合并收益及收益分配表。

农村集体经济组织合并报表应当以农村集体经济组织及其控制的企业报表为基础，按照合并会计报表的编制原则进行合并，并逐级上报。

2. 合并的范围

合并报表编制的范围应以控制为基础确定。农村集体经济组织能够控制的企业，主要指农村集体经济组织能够决定企业的财务和经营政策，并能据此从被控制方的经营活动中获取利益。具体来说，主要包括两类企业：一是农村集体经济组织全资持有的企业；二是农村集体经济组织直接或间接拥有半数以上表决权的企业。

通常情况下，农村集体经济组织拥有被投资单位半数或以上的表决权，包括三种情况：

（1）农村集体经济组织直接拥有被投资单位半数以上表决权资本。

（2）农村集体经济组织间接拥有被投资单位半数以上表决权资本，即农村集体经济组织对被投资企业的子公司拥有半数以上表决权资本（潜在表决权资本）。

（3）农村集体经济组织直接和间接方式合计拥有、控制被投资单位半数以上表决权资本，即农村集体经济组织以直接方式拥有、控制某一被投资企业一定数量（半数以下）的表决权资本，同时又通过其他方式，如通过子公司拥有、控制该被投资企业一定数量的表决权资本，两者合计拥有、控制该被投资企业超过半数以上的表决权资本。

有些情况下，农村集体经济组织拥有被投资单位半数或以下的表决权，满足以下条件之一的，视同能够控制该企业，并纳入合并会计报表的合并范围；但是，有证据表明农村集体经济组织不能控制被投资单位的除外。

（1）通过与被投资单位其他投资者之间的协议，拥有被投资单位半数以上的表决权。这种情况是指农村集体经济组织与其他投资者共同投资某企业，同时集体经济组织与这些投资者签订协议，由集体经济组织受托管理和控制被投资企业，从而在被投资企业享有实际上的控制权，在这种情况下，应将该公司纳入合并会计报表范围。

（2）根据公司章程或协议，农村集体经济组织有权决定被投资单位的财务和经营政策。这种情况是指在被投资企业公司章程等文件上明确，农村集体经济组织对其财务和经营政策能够实施管理与控制。由此形成该被投资单位成为农村集体经济组织事实上的子公司，应纳入合并会计报表范围。

（3）有权任免被投资单位的董事会或类似机构的多数成员。这种情况是指能够通过任免公司董事会的董事，从而控制被投资单位的生产经营决策权。此时，该被投资单位也就处于农村集体经济组织控制下进行生产经营活动，被投资单位成为农村集体经济组织事实上的子公司，从而应当纳入农村集体经济组织的会计报表合并范围。

（4）在被投资单位的董事会或类似机构占多数表决权。这种情况是指农村集体经济组织能够控制董事会等权力机构的会议，从而操控公司董事会的经营决策，使该投资单位的生产经营活动在农村集体经济组织的间接控制下进行，成为事实上的子公司。因此，也应将其纳入农村集体经济组织的合并范围。

3. 合并报表编制的程序

农村集体经济组织对其全资持有的子公司，以及直接或间接拥有半数以上表决权的子公司，应在年末个别报表编制完成后，编制合并报表。具体程序如下：

（1）将子公司会计报表调整为农村集体经济组织报表格式。

农村集体经济组织所属子公司的会计核算，一般执行《企业会计准则》《企业会计制度》或《小企业会计制度》。在与农村集体经济组织进行会计报表合并前，需将其报表调整成制度规定的报表格式。资产负债表相关项目对照调整如表 11－10 所示。

表 11－10　　资产负债表报表项目对照调整表

<table>
<tr><th>编号</th><th>企业类</th><th>组织类</th><th>编号</th><th>企业类</th><th>组织类</th></tr>
<tr><td>1</td><td>货币资金</td><td>货币资金</td><td>20</td><td>其他非流动资产</td><td>分析填列</td></tr>
<tr><td>2</td><td>短期投资</td><td>短期投资</td><td>21</td><td>短期借款</td><td>短期借款</td></tr>
<tr><td>3</td><td>应收票据</td><td rowspan="6">应收款项</td><td>22</td><td>应付票据</td><td rowspan="3">应付款项</td></tr>
<tr><td>4</td><td>应收账款</td><td>23</td><td>应付账款</td></tr>
<tr><td>5</td><td>其他应收款</td><td>24</td><td>其他应付款</td></tr>
<tr><td rowspan="2">6</td><td rowspan="2">应收股利</td><td rowspan="2">25</td><td rowspan="2">应付职工薪酬</td><td>应付工资</td></tr>
<tr><td>应付劳务费</td></tr>
<tr><td>7</td><td>应收利息</td><td>26</td><td>应交税费</td><td>应交税费</td></tr>
<tr><td>8</td><td>存货</td><td>存货</td><td>27</td><td>应付利息</td><td>应付款项</td></tr>
<tr><td>9</td><td>其他流动资产</td><td>分析填列</td><td>28</td><td>应付股利</td><td>应付款项</td></tr>
<tr><td>10</td><td>长期债券投资</td><td rowspan="2">长期投资</td><td>29</td><td>其他流动负债</td><td>分析填列</td></tr>
<tr><td>11</td><td>长期股权投资</td><td>30</td><td>长期借款</td><td rowspan="3">长期借款及应付款</td></tr>
<tr><td>12</td><td>固定资产</td><td>固定资产</td><td>31</td><td>应付债券</td></tr>
<tr><td>13</td><td>累计折旧</td><td>累计折旧</td><td>32</td><td>长期应付款</td></tr>
<tr><td>14</td><td>固定资产净值</td><td>固定资产净值</td><td>33</td><td>其他非流动负债</td><td>分析填列</td></tr>
<tr><td>15</td><td>在建工程</td><td>在建工程</td><td>34</td><td>专项应付款</td><td>专项应付款</td></tr>
<tr><td>16</td><td>固定资产清理</td><td>固定资产清理</td><td>35</td><td>实收资本（或股本）</td><td>资本</td></tr>
<tr><td>17</td><td>生产性生物资产</td><td>生产性生物资产净值</td><td>36</td><td>资本公积</td><td rowspan="2">公积公益金</td></tr>
<tr><td>18</td><td>无形资产</td><td>无形资产</td><td>37</td><td>盈余公积</td></tr>
<tr><td>19</td><td>长期待摊费用</td><td>长期待摊费用</td><td>38</td><td>未分配利润</td><td>未分配收益</td></tr>
</table>

（2）将农村集体经济组织会计报表数值与调整后的子公司个别报表数值填入合并工作底稿。

（3）在合并工作底稿中计算合计数。

（4）编制抵销分录，并录入合并工作底稿。

将农村集体经济组织会计报表中与子公司报表中重复记录的项目抵销。需要抵销的内容有：内部的债权与债务项目抵销、农村集体经济组织的长期股权投资项目与子公司的所有者权益项目抵销；内部经营收入的抵销、内部固定资产交易所产生的未实现内部销售利润的抵销、母公司对子公司权益性资本投资收益的抵销、以及母公司与子公司以及子公司之间持有对方债权所发生的投资收益应当与其相对应的利息支出的抵销等。需要注意的是，抵销的内容为报表项目而非会计科目。抵销分录一般包括但不限于[①]：

①内部债权与债务的抵销。

借：应付款项

　　贷：应收款项

②将农村集体经济组织长期股权投资项目与子公司调整后的所有者权益相抵销，差额计入公积公益金。

借：资本（子公司）

　　公积公益金（子公司）

　　未分配收益（子公司）

　　贷：长期投资（农村集体经济组织）

　　　　公积公益金（农村集体经济组织）

③内部销售的抵销。

如已全部实现对外销售收入，则应将农村集体经济组织与其内部单位之间已实现的内部销售收入相抵销，即：

① 基于要求农村集体经济组织编制合并报表的情形并不多见，本书采用了简化处理，以便降低阅读难度；此外，为了全书统一，本书以2024年1月为一个会计期间编制合并资产负债表和合并收益及收益分配表。

借：经营收入

　　贷：经营支出

如全部未实现销售收入，则应将农村集体经济组织与其内部单位之间的存货相互抵销，即：

借：经营收入

　　贷：存货

（5）计算合并数，将合并数录入合并报表。

4. 编制合并资产负债表

某农村集体经济组织所属全资子公司甲公司2024年1月31日资产负债表如表11－11所示：

表11－11 　　　　**资产负债表** 　　　　会企01表

编制单位：甲公司 　　　　2024年01月31日 　　　　单位：元

资产	行次	期末余额	负债及所有者权益	行次	期末余额
流动资产：			流动负债：		
货币资金	1	230 000.00	短期借款	28	
短期投资	2	1 000 000.00	应付票据	29	
应收票据	3	150 000.00	应付账款	30	200 000.00
应收账款	4	200 000.00	应付职工薪酬	31	23 000.00
预付账款	5	20 000.00	应交税费	32	15 000.00
应收股利	6		应付利息	33	
应收利息	7		应付股利	34	
其他应收款	8	150 000.00	其他应付款	35	40 000.00
存货	9	68 000.00	其他流动负债	36	
其他流动资产	10		流动负债合计	37	278 000.00
流动资产合计	11	1 818 000.00	非流动负债：	38	
非流动资产：	12		长期借款	39	200 000.00
长期债券投资	13		长期应付款	40	100 000.00
长期股权投资	14		专项应付款	41	
固定资产原值	15	120 000.00	递延收益	42	

续表

资产	行次	期末余额	负债及所有者权益	行次	期末余额
减：累计折旧	16	100 000.00	其他非流动负债	43	
固定资产净值	17	20 000.00	非流动负债合计	44	300 000.00
在建工程	18		负债合计	45	578 000.00
工程物资	19				
固定资产清理	20				
生产性生物资产	21		所有者权益：	46	
无形资产	22	74 000.00	实收资本	47	1 000 000.00
开发支出	23		资本公积	48	200 000.00
长期待摊费用	24		盈余公积	49	80 000.00
其他非流动资产	25		未分配利润	50	54 000.00
非流动资产合计	26	94 000.00	所有者权益合计	51	1 334 000.00
资产总计	27	1 912 000.00	负债及所有者权益总计	52	1 912 000.00

（1）编制报表项目调整表，如表 11－12 所示：

表 11－12　　资产负债表报表项目对照调整表　　单位：元

编号	企业类	金额	组织类	金额
1	货币资金	230 000.00	货币资金	230 000.00
2	短期投资	1 000 000.00	短期投资	1 000 000.00
3	应收票据	150 000.00	应收款项	520 000.00
4	应收账款	200 000.00		
5	预付账款	20 000.00		
6	其他应收款	150 000.00		
7	存货	68 000.00	存货	68 000.00
8	其他流动资产		分析填列	
9	长期债券投资		长期投资	
10	长期股权投资			

续表

编号	企业类	金额	组织类	金额
11	固定资产	120 000.00	固定资产	120 000.00
12	累计折旧	100 000.00	累计折旧	100 000.00
13	固定资产净值	20 000.00	固定资产净值	20 000.00
14	在建工程		在建工程	
15	固定资产清理		固定资产清理	
16	生产性生物资产		生产性生物资产	
17	无形资产	74 000.00	无形资产	74 000.00
18	长期待摊费用		长期待摊费用	
19	其他非流动资产		分析填列	
20	短期借款		短期借款	
21	应付票据			
22	应付账款	200 000.00	应付款项	240 000.00
23	其他应付款	40 000.00		
24	应付职工薪酬	23 000.00	应付工资	23 000.00
25	应交税费	15 000.00	应交税费	15 000.00
26	应付利息			
27	应付股利		应付款项	
28	其他流动负债			
29	长期借款	200 000.00		
30	应付债券		长期借款及应付款	300 000.00
31	长期应付款	100 000.00		
32	其他非流动负债			
33	专项应付款		专项应付款	
34	实收资本（或股本）	1 000 000.00	资本	1 000 000.00
35	资本公积	200 000.00	公积公益金	280 000.00
36	盈余公积	80 000.00		
37	未分配利润	54 000.00	未分配收益	54 000.00

（2）编制子公司调整后资产负债表，如表11－13所示：

表11－13　　资产负债表

编制单位：甲公司　　2024年01月31日　　单位：元

资　产	年末余额	负债和所有者权益	年末余额
流动资产：		流动负债：	
货币资金	230 000.00	短期借款	
短期投资	1 000 000.00	应付款项	240 000.00
应收款项	520 000.00	应付工资	23 000.00
存货	68 000.00	应付劳务费	
消耗性生物资产		应交税费	15 000.00
流动资产合计	1 818 000.00	流动负债合计	278 000.00
非流动资产：		非流动负债：	
长期投资		长期借款及应付款	300 000.00
生产性生物资产原值		一事一议资金	
减：生产性生物资产累计折旧		专项应付款	
生产性生物资产净值		非流动负债合计	300 000.00
固定资产原值	120 000.00	负债合计	578 000.00
减：累计折旧	100 000.00		
固定资产净值	20 000.00		
在建工程			
固定资产清理			
固定资产小计	20 000.00		
无形资产原值	100 000.00		
减：累计摊销	26 000.00	所有者权益：	
无形资产净值	74 000.00	资本	1 000 000.00
公益性生物资产		公积公益金	280 000.00
长期待摊费用		未分配收益	54 000.00
非流动资产合计	94 000.00	所有者权益合计	1 334 000.00
资产总计	1 912 000.00	负债和所有者权益总计	1 912 000.00

（3）编制工作底稿，并计算底稿中合计数，如表 11 - 14 所示：

表 11 - 14 **合并工作底稿**

编制单位：某农村集体经济组织 2024 年 01 月 31 日 单位：元

资 产	某农村集体经济组织	甲公司	合计数	抵销分录		合并金额
				借方	贷方	
流动资产：						
货币资金	540 000.00	230 000.00	770 000.00			770 000.00
短期投资	650 000.00	1 000 000.00	1 650 000.00			1 650 000.00
应收款项	1 542 000.00	520 000.00	2 062 000.00		200 000.00	1 862 000.00
存货	360 000.00	68 000.00	428 000.00			428 000.00
消耗性生物资产	50 000.00		50 000.00			50 000.00
流动资产合计	3 142 000.00	1 818 000.00	4 960 000.00		200 000.00	4 760 000.00
非流动资产：						
长期投资	1 200 000.00		1 200 000.00		1 200 000.00	
生产性生物资产原值	100 000.00		100 000.00			100 000.00
减：生产性生物资产累计折旧	26 000.00		26 000.00			26 000.00
生产性生物资产净值	74 000.00		74 000.00			74 000.00
固定资产原值	342 000.00	120 000.00	462 000.00			462 000.00
减：累计折旧	245 000.00	100 000.00	345 000.00			345 000.00
固定资产净值	97 000.00	20 000.00	117 000.00			117 000.00

续表

资 产	某农村集体经济组织	甲公司	合计数	抵销分录		合并金额
				借方	贷方	
在建工程	430 000.00		430 000.00			430 000.00
固定资产清理						
固定资产小计	527 000.00	20 000.00	547 000.00			547 000.00
无形资产原值	120 000.00	100 000.00	220 000.00			220 000.00
减：累计摊销	20 000.00	26 000.00	46 000.00			46 000.00
无形资产净值	100 000.00	74 000.00	174 000.00			174 000.00
公益性生物资产						
长期待摊费用						
非流动资产合计	1 901 000.00	94 000.00	1 995 000.00		1 200 000.00	795 000.00
资产总计	5 043 000.00	1 912 000.00	6 955 000.00		1 400 000.00	5 555 000.00
流动负债：						
短期借款	500 000.00		500 000.00			500 000.00
应付款项	1 230 000.00	240 000.00	1 470 000.00	200 000.00		1 270 000.00
应付工资	56 000.00	23 000.00	79 000.00			79 000.00
应付劳务费	25 000.00		25 000.00			25 000.00
应交税费	32 000.00	15 000.00	47 000.00			47 000.00
流动负债合计	1 843 000.00	278 000.00	2 121 000.00	200 000.00		1 921 000.00
非流动负债：						

续表

资　产	某农村集体经济组织	甲公司	合计数	抵销分录		合并金额
				借方	贷方	
长期借款及应付款	860 000.00	300 000.00	1 160 000.00			1 160 000.00
一事一议资金	200 000.00		200 000.00			200 000.00
专项应付款	650 000.00		650 000.00			650 000.00
非流动负债合计	1 710 000.00	300 000.00	2 010 000.00			2 010 000.00
负债合计	3 553 000.00	578 000.00	4 131 000.00	200 000.00		3 931 000.00
所有者权益:						
资本	500 000.00	1 000 000.00	1 500 000.00	1 000 000.00		500 000.00
公积公益金	730 000.00	280 000.00	1 010 000.00	280 000.00	134 000.00	864 000.00
未分配收益	260 000.00	54 000.00	314 000.00	54 000.00		260 000.00
所有者权益合计	1 490 000.00	1 334 000.00	2 824 000.00	1 334 000.00	134 000.00	1 624 000.00
负债和所有者权益总计	5 043 000.00	1 912 000.00	6 955 000.00	1 534 000.00	134 000.00	5 555 000.00

（4）编制抵销分录，录入合并工作底稿，并计算合并数。

①某农村集体经济组织经与全资子公司甲公司核对往来款，发现应收款中200 000元为全资子公司甲公司的欠款。应编制抵销分录如下：

借：应付款项　　　　200 000

　　贷：应收款项　　　　200 000

②通过对相关项目明细账核对发现某农村集体经济组织中对全资子公司甲公司的长期股权投资有1 200 000元。应编制抵销分录如下：

借：资本（子公司）　　　　1 000 000.00

公积公益金（子公司） 280 000.00

未分配收益（子公司） 54 000.00

贷：长期投资（农村集体经济组织） 1 200 000.00

公积公益金（农村集体经济组织） 134 000.00

（5）填列合并报表：

经合并抵销，合并报表如表11－15所示：

表11－15 **合并资产负债表**

编制单位：某农村集体经济组织 2024年01月31日 单位：元

资 产	年末余额	负债和所有者权益	年末余额
流动资产：		流动负债：	
货币资金	770 000.00	短期借款	500 000.00
短期投资	1 650 000.00	应付款项	1 270 000.00
应收款项	1 862 000.00	应付工资	79 000.00
存货	428 000.00	应付劳务费	25 000.00
消耗性生物资产	50 000.00	应交税费	47 000.00
流动资产合计	4 760 000.00	流动负债合计	1 921 000.00
非流动资产：		非流动负债：	
长期投资	—	长期借款及应付款	1 160 000.00
生产性生物资产原值	100 000.00	一事一议资金	200 000.00
减：生产性生物资产累计折旧	26 000.00	专项应付款	650 000.00
生产性生物资产净值	74 000.00	非流动负债合计	2 010 000.00
固定资产原值	462 000.00	负债合计	3 931 000.00
减：累计折旧	345 000.00		
固定资产净值	117 000.00		
在建工程	430 000.00		
固定资产清理			
固定资产小计	547 000.00		
无形资产原值	220 000.00		

续表

资　产	年末余额	负债和所有者权益	年末余额
减：累计摊销	46 000.00	所有者权益：	
无形资产净值	174 000.00	资本	500 000.00
公益性生物资产		公积公益金	864 000.00
长期待摊费用		未分配收益	260 000.00
非流动资产合计	795 000.00	所有者权益合计	1 624 000.00
资产总计	5 555 000.00	负债和所有者权益总计	5 555 000.00

5. 编制合并收益及收益分配表

某农村集体经济组织所属全资子公司甲公司2023年利润表主要项目如表11-16所示：

表11-16　　利润表主要项目

编制单位：甲公司　　2024年1月　　单位：元

行次	项目	金额
1	营业收入	1 550 000.00
2	营业成本	1 200 000.00
3	税金及附加	20 000.00
4	销售费用	50 000.00
5	管理费用	300 000.00
6	财务费用	1 560.00
7	其他收益	50 000.00
8	投资收益	
9	营业外收入	5 000.00
10	营业外支出	20 000.00
11	所得税费用	800.00

（1）编制利润表项目调整表，如表11-17所示：

表 11－17　　　　**利润表项目调整对照表**

编制单位：甲公司　　　　2024 年 1 月　　　　单位：元

序号	企业	金额	组织	金额
1	营业收入	1 550 000.00	经营收入	1 550 000.00
2	营业成本	1 200 000.00	经营支出	1 200 000.00
3	税金及附加	20 000.00	税金及附加	20 000.00
4	销售费用	50 000.00	经营支出	50 000.00
5	管理费用	300 000.00	管理费用	300 000.00
6	财务费用	1 560.00	其他支出	1 560.00
7	其他收益	50 000.00	补助收入	50 000.00
8	投资收益		投资收益	
9	营业外收入	5 000.00	其他收入	5 000.00
10	营业外支出	20 000.00	其他支出	20 000.00
11	所得税费用	800.00	所得税费用	800.00

（2）编制子公司调整后收益及收益分配表，如表 11－18 所示：

表 11－18　　　　**收益及收益分配表**

编制单位：甲公司　　　　2024 年 1 月　　　　单位：元

序号	项目	本期金额
1	一、经营收入	1 550 000.00
2	加：投资收益	
3	补助收入	50 000.00
4	减：经营支出	1 250 000.00
5	税金及附加	20 000.00
6	管理费用	300 000.00
7	其中：运转支出	
8	二、经营收益	30 000.00
9	加：其他收入	5 000.00

续表

序号	项目	本期金额
10	减：公益支出	
11	其他支出	21 560.00
12	三、收益总额	13 440.00
13	减：所得税费用	800.00
14	四、净收益	12 640.00

（3）编制工作底稿，并计算底稿中合计数，如表 11－19 所示：

表 11－19　　合并工作底稿

编制单位：某农村集体经济组织　　2024 年 1 月　　单位：元

序号	项目	某农村集体经济组织	甲公司	合计数	抵销分录		合并金额
					借方	贷方	
1	一、经营收入	2 400 000.00	1 550 000.00	3 950 000.00	300 000.00		3 650 000.00
2	加：投资收益						
3	补助收入	300 000.00	50 000.00	350 000.00			350 000.00
4	减：经营支出	1 900 000.00	1 250 000.00	3 150 000.00		300 000.00	2 850 000.00
5	税金及附加	30 000.00	20 000.00	50 000.00			50 000.00
6	管理费用	500 000.00	300 000.00	800 000.00			800 000.00
7	其中：运转支出						
8	二、经营收益	270 000.00	30 000.00	300 000.00	300 000.00	300 000.00	300 000.00

续表

序号	项目	某农村集体经济组织	甲公司	合计数	抵销分录		合并金额
					借方	贷方	
9	加：其他收入	20 000.00	5 000.00	25 000.00			25 000.00
10	减：公益支出	60 000.00		60 000.00			60 000.00
11	其他支出	20 000.00	21 560.00	41 560.00			41 560.00
12	三、收益总额	210 000.00	13 440.00	223 440.00	300 000.00	300 000.00	223 440.00
13	减：所得税费用	8 000.00	800.00	8 800.00			8 800.00
14	四、净收益	202 000.00	12 640.00	214 640.00	300 000.00	300 000.00	214 640.00

（4）编制抵销分录，录入合并工作底稿，并计算合并数。

某农村集体经济组织经与全资子公司甲公司核对关联方交易，发现本期共销售给全资子公司甲公司黄豆300 000元，甲公司已全部对外销售。应编制抵销分录如下：

借：经营收入　　　　300 000

　　贷：经营支出　　　　300 000

（5）填列合并报表。

经合并抵销，合并收益及收益分配表如表11－20所示：

表11－20　　合并收益及收益分配表

编制单位：某农村集体经济组织　　2024年1月　　单位：元

序号	项目	本期金额
1	一、经营收入	3 650 000.00
2	加：投资收益	

续表

序号	项目	本期金额
3	补助收入	350 000.00
4	减：经营支出	2 850 000.00
5	税金及附加	50 000.00
6	管理费用	800 000.00
7	其中：运转支出	
8	二、经营收益	300 000.00
9	加：其他收入	25 000.00
10	减：公益支出	60 000.00
11	其他支出	41 560.00
12	三、收益总额	223 440.00
13	减：所得税费用	8 800.00
14	四、净收益	214 640.00